传
记
文
库

特立，不独行

最后的肯尼迪

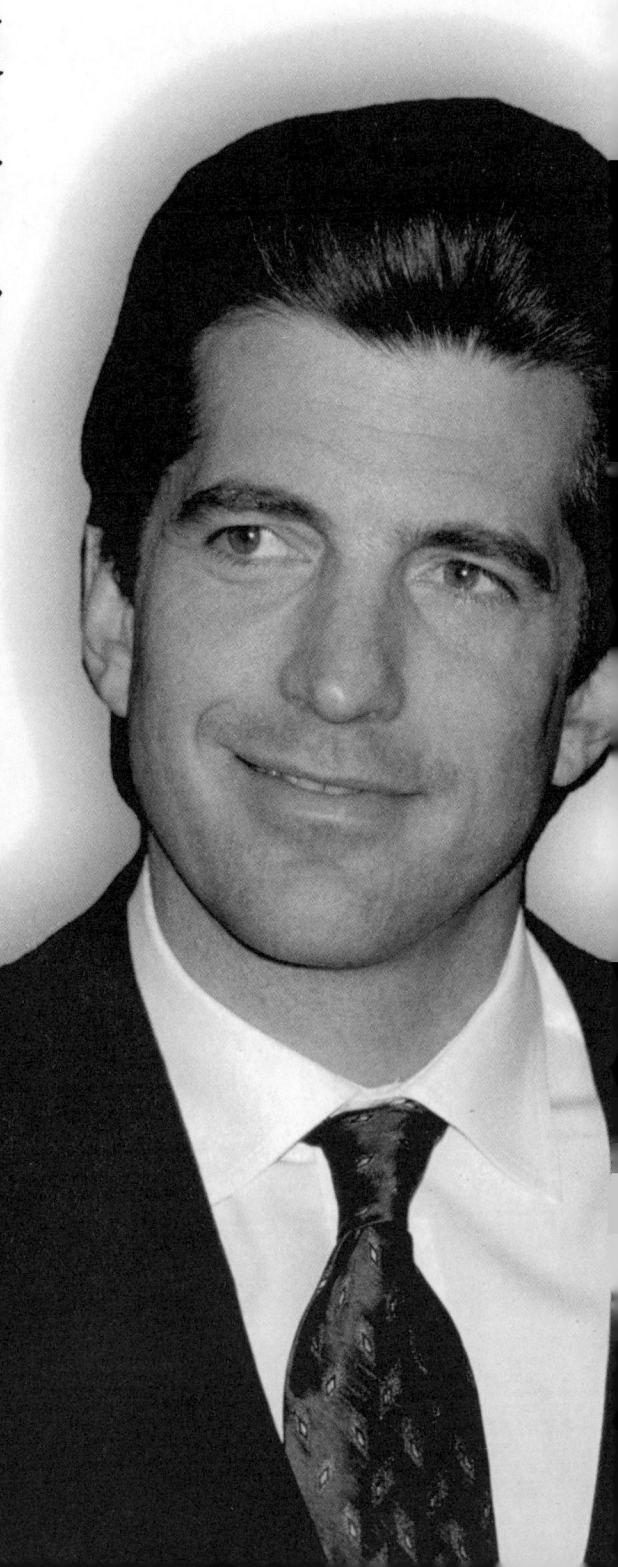

（美）瑞查德·布拉德利 著
周长遐 译

新星出版社 NEW STAR PRESS

精彩一瞥——

"你对加入曾一度使自己生活陷入困境的媒体怎么看？"另外一位记者直言说出。

小约翰摇头微笑着说："你没有制造自己生活的困境。"当然，有时他也对周围的人感到厌烦。但这已成为"成交的一部分"。

"如果你的母亲看到《乔治》杂志会怎么说？"

小约翰停顿了一秒，平静地说："我的母亲会为我的选择感到开心的，也会为我感到自豪的。"

我甚至从自己所站的阳台那里都能感觉到台上的气氛。仿佛那里正在上演活生生的真实电影，热烈，亲切，也像我在小约翰的办公室中，大家一起讨论选题时的那种热烈气氛。那是个给人提供新鲜活跃气氛的入口，仿佛在房间中的人们都被他的回答给镇住了。人们怦然为之心动，记者们看到的是一个普通的小约翰，他是一位总统遗孤，但却名声显赫，像我们每个人一样，他以自己的方式活在这个世界上。

后来有人对他竖起了大拇指，会议结束了。

作者简介

瑞查德·布拉德利，曾在华盛顿任《乔治》杂志社编辑，现生活在纽约市。他于1995年在《乔治》杂志第一期出版前的几个月进入杂志社，一直工作到2000年。此外，他还经常为《纽约时报》《华盛顿邮报》《新共和》《滚石》和《琼斯母亲》等重要杂志撰稿。

关于小约翰·F·肯尼迪，瑞查德·布拉德利如是说——

他爱他的妻子，并且他有一个伟大的父亲。

他不是一个完美的人，但是他努力成为一个更优秀的人。

即使他不是一个名人，你也会因为认识这样的人而感到自豪。

他证明了一个人可以拥有财富、名声和美貌，但是他仍然是一个普通的人。

小约翰·F·肯尼迪　小约翰·肯尼迪出生于1960年11月25日，是约翰·F·肯尼迪夫妇的第二个孩子，长子（有一姐，另一弟出生即夭折）。一出生就出名，因他有着世界上最有名气的父母。

1963年11月22日，父亲肯尼迪总统遇刺，他在白宫中幸福无忧的生活结束了。在葬礼上，这个小男孩儿把右手举到额头对父亲的灵柩行举手礼的照片，成为最著名最令人难忘的一个定格。

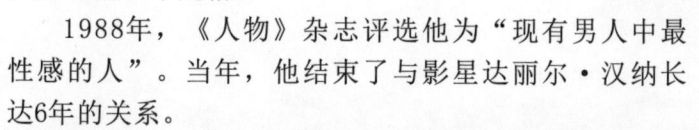

1988年，《人物》杂志评选他为"现有男人中最性感的人"。当年，他结束了与影星达丽尔·汉纳长达6年的关系。

1989年，毕业后进入了曼哈顿区的律师事务所工作。

1993年7月，突然神秘地从地方法院办公室辞职。直到1994年5月20日上午，母亲杰奎琳·肯尼迪与世长辞，他才出现在公众面前。

1995年9月，开始创办《乔治》杂志，任董事长。此时他仪表堂堂，很有人缘，有在政治上振兴肯尼迪家族的实力。肯尼迪家族最后的希望全部寄托在他身上。

1996年9月21日，婚娶卡罗琳·贝塞特，定居曼哈顿。

1999年7月16日，小约翰·肯尼迪驾机出行时，坠毁在大西洋。飞机失事原因至今不明。

人物简介

目录

1　　序言

6　　**第一章　总统的儿子办杂志**
6　　　1.《乔治》杂志
10　　　2. 初识名门之子
13　　　3. 三岁失去总统父亲
19　　　4. 他不是一个花花公子

29　　**第二章　王子做了杂志主编**
29　　　1. 编辑部同仁
36　　　2. 政治杂志记者的敏锐

49　　**第三章　"遭到"崇拜**
49　　　1. 追求美女卡罗琳
54　　　2. 王子风度令女人癫狂

63　　**第四章　"不要做疯狂的政治杂志"**
63　　　1. 女模特做政治杂志的封面

64　2.《乔治》杂志第一期上市

65　3. 有惊无险的首发式

70　4. 首印50万册销售一空

74　5. 直面总统父亲被谋杀

76　6. 蔑视闲言碎语

78　7. 总编辑关心读者来信

79　8. 你喜欢肯尼迪总统的儿子，还是总统儿子办的杂志呢？

81　**第五章　永远不要告诉新闻界任何有关克林顿总统与肯尼迪家族的事情**

81　1. 杂志老板们的分歧

85　2. 与总编辑分享名人效应

87　3. 办公室政治

91　4. 小约翰难得吃上一顿不被打扰的饭

95　5. 采访美国步枪协会会长

99　6. 美国人记得那个给总统父亲的遗体敬礼的小男孩儿

104　7. 任用女主编

107　**第六章　公园里的吵架风波**

107　1. "在人行道上哭泣的名人"

111　2. 政治是个礼物

114　3. 他宽容自己父亲的调情吗

117　4. 假如小肯尼迪进入政界……

121	**第七章　世界上最优秀的单身汉步入婚姻的殿堂**
121	1. 秘密结婚
130	2. 小约翰的婚礼可能挽救了一个美国悲剧
133	3. 健康杂志最受欢迎
139	**第八章　阴谋、性丑闻和暗杀**
139	1. 撕破衬衣风波
140	2. 不要轻易揭小约翰的伤疤
144	3. 高官也有虐待配偶者
146	4. "希望我家的悲剧能够使故事更加吸引人……"
147	5. 小约翰妻子的最大爱好是逛商店
149	6. 分裂使杂志的销量下降
151	7. 肯尼迪家族惹上了麻烦
154	8. 不刊登曝光私生活的文章
158	**第九章　"花花公子信件"事件**
158	1. 小约翰裸照上封面
162	2. 避讳批评"行为不检点的成人"
164	3. 道德先生关闭脱衣舞俱乐部
168	4. 索赔 1250 万美金
171	5. 乔·肯尼迪与白宫无缘
175	6. 戴安娜王妃遇祸

180	第十章　《乔治》瞄准的正反面人物
180	1. 忠实的人和伪善者
193	2. 玩《致命游戏》
196	3. 一个十足合法的政客

199	第十一章　全美谈论莫妮卡·莱温斯基
199	1."好色总统"的儿子一言不发
203	2. 华丽宫殿中的性娱乐
211	3. 实现开飞机的梦想
213	4. 媒体对克林顿做的事情与30年前对肯尼迪家族做的一模一样
219	5. 克林顿"宫殿性欲"事件的原因

223	第十二章　政治太重要了，不能任由政治家支配
223	1. 更换执行主编
228	2. 理想的工作和梦寐以求的女人
232	3. 希拉里竞选议员
234	4. 小约翰是否参加竞选
245	5. 坦诚得令人吃惊的演讲

250	第十三章　小约翰的亲和力
250	1. 一个色情作品发行人
254	2. 爱情触礁
255	3.《乔治》杂志的出路
257	4. 逆境中的感动

260　5. 女人的爱情经验

269　6. 为了推销的演讲

272　**第十四章　小约翰遇难**

272　1. 滑翔伞坠落

280　2. 女编辑抗议性别歧视

283　3. 小约翰又准备飞行了

288　4. 星期六清晨的噩耗

295　**第十五章　茫茫大海上的搜寻**

295　1. 无尽神秘的大西洋

297　2. 不忍接受的事实

299　3. 潜水员发现了尸体

303　4.《乔治》在劫难逃

306　5. 葬礼在星期五举行

310　6. 肯尼迪家族的勇气

314　**第十六章　《乔治》停刊**

314　1. 纪念专刊

316　2.《乔治》易主

319　3. 再见了，小约翰，真心地感谢你

323　**后记　与一个最富感染力的人一起工作**

326　**作者按语**

序　言

与某人相关的一些地方总会令人触景生情，回忆无穷。大多数的曼哈顿人总会对特里贝克地区（这个区刚好在曼哈顿SoHo区的下面）念念不忘，因为这个地方是他们喜欢的那些艺术家、演员和商人们经常光顾之所。我也和那些人一样，对这个地方情有独钟，那是因为这个地方总会让我回忆起小约翰·肯尼迪。每当我去那里的时候，仍然希冀在那个街区的某个角落看到他的身影。这个地方总会让我想起小约翰·肯尼迪骑着自行车飞奔在铺满鹅卵石的街道上，或者在阳光明媚的周末，他与妻子卡罗琳带着爱犬"星期五"一起散步的情景。我仿佛也看到了他每天夜晚回家之时，戴着墨镜，背着背包，穿着轮滑鞋，在街灯的照耀下，迂回穿行于繁忙的街道之中。

不久前的一天上午，我决定去参观小约翰和卡罗琳的那所位于特里贝克地区的北摩尔街的公寓，北摩尔街是特里贝克地区的典型街道，他们的公寓正好位于两个街区那么长的地方。我走到那里，在街区的一角有一些建筑工人正在把一个仓库改装成一个豪华的公寓。走在大街上，巴贝斯街（一个当地人经常光顾的街道）上人群熙熙攘攘，络绎不绝。幸福的年轻夫妇们经常来这里的餐馆吃午餐，也有四十岁左右的父母带着孩子来这里用餐。

自从1999年7月那个不愉快的下午以后，也就是小约翰和卡罗琳遇难后的几天，我曾来过这里一次。从那以后，我就一直没来过这儿。这里的街道与以前相比，已经发生了很大的变化。一长排出租车、豪华轿车，轿车未经许可地停着，一辆接着一辆，鸣着喇叭一直排满了整个街区。小贩们正在北摩尔街20号（小约翰的家）门前卖着鲜花和挽联。有个人留下一段摘自1963年11月23日《纽约邮报》的文字："11月24日是小约翰的父亲被暗杀的日子"。摄像人员和电视记者们就像岗哨兵一样，沿着街区站着。

小约翰和卡罗琳已经离开人世。悲伤也已过去，只留下人们对他们的美好回忆——他们在街道上散步，笑着走过这里，计划着将来的美好生活，忽视着不可避免的路人们投来的注视目光，他们的身影也不断地被摄录下来。周围的景物依旧，但已经是物是人非的情境了。

因为小约翰的公寓正好距离休斯顿河两个街区，所以我决定到河边走走。他曾在附近的船库中停放了一艘橡皮筏，每当夜幕降临时，他喜欢去休斯顿河划船。在黑水上，人们很难发现他。他曾经对我讲述在茫茫暮色中划过修斯顿河时，那里无比的静寂和祥和，东边的曼哈顿灯光闪烁，西边的新泽西州水边码头区若隐若现，随着引擎中燃料在不断减少，船的声音也渐弱，船在水面上轻轻地飘荡。他喜欢这种孤寂和平静。事实上，夜晚去划船是不安全的。因为在这两种情况下都需要提高警惕，一个是当领航员看不到小约翰时，另一个是小约翰划船赶往回家的途中，河水随时都有可能突然涨潮。

这些他都不在意，在他的观念中，无论什么时间冲浪都需要有点儿冒险精神。

在1995年6月的一个夜晚，也就是小约翰对我描述他喜欢泛舟后不久，我就开始在《乔治》杂志社工作了。那时候，他刚刚创办这个政治杂志。在《乔治》杂志社工作期间，我们一起分享着彼此的爱好和兴趣，才渐渐彼此熟稔。谈到对他的了解，并不是说只知道他喜欢什么或不喜欢什么这么简单，需要更多的相处时间和沟通。

从1995年5月到1999年7月16日小约翰去世后几个月，我一直都在《乔治》杂志社工作，渐渐地了解了他，他比人们看到的要复杂——比我刚进入那里工作时想的还复杂。因为他是个引人注目的人，人们随处都能看到他的照片。或许大家会觉得仅仅通过那些照片就认识他，可能大家见到的只是他的外表，却并不了解他的内心，也从未真正读懂他，了解他。

因为我和小约翰一起工作，所以我很庆幸自己有机会从一个有利的角度来观察他。虽然我不是他最好的朋友，也不是最优秀的雇员，但在彼此的交往中，对他的了解颇深。小约翰也从未向我透露过他的任何隐私和秘密，也从未对我谈及他的痛苦。事实上，我们的友谊是从我们之间十足的意见分歧和相互猜疑开始的。我们在那个不大的办公室里，密切地工作了4年，也可以说，我们这些职员与这位大名人一起忙着杂志的工作。那时，我渐渐地对他着迷。更何况，我也很崇拜他，敬重他。他挣扎于追求自己的生活和尽力满足世人的期待中。许多人都认为小约翰一事无成，而我却最清楚他都做了什么。

在创办《乔治》杂志社的4年中，小约翰不断地挑战自己，强迫自己进步。小约翰的妈妈杰奎琳怀着对肯尼迪家族的期待，不幸于1994年5月去世了。于是，公众们将所有的目光都转向了小约翰。自童年起，小约翰就一直受到公众的关注，特别是那些著名的公司、法律界、媒体界一直都很看好他。最终，他选择了从事编辑发行杂志。他的这一行为曾激起了出版界的纷纷议论，而且他的行为也引发了无数人的谈论和炒作。

人们都无法理解他为什么会选择当一名杂志编辑，人们也很不赞同他的做法。因为每个人都知道小约翰没有这方面的工作经验，他以前从未办过杂志，当然，他也不是能把电影明星放到杂志上的人。相对来说，编辑《乔治》杂志实在会让小约翰显得太平庸化了，因为他是适合从政的料。许多美国人都期待着小约翰有一天会成为总统，就算有很小的成就他们也不会失望。更何况，他对创办杂志能了解多少呢？简而言之，人们认为小约翰不适合创办杂志，而应该从政。

事实上，运作杂志的那些年，不仅工作繁重，也改变了小约翰的生活。大约创办杂志后的一年，他走进了婚姻的殿堂。美丽迷人的新娘卡罗琳·伯斯特热情而敏感，针对他们之间任何动摇的婚姻挑衅，小约翰都竭尽全力地保护她。小约翰与卡罗琳的关系是非同寻常的，他努力地维持着。对于出生于肯尼迪家族中的一员，自立的性格不是很强，他渴望凭自己的本领能够拥有自己的家。

全新的公司、全新的视角、全新的婚姻，所有这些都在不断地促成小约翰的成熟。一度以来，他显得老练，努力地工作着。我当时认为他一定会成功。这么多年以来，他很不容易，所以与他一起共事也并不是一帆风顺的。有几次我真恨不得离开《乔治》杂志社。也有几次，我确信自己一定会被解雇。但事实上，我在那里待的时间相当长。我难以想象没有小约翰·肯尼迪的生活会是什么样的，也许比我想象中会更加糟糕。

最近，我去了一趟特里贝克地区，情不自禁地想起了这些。但那些都是毫无意义的回忆。我努力强迫自己去回忆一些关于他的更真实的事情：黄昏时分，小约翰带着皮筏滑进黑水中，不停地躲避拖船，不停地向前航行，不停地向前。

第一章
总统的儿子办杂志

1.《乔治》杂志

4年来,我一向别人提起自己曾在《乔治》杂志社工作过,他们的第一反应总是:"哦,你认识小约翰吗?"似乎在那里工作的人都是小约翰的追随者。首先,我感觉这个问题有些无礼。我在《乔治》杂志社工作之前从不认识小约翰·肯尼迪,甚至没有想过要认识他。

1995年冬天,我30岁,在一个称为《Regardie's》的华盛顿杂志社从事编辑工作。《Regardie's》是一份反映底层人观点的自由月刊,内容包括从市长变为凶犯的各种八卦。(当时,担当华盛顿市长的是高明的马里恩·巴里,他不愿离职,与此不符的是,他竟然与谋杀案沾边。)这家杂志社的老板比尔是华盛顿的商人。他在对政治倾向迷茫并遭到冷落后,开始创办杂志,并以自己的名字来命名。正如马尔科姆·福布斯所做的一样。

瑞盖迪有些发胖,举止文雅,面容严肃。他的微笑令人敬畏。他从不怕引起公众的注意,比较爱出风头。他曾经召集《华盛顿邮报》的记者,并让他们刊登发表关于他做过脱脂整容术的事实(《华盛顿邮报》曾报道过此事）。他因行为古怪而出名。在20世纪80年代，有一次，他用棒球杆把美术总编的办公室打得粉碎。有时，他也很有诚意和慷慨。我记得，当时有一位编辑正在考虑是否离开公司去其他杂志社任职时，瑞盖迪为了挽留他，给他买了一辆保时捷汽车。那可是在80年代，对大多数人来说，汽车还是比较昂贵的。在第10年的尾声，华盛顿时逢大萧条，瑞盖迪当机立断，关闭了杂志社。

在1993年1月，比尔·克林顿宣誓就职总统后不久，我帮助瑞盖迪重新运作杂志社。我庆幸自己有机会来做《华盛顿》杂志的编辑。12年的共和党执政，使资本流通一度低迷，经济衰退，库存资金储备与1980年罗纳德·里根上台时拥入城里的富足白人的资金总数相当。克林顿政府的组成成员比较年轻，属于更加多样性和较理想主义的政府，通过这个政府的努力工作，才让华盛顿这个城市逐渐得以恢复，仿佛植物朝着有阳光的方向生长着一样，生机盎然。不难想象，是克林顿上台使华盛顿变得更好，他使这座城市更加蓬勃地发展。

《Regardie's》杂志是美国的一个地方商业杂志，名气不是很大。如果你坐在蓝色的金龟车中读它，一定会感到非常惬意。我们当时都很年轻，并且急于求成，所制作的杂志处于比上不足，比下有余的中间境地。当时我们最大的竞争对手是《华盛顿邮报》，他们刊登当地新闻的评论，通过我们的观察认为，华盛顿城的杂志应该为郊区的家庭主妇们提供更多的美味佳肴。从一个编辑的视角来看，《Regardie's》杂志可能会成为一份畅销的杂志。

华盛顿城是一个充满故事的城市，它所涉及的引人入胜的故事有如下几方面：争权夺利的、自我为中心的、雄心壮志的、理想主义的、两性的、贪婪的、嫉妒的和腐败的等。直到1994年6月，我们才开始尽力登载出版一些叙述性的文章。于是，《Regardie's》杂志也吸引了一些读者的关注。一天晚上，克林顿的助手乔治·斯蒂法诺普洛斯把我带到健身房的一个角落。当然，我们都是那家健身房的会员。因为我们在《Regardie's》杂志上曾经报道过一条有关人们猜疑银行优惠贷款给他的新闻。这位年轻的政治名人，找到我后，焦急地反驳此事。"我真是无法相信你们的狗屁杂志上所刊登的废话。"他非常气愤，快而含糊不清地说着，并用手指着我。当时，一位在健身器材上锻炼得大汗淋漓的人好奇地看着我俩。乔治·斯蒂法诺普洛斯在接下来的5分钟内不停地指责我们的杂志。我情不自禁地感到由衷的欣慰和高兴。因为作为一个刚刚起步的杂志，能得到政治人物如此强烈的情绪反应——虽然是敌对的——但这对我们来说也是莫大的赞扬和肯定。

当《Regardie's》杂志畅销时，我个人的生活也有了变化。我与一位叫妮萨·翠西的姑娘坠入了爱河，她优雅而美丽，我们彼此相爱。我们是在1993年11月的一次聚会上认识的。交往中，我发现她非常机智和幽默。她温文尔雅的气质强烈地吸引着我。更有缘的是，我们竟然都是来自（美国）康涅狄格的同一个小镇。不久，我们就开始约会，在一起度过所有的闲暇时间。

当生活似乎刚刚进入舒适的最佳状态，来自政府的争权夺势的吵嚷声使华盛顿城一片沸腾。1994年11月8日，美国选民中有一小撮憎恨克林顿的人们，这伙人脾气暴躁地突袭了首府。这些人的幕后指使者就是前众议院议长共和党前领袖纽特·金理奇（Newt Gingrich），在1995年1月，他作为顽固的右翼保守党出任众议院共和党领袖，并很快与克林顿政府形成政治上的对立。突然，这个城市也被所谓的乐观精神所笼罩，未取胜者不想通过政府领导国家，他们想捣毁政府。

我和女朋友妮萨几乎同时受到这种政治角逐气氛的影响。她为民主党主席大卫·威廉（David Wilhelm）工作，大卫·威廉是一位因民主党的竞选失利而不停地遭到其他人责备的好男人。比尔·克林顿主张的适度增税政策与希拉里·克林顿的医疗保障体制更可能是主要原因，但是白宫需要替罪羊。简而言之，威廉只能卷起铺盖走人。他走后不久，妮萨也离开了那里。

更糟糕的是，华盛顿城开始变得不太平。1995年2月的一个上午，我走出公寓，为我的汽车找个停车位。一周后，在大厅里，住在我们这幢楼里的一个房客，遭到了四位持枪歹徒的抢劫。他们强迫他回到家，那时他的女朋友正在洗澡。他们中的两个跟随着房客去到附近的自动取款机取款，另外两个留在房间里等他们回来，这两个人的手机发出哔哔的响声，仿佛是在庆祝此次抢劫的成功。这种抢劫令我心寒：我和妮萨半小时前刚好走过那个大厅。

后来，在1995年3月第一周的一天，比尔·瑞盖迪来到我的办公室，他这个魁梧的大块头儿，扑通一声坐在椅子上，唉声叹气地向我宣布：《Regardie's》杂志办不下去了。同时，他解释说，我们的杂志需要大笔金钱，我们没有足够多的广告。他虽有些钱，但那些钱还是不能解决眼下的危机。

纽特·金理奇(Newt Gingrich)粗暴蛮横,我们的《Regardie's》杂志最终被限制出版——我也失业了,回到庸碌平凡的生活中。我几周都在找工作,但始终没有找到合适的。直到4月初的一个周末,我和一些作家们一起打篮球,或许那是命中注定的缘分。

"你听说过小肯尼迪正在纽约创办新的政治杂志吗?"一个正瞄准篮筐投球的人问我。

"没听说过,"我回答。

"可能那个杂志被叫成《乔治》杂志或其他的名字,"他说着,"我也说不准他办的那个杂志的名字。"

在纽约创办这个政治杂志吗?由小约翰·肯尼迪自己来编写?这听起来不可能。更何况名字又起成《乔治》杂志。

与此同时,我脑海在思忖着,预感到自己可能会离开华盛顿。

2. 初识名门之子

我是怎样第一次与小约翰·肯尼迪接触的呢?我的电话记录本中没有《乔治》杂志社的电话号码。那也不足为奇,那时小约翰·肯尼迪又算什么呢?我从不与肯尼迪家族的任何成员踢足球,让他们给我们当后卫,也不屑于一起玩儿。我曾经交往过一个女朋友,后来她与小约翰的一个堂兄结婚了。是的,没错,她后来嫁给了小约翰的堂兄。从那以后,我们就再没有联络过。现在,我甚至都不知道她住在哪里。

我向那位和我一起打篮球的朋友求助。他叫艾瑞克·埃特里奇（Eric Etheridge），艾瑞克是一位经验丰富的编辑。他认识小约翰，并已经在小约翰的《乔治》杂志社当编辑。我曾听说过艾瑞克的事情。他曾就职于《哈波斯时尚》杂志、《滚石》杂志和《纽约镜报》。在杂志编辑这个圈子中，他的睿智和文才非常出名。同时，他也非常受到别人的爱戴。于是，我鼓起勇气，决定毛遂自荐。艾瑞克说他刚好下周要来华盛顿。这样说来，我们为什么不在海·亚当斯酒店相约，一起共进早餐呢？

4月4日这天，当我走进一家离白宫有三个街区距离的富丽堂皇的酒店时，第一眼就看到一位看起来不像华盛顿的人，那个人正是艾瑞克。他穿着一件上面印有国会图案的褪色衣服，着装非常随意。又高又瘦，一头时髦的棕发，戴着墨镜。我们彼此问候后，我要了一杯咖啡，一块糕点和一个鸡蛋，对于失业的我来说，让别人付餐费是再好不过了。

当谈起艾瑞克的新工作时，他的兴奋之情溢于言表，仿佛我们的面前摆放着一碗新鲜的草莓一样，令人赏心悦目。他说，美国的政治杂志是由其自身的原因而被关掉的——大多数的华盛顿人认为政治杂志比较粗俗。他预估，《乔治》杂志将会成为全国第一大畅销的政治杂志。小约翰需要一个了解华盛顿城，又不是在华盛顿长大的人来帮忙。

艾瑞克的话打动了我，感觉与我的理念很相同。我的父亲也是一个编辑，他曾就职于《读者文摘》。关于《读者文摘》杂志，有文化的优秀人物们经常嘲讽地评论这本杂志是一个赚钱而平庸的出版物。我也听过这样一个笑话：《读者文摘》何时变成了《圣经》的浓缩版呢？我对这个笑话记忆深刻。

虽然我毕业于耶鲁大学，并且在哈佛学习了3年的美国历史，具有博士学历（没有拿到学位）。我总能发现那些失败者的共性和缺乏力度的方面。同时，我也意识到华盛顿人嘲讽的政治杂志，对于普通的美国人来说，他们也期待着政治杂志能有所改善和提高，成为他们喜欢的一份杂志。

我不太关注小约翰将会做《乔治》杂志的主编。这也是有理由的，我出生于1964年，我是如此年轻，甚至对肯尼迪总统都没有很深的印象。伍德沃德和伯恩斯坦才是我崇拜的英雄。我曾特别关注过杰奎琳·肯尼迪，或许是因为她是世界上最著名的寡妇的缘故吧。简而言之，我对名人不太感兴趣。

从对小约翰不是太了解这一点来说，使我更加如履薄冰。尽管他不是所有人中最优秀的，但他长得如此英俊，非常吸引人们的眼球，也得到很多女人们的青睐。他应该去布朗杂志，以他现有的富有和新潮威望，一定会成为人们追捧的对象，而不是从事这种理论性要求严格的政治杂志。（如果在布朗杂志上有任何的差错，能很容易地在副本上抹去。）还有一点最令人不安，那就是小约翰没有从事杂志工作的经验。他以前从未在此领域工作过一年半年的。

更糟糕的是，华盛顿政府正在核实失业人数的统计，我几乎到了要被审理的境况了。

那次与艾瑞克吃早餐时，他提议让我给《乔治》杂志写10个或12个短小故事的策划提纲。我把能想到的每一个故事的策划提纲都打印出来，就像每位有自尊心的记者们做的那样——我把这些内容让我的作家朋友们过目。（我许诺他们，如果我被这家杂志社雇用，我的这些故事会由他们来执笔。）在 4 月中旬，我传真给艾瑞克 16 个小说的梗概，那时《乔治》杂志还没有这些。

一周以后，艾瑞克从纽约给我打来了电话，他告诉我，小约翰想见我。

3. 三岁失去总统父亲

在 4 月 24 日的上午，我穿上一件蓝西服，乘上 8 点钟开往纽约的特快火车。太阳从东方升起，倾泻进车厢，火车穿过巴尔的摩、威尔明顿、费城、特伦顿和新泽西州的这些城市工业发展所致的残破区。接近纽约时，熊熊大火正在草地上燃烧着，这里是北新泽西州一个非常壮观且受污染严重的草地。那里的火燃烧着，橙色火焰不停地跳跃着，贪婪地伸向天空，想必越往高处，氧气越多吧！滚滚浓烟扑向火车，遮蔽着车窗前的视线。这种情况一直到我们进入了赫德森河的地下隧道到达纽约中央火车站（Penn Station）时，才渐渐消失。

自从接到艾瑞克的通知后，为了准备自己的面试，我对这位新老板做了些调查工作。我为了避免自己在面试的时候紧张，在乘坐火车的时候还在头脑中回顾了一番。我也通过对这位名人的调查和信息整理后，心里的那种七上八下的紧张感也渐渐减弱，并变得模糊起来。小约翰是见证美国政治和历史文化的一个图标，他的生活确实非同寻常。

小约翰出生于 1960 年 11 月 25 日，他的出生日也是他的父亲小约翰·肯尼迪在总统竞选中击败了里查德·尼克松，担任总统不到 3 周的时间。小约翰一出生就比较出名，因为他有着世界上最有名气的父母，也是肯尼迪总统当选后的第一个孩子。作为白宫中的婴孩，他是调皮而可爱的。我看到了几张他的黑白照片，那个小男孩儿的头乱蓬蓬的。有时他从椭圆形的桌子下向外窥视，有时跑到他爸爸的怀里，有时坐在沙滩的小船上沉思。我看到最多的就是小约翰和他爸爸在一起拍摄的照片，相对来说，他与肯尼迪总统的合影要比与母亲的合影多得多。或许，肯尼迪总统与漂亮的儿子拍照有更多的政治价值吧！也或许母亲杰奎琳·肯尼迪想保留关于他的更多的秘密，不想向外界透露吧！

1963 年 11 月 22 日肯尼迪总统遇刺，小约翰在白宫中快乐无忧的生活结束了，那时他正好差 3 天就满 3 岁了。在他父亲的葬礼上，这个小男孩把右手举到额头，对着父亲的灵柩行举手礼。在上千张关于小肯尼迪的照片中，这张应该是最著名的，也是最令人难忘的。在世人的记忆与想象中，肯尼迪总统与儿子已经永恒地连在了一起。

杰奎琳·肯尼迪带着小约翰和姐姐卡罗琳离开白宫后，回到了纽约，定居在第五大道 1040 号的一个寓所中，那里穿过街道就是中央公园。小约翰在那里长大。从 1968 年到 1975 年，他一直住在母亲那里，直到他母亲与希腊轮船富豪亚里斯多德·奥纳斯再婚。要是学校开学典礼，杰奎琳就会在纽约待上一段时间，来看护小约翰和卡罗琳。这两个孩子积极上进，精力充沛，待人友好。1967 年，正像杰奎琳在新闻发布会上所说的那样，"卡罗琳比较内向，而小约翰则恰恰相反，他能与每个人很快地成为朋友。"小约翰非常酷爱户外运动，追求时尚交通工具。他喜欢放风筝、骑马、驾驶轮船、骑摩托车、驾驶直升机。他非常着迷这些运动。

1975 年从一所最西边的一所男子私立学校毕业后，又进入了菲力普·安多弗学校（马萨诸塞州的一个预习学校）继续学习。青少年时期的小约翰长得瘦高，棕色的卷发，棕色的眼睛，看上去显得很深沉。青春期时，小约翰的妈妈鼓励他进行一些"真正"的实践。在上高中暑假期间，他帮助重建了由于地震毁坏的一个危地马拉乡村。他也帮助母亲的一个朋友，小约翰·皮尔在怀俄明州的农场挖了一个防空洞。然而，他并不是一位特别优秀的学生。他就读于安多弗学校，因为没有通过最后一门课程，而被迫延迟了一年毕业。后来，他又去布朗学校继续学习。

也许是上帝的安排，小约翰选择这所在美国罗得岛州的大学实在出人意料——按照人们的想法，肯尼迪家族的孩子都是上哈佛大学。（意外的是，作为肯尼迪家族的一员，至少他主要的兴趣应该放在政治舞台上。）小约翰在课余时间的主要活动是演戏剧，他很有这方面的天赋，并且不用特意排练。他住在校园外的一个房子里，并加入了兄弟会（Phi Kappa Psi）。在布朗上大学期间，他经常引起女生们的注目和追求，在那个学校非常出名。有本杂志声称，有女生为了追求他，竟然在他宿舍外的走廊里睡了一夜。在与众多美丽女子的接触中，小约翰似乎更加坚持在所有美丽女子中找到更适合自己的那位。

1983年，小约翰从布朗大学毕业。他开始频繁交替做些冒险活动和公共服务。从新英格兰海岸进行高难度潜水，为印度的特雷莎妈妈做志愿者。在1984年，他又回到纽约，在纽约城市发展办公室从事待遇低的设计工作。他经常参加有些非百老汇戏剧的特殊场合的排练。据说，他当时想成为一名演员，但是他的母亲不赞同，并强迫他拿到法律学位。在1986年9月，他进入了纽约法律学院——一个非常好的学校。又一次出人意料，人们对他的不同寻常的选择感到惊讶，因为如果他想进入任何一所法律学校，都是可以进去的。他的毕业成绩可能并不令人信服，但作为肯尼迪总统和杰奎琳·肯尼迪的儿子，人们也无话可说。

　　快到30岁的小约翰，长得越发成熟，英俊潇洒。脱去了年少时的稚气，整张脸的轮廓格外清晰，棱角分明，是个十足的美男子。他剪去了少年时期的卷发，发型洒脱，当时的英俊与以前比起来，使他更充满了自信和活力。（难怪在1988年，《人民》杂志曾称他是"现有男人中最性感的人"。）他频繁出现的中央公园里，玩飞盘，踢足球，也开始为工作打扮自己，衣着看起来既舒适又端庄。

　　他的女朋友们以艳丽的姿态渐渐出现在人们的视野中。这都不足为奇，因为他的条件好。传闻，他曾与一位叫艾斯丽·瑞查森的金发碧眼的现代靓丽女人关系密切，还有与女演员莎拉·谢茜嘉·柏加和麦当娜的传闻。（关于这些谣传的报道的正确性，很难定论；小约翰从不公开他的私人生活，包括其他的事情，更何况这些与女人的事情。）在1988年，他结束了与影星达丽尔·汉纳长达6年的关系。他们曾一度生活在达丽尔·汉纳的西城高等公寓中。

1989年，小约翰从纽约大学毕业后，进入了曼哈顿区的罗波特·摩根索律师事务所工作。尽管他很努力地学习，以通过纽约的律师资格考试，然而结果并不理想。许多律师都通不过第一次考试，而他却两次没有通过，经过三次失败后，他被迫辞去了地方法院的工作。第二次遭受挫折是在1990年2月，他没有通过考试的事情，竟然刊登在《纽约邮报》的头版头条"多次考试亮红灯"。小约翰承认，那非常令他窘迫，"我承认自己在法律方面没有天赋。"为了挽回自己的面子，在1990年他终于通过了律师资格考试。

　　在摩根索律师事务所4年多的工作时间中，小约翰诉讼了6起刑事案件，并都打赢了。小道消息说，摩根索交给他的案件，即使是最优秀的律师也会办得一团糟，可小约翰却胜出了。没人否认，小约翰似乎可以成为一名合格的大法官。因为他的谦逊、诚实和可信。

　　1993年7月，小约翰突然神秘地从地方法院办公室辞职。直到1994年5月20日的上午，他才又出现在公众面前。那天，他的母亲杰奎琳·肯尼迪因非霍奇金淋巴瘤与世长辞。他站在母亲的公寓外面接受采访说："我母亲是在昨天晚上大约10：15去世的。"他深沉地说着。"我母亲的周围站满了她的朋友、她的家人、她喜爱的图书和爱戴她的众人们。在她的有生之年，她用自己的方式，走完了自己的一生。我们都为她的一生感到欣幸。她现在已经在上帝的那里了，与上帝在一起了。"

　　小约翰的简短陈述，对他的一生来说影响深远，向世人宣布这个伤感的消息，是他而不是他的姐姐。可见，小约翰作为肯尼迪总统的继承人展现在人们的面前，他简直是肯尼迪总统的再现。随着小约翰母亲的去世，肯尼迪家族的观察者们意识到，小约翰长大了，有权决定自己该做什么了。人们说，他可能会从政：这位年轻人具有绅士的风度，从骨子里透出善于雄辩、头脑冷静的典型特征。

结束了那痛苦的时刻后，小约翰从公众们的视线中消失了一段时间。在1994年的秋天，他的叔叔参加马萨诸塞州的竞选活动，小约翰才又露面。与此同时，引起人们注目的是他的新女朋友，另外一位金发碧眼，身材苗条的女人。当时，还没有人能确认她的身份。接下来，在1995年，人们谣传小约翰将要创办一家政治杂志。

为了准备此书，对小约翰的履历我无法确定该写些什么。无疑，小约翰与他的姐姐完全不同。卡罗琳在哥伦比亚读的法律大学，而且第一次就通过了律师资格考试，尽管后来她没有从事这方面的工作。在1986年与建筑师同时也是博物馆设计者的爱得文·舒斯伯格结婚后，她生了三个孩子。卡罗琳很少在公众面前露面，所以她的公众效益格外低。

小约翰将要从事出版这一举动，似乎也使他处于矛盾之中，有人对他进入出版业方面感到不满；另一方面，人们可以有更多的机会拍摄到他的照片，使自己多次地在公众面前露面。他站在公众的角度，还是站在自己的角度呢？小约翰看起来还没有做最后的决定。

小约翰似乎也与肯尼迪家族其他人的关系矛盾重重。据说，他母亲不赞成肯尼迪家族的人影响到自己的儿子，与他的那些粗暴，轻浮的堂兄们相比，小约翰很少有他们的性格。虽然如此，在1991年，他还是在他堂兄威廉·肯尼迪·史密斯的强奸案的审判法庭上露面了，并且帮助威廉，使威廉被无罪释放。

小约翰继承了他父亲的许多遗传因素，例如，他每年为哈佛大学的肯尼迪学院优秀生颁发奖励基金。虽然他多次声明，自己不会从政，但在1987年夏天，他就职于司法部的民事权利司——也是里根司法部，领导人是威廉·布拉德·福雷诺兹，一个坚定的肯尼迪模式的自由主义者。在1988年8月，小约翰在亚特兰大民主大会上做了一次简短而生动的发言。老实说，他的讲演内容如果不是睁一只眼闭一只眼马虎混过，是一定会被限制的。他过多地讲了非盈利性组织应该坚决采取非盈利性的行为，就像罗宾汉基金会一样，发起了一些反对贫穷的活动，就像戏剧团里裸露的天使们所做的那样。

1995年小约翰已经35岁了。仍然年轻但已经接近中年。他生活的航程似乎还没有确定下来，仍然没有明确的目标——人们猜测他不可能指向媒体方向。

那么，他为什么将要加入呢？

4. 他不是一个花花公子

我从凌乱而封闭的佩恩火车站乘出租汽车到1633大道，那里是阿歇特·菲力柏奇杂志中心，这家媒体公司正在出版《乔治》杂志。阿歇特大楼是一座由银色和黑色搭配成的摩天大楼，鳞次栉比，格外突出。在南面的五十大街和北面的五十一大街处，是黑暗，蹩脚的低矮建筑，而且随处可见装着花花绿绿氖气灯的性具用品商店，人们美称为"赤裸的高雅"，"冬天花园"剧院位于大道中间。今年，在那里多次上映一部充满忧伤而凄凉的戏剧——《猫》。

电梯的门在第 41 层开了，展现在我眼前的是一个小巧而简洁的大厅，大厅的地上铺着普通的灰色地毯，墙上粘贴着阿歇特·菲力柏奇杂志上的照片。有模特穿着泳装的（来自埃伦），家居设计的（针对大城市的家庭），还有一幅照片是一架正在高飞的飞机。在接待人员的桌子侧面立着四扇白色的门，在每扇门约齐腰的高度，都有一个黑色的数字键。

在接待人员的招呼下，艾瑞克·埃瑟瑞奇向其中一个键盘中输入代码，然后，他带着我走向西门，那里有一个很长的走廊。一个占据整个墙的《乔治》杂志标语牌出现在我的眼前，香蕉黄色的字母书写体，都用深橙色衬托着。这个走廊通向一个围绕着整个大楼周长的迂回回廊，靠着窗子的办公室和内部的小卧室侧翼包围着回廊。这使我感觉这种回廊像杀鼠或其他啮齿动物的居住隧道。

艾瑞克的办公室在大楼北边的大厅北侧，房间里堆满了报纸和杂志。房间里的一台小电视正在播放 C 频道，传来国会演讲者们单调乏味的声音，仿佛是一台白色污染的机器。透过艾瑞克桌子后的玻璃，可以清晰看到草坪上横跨休斯顿的巨型广场，在那下面罗伯特·肯尼迪的老政敌吉米·霍法的尸体也在渐渐腐烂。在肯尼迪小型机场区，一架飞机正飞向内瓦克的拉瓜伊拉（委内瑞拉港市）。自由女神的雕像正矗立在南边。

我和艾瑞克坐下来谈话。这时，有人敲门，小约翰·肯尼迪出现在了门口。

我的心怦然一动。

"嗨！我是小约翰"他说着推门进来，并向我伸出手。

20

"我认识您。"我说，立刻站起和他握手。我从和他握手的过程中感受到他的手坚定有力，但绝不自负。"很荣幸见到您……"我说。

我承认，我有点儿紧张。正像人们夸大事实那样，只从照片上不能对一个人进行真正的判断。小约翰大约6英尺高，肩膀宽阔。他身穿一件V形褪色的细线坎肩，白色的衬衫，打着米色的领带，得体的黑色上衣，看起来就像服装设计者的模特一样。他有一双强壮而厚实的大手，大而粗的手指，看起来就像打橄榄球人的手，或是木匠的手。

看到他，让人总会想起他的父母。他的体形明显像极了他的父亲。鹰鼻子则像他的母亲。浓厚的爱尔兰头发，这些都是肯尼迪总统的特征。他栗子色的肌肤与眼睛遗传自母亲。他的身体洋溢着男性的力度，而眼睛中却显示出某种女性的温柔。总体看来，与其说像他父亲，不如说更像他母亲。占据整个脸盘的中心位置的眼睛和鼻子，那是他的最主要特征，他似乎集中了父母的长相优点，所以比他父母中任何一位更引人注目。

我本以为与小约翰见面时，会因自己的紧张，而变得结结巴巴。毕竟，从事实上讲，可想而知，当你见到了一位你从未见到的名人时，总能体会到那种紧张的心情。当小约翰对我说"嗨！我是小约翰。"时，我那颗一直悬着的心，终于踏实了，变得平静了。坦白地讲，仿佛我们在海滩野餐，吃着烤肉，他递给我一瓶啤酒一样的亲切。他的身体语言容易令人放松，也让人感觉随意。我认为，他看起来非常平易近人。

我们转到办公室的角落，两面是墙，在西面透过窗户可以看到哈得逊河，北面的窗户指向中央公园。从这里可以清晰地看到公园大约占10个街区的距离。伸展向（纽约的）黑人住宅区的长方形赛马场中间有个椭圆形的钢青色的水库——那就是杰奎琳·肯尼迪的昂纳西斯水库，这也是我后来才知道的。办公室中安装了两个几乎是空的大书架，桌子上空空，一把黑皮椅子，两把黄色的木制椅子摆放在桌子附近。可以看出，办公室的负责人不太注重舒适。"请坐，"小约翰说，接着我们俩坐了下来。

"喝咖啡还是汽水呢？"小约翰问。

我微微地摇头说："为什么不选择汽水呢？汽水比较适合。"

"你从哪里来？"小约翰继续问着，"你对《华盛顿》杂志怎么看？对纽约的感觉如何？"

我告诉他关于瑞盖迪杂志的倒闭过程，《华盛顿》杂志的热火朝天，以及有关妮萨等的一些事情。自从她的老板意识到自己的政治前景低迷，就无心管理公司了，后来，他的整个公司也处于亏损的局面了。她与我一样，决定离开华盛顿。我本不想和小约翰谈及我的女朋友是位记者，但似乎与他有某种亲近的缘故，不由自主地就说了出来。

不足为奇的是，小约翰与我对《华盛顿》的评价持有很相同而坚定的观点。他相信《华盛顿》的潜力，但却为它内容方面的枯燥，自大和党派的偏见等感到失望。他坦言，自己从不喜欢参观华盛顿这座城市，那是因为这所城市使他感到郁闷。小约翰说："我希望有种杂志不仅受到华盛顿人的欢迎，而且也受到各个地方人们的喜爱。"

　　小约翰的声音是一种优美的男中音,既没有他父亲操着的洪亮的马萨诸塞州当地口音,也没有他母亲的柔声细语。他不停地发出笑声。事实上,整个面试过程中,小约翰不时地对一些事情提出令人发笑的挖苦。他也保持自己的椅子不停地旋转,不适地转过头去看一看外面的公园。我不清楚是否是自己令他厌烦还是他很难在椅子中坐得住。毕竟,我们的谈话与其说是面试,还不如说是交流。小约翰的率直问题,有时令我也很紧张,真正的原因是我不清楚他怎么会如此对我感兴趣?总之,正像我所说的,我以前一直认为自己的生活还过得去,但与他的生活比较起来,是远远没有可比性的。

　　当小约翰把话题转到杂志方面时,我才放松下来。一个新的政治事实鼓舞着小约翰。小约翰解释说——第一次倾听杂志可以做一些争辩。很感谢越南战争和水门事件令他的觉醒,与正在增长的娱乐业的力量一样,美国人很少对政治关心,除了限制布鲁斯史宾斯汀的音乐,罗西尼在电视或电影中的表演等大众文化的一些重要事情,特别是电影。在和平年代,好莱坞对人们的迷惑和感染要比华盛顿的政治大得多,其中一个事实就是,政客们长时间的坚持,到最后只是狂想,什么也得不到。正像溺水的人,拼命想抓住什么东西来保全性命一样,他们快速地使用更多的电影技巧,特别注重服装的风格,语言的特色以及优美的姿态等。他们正跳跃在流行文化的彩车上:音乐电视,交谈广播,夜晚电视秀。这些节目对政客们来说是有冒险性的,他们可能认为只有弱智和容易激动的人才对那些东西感兴趣。然而,流行文化在比尔·克林顿1992年的竞选中确实起到了很大的作用，那也是导致美国普通话讲得不太流利的乔治·布什与此失之交臂的原因所在。

小约翰说，即使华盛顿人敬佩地凝视着好莱坞时，在旧金山的这些明星们也在崇敬着政客们。从比较前卫的芭芭拉·史翠珊到非常保守的查尔顿·赫斯顿都是在出版物上时常出现的大名人，形成政治活动委员会，召集募捐者，并且在国会上进行验证。是否他们真正地喜欢政治还是仅仅是凑个热闹，都是值得怀疑的，但是名人激进主义者的影响力度是不同的。明星们正在发言时，美国人认真听。有些人看起来信任明星们的程度与对政客们的信任度相等，有时，甚至更偏向前者。

事实上，政治杂志并不得到人们的认可。只有非常少的政治杂志作为文化精英们的代言人，像《公众政治杂志》和《国家评论杂志》就是例子。在政治和流行文化之间的这种辨证，任何一种不被人重视和过分重视，都像一只狗一样站在主人的面前。结果，只有很少的政治瘾君子看那些杂志。小约翰说的话，意味着公众杂志需要进行多方面的调整，杂志的封面，政客们人性的一面，以及精美的设计，就像《Vanity Fair》杂志和《滚石》杂志做的那样，只有如此，《乔治》杂志才会吸引更多的读者，此举也会鼓励人们再次关注政治，从而进入市民的生活中。之所以将杂志叫作《乔治》，这反映了小约翰对那些关注公共设施者的尊敬，所以才用乔治·华盛顿的乔治名字来命名，同时也暗含了对美国政客们的由衷感激，是一种敬意，也是一种号召，就像彼此是一家人一样，亲密无间。

小约翰并没有回答我一些很重要的问题。是否《乔治》杂志将会刊登一些政客们的消极故事呢？是否会刊登一些诽谤故事呢？是否像人们想读的杂志那样，略带些色情画面呢？

我本想问那些问题的，但我却没有问。我比半小时前更希望得到这个工作。尽管我疑虑重重，但却被这位老板激发了兴致。可能是我对他的期望并不高吧！我所看到的小约翰并不是一个花花公子，他也不是一个愚蠢肤浅的人。他字斟句酌地表达自己的想法，目光偶尔望向窗外。他的那种动作表现出迷人的风度。那种感觉只能意会不能言传。

我比较欣赏的一件事就是小约翰并不是只为了吸引广告客户们才创办这份杂志。实质上，《乔治》杂志于所有新杂志不同，它是建立在一种新的理念之上。《乔治》杂志的目的是为了要更好地消除激进观念。为了避免少数内行人控制着普通美国大众的思维，他计划对那些宣扬精英政治的期刊堡垒进行突然袭击。小约翰和其他名人的声望都服务于他的特洛伊木马。乔治杂志不倾向任何党派，但却坚持民主。

这听起来确实是一件令人感兴趣的工作。

面试结束后，我起身离开。无意识中我看到了小约翰和他父亲的一张合影。小约翰身穿格子花呢外套，白色袜子，小鞋子，他正在院子中玩，而他的父亲正在看着他。他们都咧着嘴微笑，英俊的父亲，可爱的蹒跚学步的孩子，看上去并不像总统和他的继承人，而是普普通通的一对父子。

"这真是一幅非常好的照片，"我不假思索地脱口而出。

仅仅一秒钟——或者只是自己的想象吧？——小约翰脸上浮现

出一丝忧郁。"谢谢！"他说。声音中带着的是一种优越感吗？或仅仅是我的想象呢？

在乘坐电梯时，我一直回忆着整个面试过程，这是份好工作。现在他一定认为你们都是狂热的追随者了。

几天后，艾瑞克的来电，使我高兴得不知说什么才好。他说小约翰喜欢与我谈话，并邀请我到《乔治》杂志社工作。

我思忖了四五秒钟后，问了一句："什么时间开始呢？"

我很快就可以上班了。在1995年4月27日，那天是星期四，艾瑞克通知我去上班。要我在五月的第一个星期一去上班。因为没有给我太多时间在纽约找居所，所以我只能每周乘坐城际特快（Metroliner）往返于华盛顿和纽约之间。一般是周一早上乘车去上班，周五晚上再返回来。

这样一直坚持到我在曼哈顿找到一处公寓才结束，小约翰把我安顿在中央公园南边的纽约运动俱乐部内的一个房间里。他是俱乐部的会员。1994年，他从达里尔·汉南哈公寓搬出后就住在那里。我知道他喜欢那些地方，那里才有老纽约的感觉——那才是华尔特·温契尔、达蒙·鲁尼恩，约瑟夫·米切尔和棒球巨星乔·狄马乔等人居住老纽约市——小肯尼迪俱乐部（NYAC）展现出传统的风格。俱乐部设有红色桃花心木的阅读桌子和绿色的皮革椅子，自从特迪·罗斯福时代以来，他似乎还没有向人们开放。到处满是灰尘，帆布外罩的医药箱子摆放在第七层楼的广场上，旁边装设了固定脚踏车和滑动机。

我住在第14层楼的一个小房间中，置身于这个陌生而嘈杂的城市中。每天早上醒来，晚上睡觉前，总会听到垃圾车的嘎吱声，清洁工扫街道的唰唰声，汽车喇叭发出的刺耳声音以及各种噪声充斥着整条街道。然而对我来说，俱乐部里却充满了狂妄自大的气氛。尽管我已经在那里待了几周，我每次出入门口时，门卫总用怀疑的眼神看着我；我看起来要比其他经常光顾的人员至少年轻50岁，而且还有一个不好的习惯。不穿西装和打领带的时候真不该走前门，或许这些都令人生疑吧。1995年的曼哈顿夏天格外酷暑炎热，在那些夜晚我必须工作到很晚，我几乎无法忍受这种高压的生活。每天跌跌撞撞地穿过后门，穿过一个俱乐部气味刺鼻的杂物处，乘上灰色的货物电梯回到住处，一头扎向床。

妮萨也来到纽约住在我那里，给我在俱乐部的生活带来了许多乐趣。她在我的小房间中暂时居住，发送一些求职信，去一些公司面试。不久，她凭着自己的从政经验，被一家大型公共关系和传播咨询公司——博雅公关公司（Burson Marsteller）聘用了。

小约翰让我们与一位高效率的房地产代理人凯西·斯隆联系。几个月以前，斯隆曾帮小约翰把他母亲的房子卖掉了。（5年以后，斯隆也曾帮助克林顿夫妇在纽约的查巴克地区买了一幢公寓。）

"我认为她不会做我们的代理人为我们找房子的，"我对小约翰说道。

"我会给她打电话，她会帮助你们的"小约翰就事论事地说。

最后，凯西·斯隆确实帮忙了。在20世纪90年代，房地产也还刚刚开始，所以找房子并不容易，更何况我们还希望找一处与以前华盛顿的房子一样大,采光相同的房子。直到 6 月中旬,我们在偏西街找到一处小而舒适的房子,距离中央公园只有四个街区,所以地理位置很方便,很快我们就搬了过去。

　　我不会对华盛顿的朋友们说再见。无论《乔治》杂志兴衰与否,我将一直为它工作下去。

第二章
王子做了杂志主编

1. 编辑部同仁

直到1995年春天，《乔治》杂志社才有了一间办公室，事实上小约翰·肯尼迪和他的朋友迈克尔·博尔曼早在两年以前就开始了对整个杂志的构思。他们俩早在1983年末就认识了。当时，小约翰23岁，就职于商业发展机构的纽约办公室。迈克尔是26岁，创办了一家普雷尼（PRNY）咨询公司，并为当时小约翰所在的部门提供咨询服务。在他们后来的回忆中，两人表示，当时小约翰欣赏迈克尔的头脑机智和幽默风趣，而迈克尔则欣赏小约翰的热情风趣和惊人的创新精神。

后来，迈克尔不仅是小约翰的朋友，而且也是小约翰的非正式顾问。在1990年6月，迈克尔迫使小约翰参加第三次考验，在一个酒吧与当地的有特殊要求的人民进行一次交流。小约翰担当起一份非同寻常的、具有挑战性的工作：摄影师。主要拍摄地点位于美国纽约的贾维茨会展中心——一幢外层墙壁都是玻璃的大楼，高耸而令人生畏。这个地方对于无固定职业的摄影师来说，是个非常不错的地方，快门的闪亮并不会使著名的代理人感到不安。小约翰接受了迈克尔的建议，并参加了各项的活动测试，并顺利通过了。

小约翰为自己在地方代理人办公室的出色表现而感到自豪，他喜欢谈论那些他获胜的不同细节。小约翰也对迈克尔说，他渴望更多的企业事情和更多的冒险精神。他承认自己的事业还一无所成，经常困扰着他的是5年以后会是什么样子，他得马上为自己的将来采取行动。

接下来，小约翰与迈克尔创办了一家 Random Ventures 控股公司。这家公司因缺乏指导而只能勉强生存。他们考虑大量生产手工皮筏；小约翰发现了一艘他最喜欢的皮筏，想以这艘为样本大量加工生产并销售。不久他们发现，这种精湛的工艺是不可能大量生产的。

在1993年春天，他们产生了要创办《乔治》杂志的念头。政治似乎在流行文化的每个舞台上睡着了——为什么不通过杂志使之苏醒呢？比尔·克林顿像对《Regardie's》杂志的昙花一现提供过帮助一样，对小约翰和迈克尔的《乔治》杂志同样也倾注了鼓励和赞扬——并非政治因素，而因他的年轻，精力充沛，名流效应的原因，就像音乐电视和阿森诺·霍尔的脱口秀一样鼓励着年轻人。小约翰和迈克尔两人能互相取长补短。迈克尔了解市场，而小约翰对政治明察秋毫。迈克尔从事为名流工作，小约翰是位名流。就像小约翰后来说的那样，这是一个"完美的组合"。

小约翰在克林顿宣誓就职后，他经过几个月的认真考虑，思维更加清晰了。他出席了两天有关杂志行业的研讨会，同时两人也对金融市场做了大量的市场调研。结果，出乎他们的意料之外，有很多人都非常赞同这个观点——并不是人们只因对小约翰的名字与杂志联系在一起而感兴趣,还有其他更值得人们关注的方面。创办杂志不像售卖橡皮筏那么简单,《乔治》杂志使小约翰的名字成为时代的潮流——甚至也会名声远扬。

接下来,他们不得不寻找一位资金雄厚的投资者做后盾。在1993年6月,小约翰和迈克尔开始向出版者和私人投资家介绍《乔治》杂志,期望获得这些人的资助,但是这些有钱人都不理睬他们的主张。他们说政治不是通俗文化,除了那些讨厌的政客们和权威人士以外,没人关心政治。

小约翰和迈克尔再一次认识到,他们若实现销售量达到10万册的数量,得等到五年后,可能也未必能实现此目标。因为其他的政治杂志都拥有着一些固定读者,他们不会为这本新杂志花上一分钱。那些读者们都是其他政治杂志的订购者,也是极富政治同情心的好撒马利亚人(译者注:撒玛利亚人出自《圣经》,意指好心人,见义勇为者)。

小约翰和迈克尔的杂志还要面对无法吸引主流广告(像饮料和汽车等的广告)的压力,所以发行量可想而知会很少——是一个赔本的生意。《乔治》杂志会像《星期晨报》一样,刊登公众事件,也只能刊登一些来自石油公司和政治游说者们的沉闷广告词。人们也把这类广告叫作"墓碑广告",也就是说,这类广告非常不受人们的欢迎。因为那就是当时的真实情况,看上去什么样子就是什么样子的,《乔治》杂志也不可避免。

值得感激的是,有时每个媒体的广泛宣传也会起到很大的作用。

1995年3月，大卫·派克，也就是纽约的阿歇特·菲力柏奇杂志公司的 CEO，读了有关小约翰和迈克尔的报道后，他打电话给迈克尔，声称对他们的计划非常感兴趣，并希望面谈。

事实上，在美国这个无形的文化圈中，阿歇特公司是法国庞大拉卡德尔商业集团的美国子公司。除了拥有《世界时装之苑–ELLE》杂志外，还拥有美国的几本利润可观的法国流行杂志，那些杂志非常赚钱却很单调，例如，美国汽车杂志《Road & Track》，《Woman's Day》杂志和《FLYING》杂志。在杂志出版方面，独占鳌头的杂志社当数美国最大的消费类杂志《HEARST》和《Conde Nast》，人们几乎无法说出这个公司的名字，绕口令般地把阿歇特公司的英文名称（Hachette Filipaccchi）说成 ha-shet filla-pocky 或 hatchet filly-packy。大卫·派克蓄有胡须，发型很酷，一副典型的布朗克斯当地人的形象。他是一个野心勃勃的男人。他渴望为他所在的公司获得更多的利润——也为自己挣更多的钱。对他来说，没有比与小约翰签约更好的赢利方式了，确实是个好机会。

大卫·派克通过连续几周与小约翰和迈克尔洽谈，最终他同意为小约翰和迈克尔超过五年期限地投资两千万美金。这些钱不算多，但已经相当不错了。于是，在 1999 年，他们开始正式启动创办《Talk》。杂志社风风火火地成立了，当然仅仅是刚刚起步阶段。小约翰和迈克尔一夜之间有了自己的杂志，至少有人肯为自己投资，同时占用阿歇特公司办公大楼的多余空间来办公。

没有什么事情比这件事更令他们感到欣慰的了。在我 5 月进入这家公司为止，小约翰满脑子都是这么多钱都能买怎样的内容以及如何高效率地利用这笔钱的问题。而且时间紧迫：首次出版一定必须在八月初就要进入印刷阶段。我们仅仅有 3 个月来创造《乔治》杂志。在 90 天中必须确定下来要刊登什么故事，并要决定由谁来执笔。这 90 天里我们要对故事进行采访、撰稿和编辑整理，还要审核校样和进行图片设计等。在 90 天中要将这一切都做好，至少大体上完好，是相当不容易的。往往第一次发行会比第二次更能吸引人，所以我们的杂志一定要第一次发行就要给人们留下好印象。

更何况，承担此重任的是一群平均年龄在 27 岁左右的职员们。大体上，职员中的编辑们对政治是知之甚少。因为小约翰和艾瑞克想要的编辑们大多数都是一些对政治不敏感的人。理论是，那些对政治故事非常敏感的编辑，只会对政客们非常感兴趣，而不会对杂志上瘾。

那年夏天，《乔治》杂志社大约有 12 名职员。我 5 月初到公司时，他们中大约一半的人都已经在那里工作了，其他人是我来后的下一个月到的。大家密匝匝地挤睡在四十一楼西北角的一个小卧室里，我们是都对未来憧憬美好、天真，对将来会怎样完全没有心理准备。在一些重要的事情方面，小约翰也是非常冷静的，显示出与众不同的小约翰。

当然，小约翰作为主编。这个职位如何做，长期以来就不清楚怎样界定，但小约翰早期做了很多事情，与底特律汽车广告商见面，来增加杂志中故事观点的可信性。小约翰自己也经常出现在杂志中：每个月，小约翰都会写信给编辑介绍发行情况，他也会举行一些有政治人物们参加的问答见面会。但后来他有些不情愿这么做了——

他不想让人们觉得他没有新闻方面的工作经验。同时，艾瑞克和迈克尔也认为，即使像小约翰这样的名流，有时也是无能为力的，因为不可能所有的《乔治》杂志版面都是他。

然而事实上，小约翰不会编辑故事，他也不做稿件的初审工作，对作者也不提出任何稿件的修改意见，也不要求重新一行行文字的打印工作。别人都认为，主编的工作就是做一些实质性和效率低的再普通不过的文字编辑工作。这种想法是错误的，因为主编的工作也是一种充满爱心的劳动。编辑们花费所有的时间在文章的遣词造句方面，怎样选择最好的词语，使有些故事表达得更加完美、更加精确和更加合情合理，小约翰从没有展示出这种长期伏案工作的爱好来。

另外，那就是为什么雇佣艾瑞克的原因。艾瑞克身上有小约翰完全缺乏的经验，他会选择作者、设计故事、指导其他编辑进行工作。在职责方面，有一些交叠的工作相互联系在一起，谁也离不开谁，只有彼此互相帮助才能解决遇到的问题，也才能让杂志顺利地运行。

同时，迈克尔负责营销杂志的工作。他的工作是相当重要的。他个子高高的，一头棕色卷发，长有一个极富表情且微微倾斜的面孔。这张脸有时会从可人的微笑立马变成凶巴巴的愁容。他聪明、自信且魅力十足。他在《乔治》杂志的广告宣传市场销售方面极具判断力。不过，当他认为小约翰想要重用某人的时候，他会表现得很鲁莽和工于心计。

与迈克尔一起做杂志发行工作的还有艾雷诺尔·卡摩迪。他擅长交谈，一头卷曲的金色头发，碧蓝色的眼睛。他能指引小约翰在纽约出版社中披荆斩棘，正像艾瑞克带来了编辑方面的行业经验一样，卡摩迪凭借在女性杂志《Mademoiselle》和《Mirabella》的广告总监的经验，来为《乔治》杂志效力，与迈克尔一起负责市场营销。

在任何一个杂志社，除了主编和发行的人以外，创意总监的职位通常是第三重要的工作，这个职位的工作就是设计杂志和选择图片。《乔治》杂志的创意总监是位爱说俏皮话的马尔塔·荻龙，名字看起来似乎应该叫马尔塔·伯尔曼（因为他有时总会把名字拼成 Matt no-relation-to-Michael Berman〈马尔塔与迈克尔·伯尔曼毫无关系〉）。在他的这个位置上，马尔塔对自己设计的杂志从开始到结束从没有读过，这个职位并不那么容易干。但是，他只要拿起笔来就会画出的好画，画面格外优美，偶尔他也会画一些不带任何现代思想的幽默漫画。到这里工作以前，他曾就职于时尚的《Shelter》杂志。他不太关心政治，这也正好符合小约翰和迈克尔的要求——因此他才会对这个传统而又单调的政治舞台发掘出美丽的一面。

在杂志社，三位高级编辑负责编辑长篇文稿、润色文稿。我的任务是从华盛顿获得大量的故事。与我在一起工作的搭档是格雷·詹斯伯格，他是小约翰从布朗请来的一位律师朋友，他曾在克林顿行政部门工作过。格雷是任何杂志都抢着要的那种人。他似乎认识纽约和华盛顿的每一个人，别人都愿意告诉他一些事情，报酬多的小报刊登的故事总会曲解原意，所以需要进行一些实际的采访。如果哪位记者的采访有难度，他准会知道该找谁。

最后说到的高级编辑是伊丽莎白·米切尔，我们称呼她为"贝兹"。她是一位来自音乐杂志《Spin》的金发碧眼女郎。贝兹与她的音乐人丈夫居住在布鲁克林。她机智、幽默风趣，具有查理斯·亚当斯作品中卡通人物的外貌特征。她的专长是文化政治。主要工作就是及时发现报道参加会议的人们的谈话内容，或者对那些著名的艺术家们的文化阐述和见解进行报道，比如报道像詹斯·哈摩尔斯和比尔·本纳特这些人物等。

三位编辑负责杂志的短篇文章（有人也称之为放在"书前面"的蓬松开胃食品），他们是里查得·克拉克、曼尼·郝沃德和雨果·林得格瑞。他们分别来自艾斯逵市、纽约和大都会（Metropolis）市。他们也负责杂志的设计工作。原来工作在《Mademoiselle》杂志的伊莱恩·马洛塔负责编辑管理的工作。她也负责管理稿件的草样和插图等。后来，一位干练而年轻的秘书罗赛玛瑞·泰兰哲尔专门为小约翰和迈克尔服务，她也是迈克尔以前就职的那家公共服务公司的同事。

我们大家来自不同地方而且又满怀热情，与任何一家大型杂志初期聘用的职员比起来，我们杂志社的职员是相当少的。但从一开始，大家就齐心协力地工作，这是非常重要的，所以我们有许多事情要做，不会浪费时间在相互争执上。

2. 政治杂志记者的敏锐

上班的第一周，我处于无所事事和焦急不安的状态之中——因为没有任何报道需要我来运作。所以我没事可干，也焦虑不安。在五六月的每天上午，我和艾瑞克、贝兹、盖瑞四人在一起，坐在艾瑞克的办公室里认真讨论当天的新闻。同时，我们也观看C频道的新闻节目，仿佛我们也被希尔国会大厦里渗透出来的那种复杂信息所吸引。在上午工作中休息时，我们喝着咖啡，吃着饼干，有时也会有新鲜的草莓——我们边吃边聊，讨论着如何设计6月期刊的文章，以及如何在9月让杂志畅销。我和盖瑞喜欢这种会议，因为我们喜欢谈论政治人物们，事实上，我们也是凭此来获得报酬。在阿歇特出版方面，我们得到的薪水很少，远远低于同行业的薪资标准。这些我都不放在心上，欣然接受了。

然而贝兹却不喜欢这种会议。因为在《Spin》音乐杂志的工作经历，使她习惯于非学术研究的氛围。在《Spin》杂志文章刊登方面，竞争是非常激烈的。她也曾向我们谈及，自己曾把别的编辑们的文章稿件藏起来，最后才拿出来。在那家杂志的职员们质疑文章的优点的时候，她就说那篇文章偏离主题太远，不适合刊登。那家杂志社的每个人也都知道她在做什么，并为此感到身心疲惫。

我们需要所能获得的各种文章，但有两类文章我们会坚决淘汰：一类是作者突然变得钻牛角尖和偏激；另一类就是在写作过程中吸食海洛因的作者，以前我曾遇见过一个作者，我打电话一直不通，她正处于吸毒后的昏迷状态中，不能接听电话。我忍不住大叫"那篇文章已经到截稿时间了！"。那会儿，我只能帮他叫医生。

我们这么考量，不仅是因为作家们复杂多变，也是因为《乔治》还没有首次出版发行，每篇文章的主题和目的有许多令人生疑的地方，我们必须谨慎对待。作家们会信任我们吗？他们应该与我们杂志的记者合作吗？许多人也听到一些关于我们杂志的风言风语。那些作家们的第一反应与我最初对这个杂志的反应很相似——那就是充满怀疑。还有那些政客们，当宣布候选官员们的名单是保守党的一些人时，他们是否正气愤地讨论与此不同寻常而又无可非议的来自纽约时报的消息呢？那么，他们为什么又会接受自己从未见过的无名小杂志的记者采访呢？

不得不承认，我们这些政治杂志记者们总会提出一些古怪的问题。我非常确信地说《华盛顿邮报》从没发表过有关1996年总统候选人方面的调查问卷，例如，关于他们喜欢哪种糖果，喜欢什么蔬菜，欣赏哪个乐队。候选人们不知如何应对。"无可奉告" 田纳西州州长拉马尔·亚历山大回答。鲍勃·达尔的职员传真给我们如下的回答："谁是丛林中最好的国王？是《乔治》杂志呀！每个人都喜欢杰斐逊吗？是《乔治》杂志社的人呀！关于此次竞选活动，哪个杂志社投入的时间多呢？是《乔治》杂志啊！"必然的结果是，他们中很少的人能够填写此调查问卷。

甚至为杂志寻找写文章的作者也不是一件容易的事儿。与著名作家的经纪人谈判是个很耗费时间的事情。我们必须费劲脑汁地想出由谁来执笔《南斯拉夫和谈》的文章。畅销书作家卡利伯·卡尔也是《精神病医生》的作者，他同意为我们写一篇介绍性的文章。卡尔既是一位历史学家又是惊悚小说家。7月中旬，临近出版之际，卡尔却完全消失了。我们找不到他在哪里，也联系不上他。

我们一连几天都疯狂地给他打电话。最后，艾瑞克到他的家里去找他。他正卧病在床，我们不了解他的脾气秉性。刚开始的时候，艾瑞克温柔地对他说："非常抱歉。打扰您一下，那篇稿子您写完了吗？"卡尔没有回答。过了一会儿，艾瑞克就有些不耐烦了，粗鲁地对他说："瞧瞧，你真是病得不轻啊！都听不到别人的话了。"卡尔愤怒地交出了他写的一流文章。但是因为我们的态度，而使此事处理得不够理想。

此种不幸的事件在作家撰稿人戈尔·维达尔的身上也曾发生过。6月初，小约翰让维达尔写一篇关于乔治·华盛顿对美国文化影响方面的文章。他答应为我们写了。虽然我没获得博士学位（但我具有博士学历），但我对美国殖民时期的乔治曾有过一些研究，所以小约翰安排我负责编辑这位怪癖天才的作品。30岁的我就当上了著名作家戈尔·维达尔的编辑。我非常高兴，荣幸之至。

我的这种兴高采烈的兴奋心情，一直持续到维达尔从他舒适的意大利别墅传真来了文章。一读起文章，我的心就沉了下来。

维达尔第一次对华盛顿有感而发是在一所小学，他看到人们被迫读美国第一任总统的传记，他对人们的这种行为嗤之以鼻——"那是一种标准的圣徒方式，折磨着青年人，为了表示他们爱国必须要毫无选择地投入战场，就像乘出租车要付费一样，那是每个公民应尽的义务。"

文章接下来就罗列了大约四千个令人恼火的词语。

那时，虽然我并不太了解小约翰，但是我知道诽谤一位死去的总统可不是他的做事风格。特别是我们的杂志还是以总统的名字命名的。于是我把稿件中需要稍稍改动的文字标注出来，传真给维达尔。我也希望他会适当地修改一下。几分钟后，维达尔打来电话说：

"不许编辑修改我的作品！"语气非常坚决。"你们杂志社要么刊登，要么就不刊登。任选其一。"

《Regardie's》杂志的作者们从来没有用这种口气对编辑说话。我吞吞吐吐地说："好的！是的，维达尔先生，但是。"

维达尔仿佛没有听到我的话一样，继续讲着："你似乎知道许多关于华盛顿的事，那你为什么不写一篇呢？"

人和人之间的关系是非常脆弱的，他的那些挖苦话语至今仍萦绕在我的耳畔。

后来我们'枪毙'了这位大人物的文章。（"枪毙"这个词是编辑们打算不刊登某篇文章时用的词。）后来，维达尔用一种很自负的方式陈述了此事，并到处刊登发表。他写道："小约翰·F.肯尼迪，他是我老朋友的儿子。他的杂志社里有位和蔼可亲的年轻人。他曾让我为一个刚刚成立的杂志首次发刊写篇非政治性的文章，"维达尔嗤之以鼻地说，"因为他要我加上这个，删去那个的，我就不让他刊登我的文章了。我对他说，把这当作你的生日礼物吧！你总会有收获的。"他这样到处宣扬着。

我读了这些大笑起来。我很确信小约翰从没有把自己归到维达尔所说的"一个老朋友的儿子"范围里。维达尔想让世人知道他认识小约翰的父亲。

对我来说，并不介意为维达尔的言辞去争辩什么。很快，我就知道有人已经与小约翰谈论起这件事情了，真是没有不漏风的墙啊！但事实上，并非给人们留下深刻印象的文字那样，"一个小约翰·肯尼迪的编辑给我打电话……"

整个6月份，小约翰密切地关注着我们的工作，却很少对我们的工作妄加评判。在编辑会议上，他经常欲言又止。只是告诉我们按照自己的想法做，不要总想着他会有什么感觉。他对自己的洞察力充满信心，只是不习惯称自己是记者或编辑。尽管他在一些公共事物方面坚持己见，但他清楚地知道，自己不了解哪些方面的事情——那就是编辑杂志方面的工作。如果他能在几周内学会我们多年的编辑经验，一定无法令人信服。可能最重要的是，我们都认为小约翰不想当记者。因为他经常无法摆脱记者们的骚扰，所以他一辈子都不喜欢记者职业。

在6月末，小约翰乘飞机到阿拉巴马州与前任地方长官乔治·华莱士见面，那时正是杰克和鲍比·肯尼迪就民权方面意见不合，相互攻击的时候。小约翰决定去采访华莱士的令人兴奋的潜在想法是：他与肯尼迪是同时代的人，在1972年，因为参加竞选，他曾遭到刺杀，几乎丢掉了性命。从那以后，他再也无法走路了。为什么小约翰要第一次去采访华莱士呢？大家都不认为此举是一个商业决策；尽管华莱士已经完全放弃了竞选的想法，但他毕竟是这种丑陋的政治竞争的一个牺牲品。更何况，大多数的年轻人对谁是华莱士都一无所知。

因为小约翰从没做过此类采访，所以他带着盖瑞一同前往。盖瑞也从没采访过任何人，但他是最理想的合作伙伴。盖瑞聪明、细心、随机应变，说话适度而且体贴他人，这些优点正是小约翰所需要的。盖瑞在政治方面的工作，就是担当幕后操作者，给那些发言者或是委员会主席出谋划策。

他们俩来到华莱士在蒙哥马利的一所农场家中，那里宽敞而舒适。华莱士74岁，自从23年前遭到暗杀后就一直瘫痪在床。从那以后就几乎失去了听说的能力。所以小约翰和盖瑞只能把要问的问题用醒目颜色的笔写在一张写字板上。然后，他俩就等着华莱士发出的游若细丝的回答。简单的一句话也要花上一分钟，进展很慢而且面无表情，他就像毛毛虫在慢慢地啃噬叶子一般，发出细微的声音。

他俩一回到纽约，我们这些编辑就开始分头整理采访的录音带，使之转化成文字。然而录音效果很不好。磁带中华莱士发出的声音几乎没人听清楚他讲的是什么。所以，我们根本没有内容可以加工，不得不再次进行采访。

小约翰有其他的事情需要办理，所以我和盖瑞再次前往蒙哥马利。我们一进门，看到华莱士正靠在床上看黑白电视，桌上摆放着他和其他政客们的照片，在所有杂乱照片中最醒目的一张是他和肯尼迪总统的合影。他穿了一件浆洗过的睡衣。在他叠放着的大腿上，放了一个陶瓷烟灰缸，里边杂乱地放着七个烟蒂，其中一个还在燃着，飘出微微的轻烟。华莱士不时地移动着右臂并用粗厚的手指抓住一只粗大的雪茄，就像一个肥硕的爪抓向一只吃饱了的动物。他慢慢地举起那支烟到自己的干裂而又失去光泽的唇上，慢慢地吸着，非常缓慢以致烟蒂的末端熄灭了。尽管他无法移动头，但他可以用眼睛与我们交流；他的眼神中流露出忧郁的神色。眼睛似乎在说：我会一直凝视那些可恶的流氓。无论伤处有多痛，他都振作精神努力回答我们的提问。不会再有人采访华莱士了，他把自己所知道的都告诉我们了。

我和盖瑞竭尽所能得到更详细的素材，尽管这次经历感觉有些残忍，仿佛我们正在从一个乞丐的床垫下偷取东西。我仍然坚持问一些难以回答的问题。他是个顽固的坚持者，能轻易地改变想法吗？我在本子上迅速地写着并问到"你认为政治的天空也会被黑暗所笼罩吗？"

华莱士出离愤怒，表现出非常生气的样子。我不知不觉地触到了他的痛处。"当然，会的。"他说，声音铿锵而有力。"当然，会的。"

小约翰后来并没有刊登我们的采访。他说那是激进的主张，以后再也不要再提起。我认为这个他考虑得非常周密，也就没有再争辩。小约翰没有当过记者，但他要为《乔治》杂志负责，他正在坚持一种准则：所有文章的内容能很容易地被人接受。

小约翰每周都会召集所有的编辑在他的办公室开一次会议，大家围坐在他的桌子旁边或者坐在沿着窗户搭建的暖气片上，喝着咖啡和可乐，就一些文章内容的策划和安排方面讲给小约翰听，讲出一些自己的见解。小约翰喝着咖啡，静静地听着我们的谈论。时常让艾瑞克对大家的建议给予指导。关于我们提出的观点，他从自己的经历来进行判断，有时候也有不太合适的时候。他对我们也有不放心的时候。有时他对我们提出的见解完全不同意。这种编辑会议使大家彼此更加默契；也许是通过这种热烈的讨论或是对选题的犹豫，大家都能体现出自己的能力、热情和每个人内心深处的信念。尽管小约翰似乎并没有为此做准备，一切都在意料中。

当然，不可避免地，小约翰处于我们的中心位置。如果小约翰清清嗓子，所有人都会转向他。他的一喜一怒，大家都要见机行事。我们讨论时，大家需要征求小约翰的意见。他是否会同意呢？他参加我们的讨论时,尽管对我们帮不上什么忙,也会很明显地表示出我们和他的差距。这也是他学习的机会。无论我们教他关于新闻杂志方面的任何东西,他都比我们了解更多的政治和真实事情。一次会上,我们正在讨论里查得·尼克松,有人开始对尼克松进行指责和批评。

"事实上,我一直喜欢尼克松。"小约翰说。

我们大家都以为他在开玩笑。

"竞选后他与我父亲相处得很好,"小约翰说,"从政治角度来说,没有人能比得上他的那种大气。他们两人是那么亲密,显然看不出分别属于对立的两党派。"

小约翰继续说:"自从父亲去世后,尼克松对我们很好。他曾邀请我们全家去过一次白宫,听我母亲和姐姐说,我当时打翻了杯中的牛奶。我们坐在桌旁正要进餐,可能仅仅吃了十分钟,我就把牛奶杯打翻了,牛奶洒了一桌子。"

"尼克松生气了吗?"有人问。

"没有,恰恰相反,他帮我擦拭牛奶。"小约翰摇着头微笑着。

大家禁不住笑了,坐着,想象着深沉的尼克松给小约翰擦拭牛奶的情景,大家猛然有了灵感,大家都认为这是关于尼克松的一个好文章,填补了我们没有记录的有关尼克松的空白。

小约翰认为这些不妥当,尽力用幽默来演示。他不停地说,生动地模仿他姐夫阿诺德·施瓦辛格的滑稽动作。我们都因老板的生动模仿而笑了起来;他的姐夫的表演是非常精湛的。小约翰为了调节气氛让大家振作起来,充满了信心,他竟然在我们面前开起了自己亲戚的玩笑。

虽然小约翰可以嘲笑他的家族，但我们却没有足够的胆量在肯尼迪家人面前谈论他们家亲戚的那个失态笑话。小约翰一直讲着那个笑，直到艾瑞克的助手约瑟·科恩讲起了另外一个笑话才戛然而止；他说了一个有关奥斯华（刺杀肯尼迪的那个人）的笑话。当他意识到自己犯了个错误的时候，脸突然红了。

小约翰听着约瑟的讽刺，什么也没说。大家尽量避免不受约瑟所讲的笑话的影响，都沉浸在小约翰的笑话中。难道有人还没有使小约翰的笑话达到高潮吗？

编辑会议结束后，大家回到那间小办公室，开始打电话给作者，仿佛电话销售人员锁定了新的客户一般。"您好，琼斯先生吗？是的，先生，今天怎么样呢？很好，我们正要出版杂志，而打电话过来，我认为您可能感兴趣……"

有时，艾瑞克和迈克尔也怂恿小约翰适当地利用自己的知名度，因为有些文学名人通常不会轻易地为新杂志写文章。如果有小约翰出面，就会好办很多。小约翰通常也会打打电话，但他不高兴这么做。小约翰表示，这么做给他的感觉是正在暴露自己。与其说那是一个名人在请求别人帮忙，还不如说是一种商业主张——他说的并不完全错误。如果作家拒绝，他会感觉自己一无是处，很受打击的。

小约翰曾几次恳请美国史学家多丽丝·科恩斯·古德温为杂志写几篇文章，但都被她拒绝了。从那后，甚至一有人提起她的名字，小约翰就会很不自在。另外一次约稿，他与一位哈佛大学教授也是《纽约时报》的投稿人亨利·路易斯·盖茨共进晚餐。当我问他约稿情况如何时,他用低沉的鼻音说道:"他不想写文章给我们,只想让我们请他吃饭而已。"后来又遭到电影剧本作家的拒绝后,他竟然开玩笑地说道:"看来,我得失业了。"

然而,渐渐地,小约翰变成了一个更加投入和自信的编辑。有时,我们这些记者和编辑们中的大多数人喜欢掩饰一些东西,新闻业不属于快速发展的行业。做这行需要具有如下特质:创新、好奇、观点明确、信息面广。如果拥有这些能力——正如小约翰努力做到的那样——通常才会快速把握住事实的真相。

在7月,作家们开始陆续地递交稿件,小约翰也逐渐证明了自己的能力。一次会上,他不喜欢一篇有关柯林·鲍威尔如何赢得国务卿职位的文章,我们就把这篇稿件"枪毙"了。还有一篇关于墨西哥政治的文章,因为缺少充足的论据,也没有被刊登。

艾瑞克对此左右为难,对写那两篇文章的两位热情的作者,他不知道如何回复。虽然这些都是小约翰作出的决定,但艾瑞克不得不告诉作者们文章被取消的坏消息。那不仅是个艰难的任务,而且也很尴尬。他要代表刚刚从事新闻工作的新手——《乔治》杂志社的小约翰向作者们表示感谢和歉意,而不是代表以前在《艺术大师》杂志社工作的自己去与作者们面谈。

发生这种事,对小约翰来说也是可以理解的。因为他在新闻方面经验还不丰富,只是凭直觉知道老百姓喜欢读什么。读者们并不会对纽约媒体的精华部分产生任何疑惑。例如,墨西哥政治方面的文章就不适合刊登,因为它太深奥了,不适合普通大众阅读。虽然艾瑞克梦想创办自己的杂志已经很多年了,但他对小约翰的干涉感到很为难。

尽管艾瑞克很精明，但也经常判断失误。给人们的印象是艾瑞克始终认为小约翰不是个称职的编辑——也许他希望是这样吧，他每隔几周就要到我们办公室来看看大家是否都在努力地工作。他的这种错误判断也是可以理解的。小约翰是一位名人，通常名人们不会整日在办公室工作的。特别是那些备受媒体追捧、富有、英俊却缺乏智慧的花花公子们更不会坐班了。

然而，小约翰在《乔治》杂志上投入了大量的时间和精力，不可能任其发展而不干涉。他非常清楚地知道如果杂志失败了，出版界就会像击鼓一样不停地攻击自己。他希望自己的投入能够不断地获得回报。尽管小约翰和迈克尔曾设计在我们首次出版的杂志上刊登40页广告，但是我们认为这个数字还是太保守了。艾蕾诺尔·卡墨迪开玩笑地说第一次出版刊登广告就像接电话一样简单。（她相信，许多广告客户都想在我们杂志的第一期或第二期刊登广告。）然而令人为难的是，杂志广告的页数越多，越需要更多的文章穿插于这些广告之中。最后，我们将出成186页的杂志。

随着7月31日预定出版杂志之际的临近，小约翰又有了其他的麻烦。他得了格雷夫斯病——甲状腺素分泌失调引起的体能衰竭，而且脾气暴躁。有一段时间，下午两三点钟，他就会犯病，那时他都要瘫倒在椅子上，无法支配自己的身体，显示出迷惑无助的表情。他为了治疗这种疾病，要用水服用一种含碘的药物，每次喝那种药，他都显示出痛苦不堪的表情。

随着出版时间的临近，小约翰说他每天早晨五点钟就醒了，因为紧张和焦虑，他睡不着了。他清楚地知道，在很大程度上，《乔治》杂志的初次发行，也是他在出版界的第一次亮相。有时，在杂志引发之前的这种孤独的等待里，使他感到无比的担心和恐惧。

第三章
"遭到"崇拜

1. 追求美女卡罗琳

从头开始创建一份杂志可能会令人觉得有些疯狂，但至少我比较熟悉如何设计和编辑文章。在工作中，我最难处理的事情就是掌握一种保护小约翰的能力。这是我从未遇到过的，需要学习的一种能力。我只有鼓起勇气学习并且坚持做好。

在7月末，我的老同事安德鲁·苏利文从华盛顿打来电话。那时，他正在《新纽约》杂志当编辑，他正准备来纽约。

"太好了，到我们杂志社来看看，我会把小约翰介绍给你认识。"我说。当我22岁刚刚从大学毕业时，我曾经在《新纽约》杂志社工做过几个月。虽然我从没有感觉那里是我的家（老板Marty Peretz曾经开玩笑地说我是信仰新教的新共和人），但是我仍然对那份杂志怀有敬意。

苏利文来看望我，我把他介绍给小约翰，并且让他们在小约翰的办公室聊天。这看起来是一种双方互利的机会，新杂志能够向老杂志学习经验，同时老杂志也能从新杂志上受到启发。此外，两名政治杂志的编辑们还可以相互认识,至少我是这么认为的。

但是我错了。我意识到,即使最没有头脑的记者也不会忘记去报道名人的。一周以后,我浏览《新纽约》杂志时,发现苏利文已经写了一篇有关他与小约翰见面的经过,并刊发在了杂志上。苏利文宣称《乔治》杂志的内容是不切题的。这本杂志将成为"名人们互相表示友好的读本罢了!"因为"他早期的尝试——在中央公园中为了满足陌生人的兴致不断地脱去衬衣,当然有时也是无能为力的。"

那个夏天,小约翰没有再会见任何人。《新闻周刊》《Newsweek》和《Esquire》等媒体都准备写有关小约翰的文章。然而,他拒绝与任何记者交谈,对一位处在醒目位置的编辑来说,他很清楚自己的职员也在忙着采访其他人。目前,在小约翰的35年的生活中,已经形成了固定的行为举止,并且他并不希望自己的这些特性立即丢掉。现在苏利文利用我获得了一篇独家新闻。

我给苏利文发了一封电子邮件,"你已经使我陷入困境。"我说,"你不是作为一名记者进行此次会见的,只是作为我的客人。瞧瞧你都干了些什么。"

他回信说:"如果你或小约翰——没明白我的文章中的观点或娱乐所在,那么你确实已经像他一样顽固了"。

我认为事情发展到这个地步,应该告诉小约翰。于是,我带着这份杂志到小约翰的办公室,告诉他这个坏消息。他看到我时,点了一下头。他告诉我,他已经读过苏利文的文章了。

"很抱歉,我没有想到他会那样做。他从没有告诉我准备写那篇文章。"我说。

"我不想在办公室里再看到他，这里不欢迎他。"小约翰回答说，声音冷冰冰的，我以前从没有听过他用这种语气说话。

我感到很不安，低头走出他的办公室，很是尴尬，只能埋头自己手头的工作，来掩饰自己的无助。我从来没有想到应该使小约翰远离我的那些记者朋友们，现在我反思自己错了，以后务必避免这样的事情。

小约翰在许多事情上都保持着非常严肃的态度，但《乔治》杂志除外，因为小约翰相信工作应该是快乐的。在周末，小约翰经常把他的爱犬"星期五"（以小约翰得到它的日期命名）藏在行李袋中，躲过大厦保安的检查，带进办公室。平常小约翰都穿着一件短T恤，戴着太阳镜，把"星期五"悬挂在一个手臂上，漫步走进办公室。当心情特别好时，他会穿一双红色高帮耐克运动鞋。当小约翰发出咕咕声或吹口哨时，星期五就会极其活泼地在我们周围的过道上撒着欢儿地跑。当小约翰拿出一个网球在我们之间抛来抛去时，星期五就发疯般地来回冲刺，想要抢到球。

通常，小约翰认为娱乐就是身体运动，但是我们绝大多时间都是面对计算机和文件柜。因此，在一个阳光明媚的下午，小约翰决定到室外运动，而不是在室内浪费美好时光。他派一个助理去买了一个橄榄球。我们离开办公桌来到中央公园北面的第十区，在绵羊牧场南面找到一个干净的广场。我们把所有的人员分为两组，每组5人。在广场上画好场边线，开始了进行比赛。在我们中间，小约翰富有侵略性和竞争性，有些渴望胜利。艾瑞克的助理乔什·科恩和副主编雨果·格林具有运动天赋,而其他人的水平都要比小约翰平时比赛的水平低很多,比赛结束后他都未显出气喘。此外,与他打球只是一些消遣,因为从那里路过的旁观者们经常拍照。

我一天的大部分时间都是和同事们在一起度过的,以至于难以区分个人生活和工作。偶尔,当我工作到很晚或者在周末时,妮萨会来,但也不多见。阿谢德不愿意工作时间外开空调,这样只要你在41层的烤箱一般的房间里停留10分钟,就会感觉自己像一个在保鲜纸中的马铃薯一般。

虽然条件艰苦,但我们就是这样无怨无悔地坚守在一起。日子漫漫,我们就这样不知不觉地忙碌着,有时这个圈以外的人也想了解我们,可谓彼此相互吸引,大家聚到了《乔治》杂志社这里。后来,我见过盖瑞的妻子苏三·娜哈,她柔声细气,机智聪明,在NBC新闻栏目担任总监;我还见过贝兹的丈夫马特,他在一支爵士乐队——飞翔的微子乐队担任钢琴手。他是一位弹奏钢琴的天才。接着不久,我又遇到卡瑞恩·伯斯特。

一天下班后,我正想邀请妮萨共进晚餐时,小约翰让我骑车去市中心。"我正在追求卡罗琳。"他说。尽管我从未与卡罗琳说过话,但我知道她就是小约翰的女朋友。在5月末,小约翰曾经提过,让妮萨去与卡罗琳谈谈,让卡罗琳在公共商业方面帮她找个工作,因为当时卡罗琳是世界名品时装卡尔文·克莱恩(Calvin Klein)品牌的广告员。她们通过电话后,卡罗琳告诉她最好不要从事卡尔文·克莱恩品牌的工作,因为压力非常大。

我和小约翰走出大厅直奔公路。一架橄榄绿的直升机正在街区中心的上空盘旋，正准备着陆。当我们靠近时，门开了，卡罗琳从飞机上走了出来。

我现在能想起的对卡罗琳的第一印象的就是她的头发——金黄色，纤细而笔直，垂到背部。而非那种短发的职业妇女发型。她个头很高，我猜想，脱去鞋子量应该足有六英尺。她戴着眼镜，穿着蓝色牛仔裤，无袖的黑色短衫，棕褐色的胳膊修长，脚上穿了一双拖鞋。

"卡罗琳，这位是里查。"小约翰说，"里查，这位是卡罗琳。"她微笑着望着我并问好。那笑容很美。当要进车时，"很荣幸见到你。"我不厌其烦地说着客套话。

在7月，小约翰召集同事们举办一个晚餐聚会，以示与大家和谐共事的氛围。我们乘坐1号地铁从工作的南边到佛朗克林街区，大家群集于北摩尔街20号。因为小约翰的公寓就坐落在那里。我们坐着电梯，抵达最高层，那里是一个长方形的，略微长些的空间。

他的公寓整整占了一层楼，房子大得足够在里面踢足球了。给人一种富丽堂皇的感觉，仿佛在向我们诉说着主人过得很好，这些以前从来没有引起任何人的注意。

他的厨房充满了现代气息，干净整洁，一个长柜台从中间分成两个餐桌。冰箱里装满了水果蔬菜。艾斐哲诺·秉海罗是他雇佣的临时工，他是一位来自葡萄牙的中年男子，看上去和蔼可亲，眼神深沉。匆匆忙忙地为我们递送碗碟，盛放食物。小约翰是亲切的东道主，不停地和我们每一位来客谈话。估计不会有哪一位名人会让自己的所有同事们都到家做客的；小约翰似乎意识到我们在他的家里可能会拘谨。所以尽力让我们轻松，快乐。

因为他在布朗大学主修美国历史，所以他的书架上摆满了历史书、传记书以及六七十年代的新闻杂志。书架上还有亨特·汤普森的著作、诺曼·梅勒的著作和汤姆·沃夫的著作——可是，我却没有看到任何关于肯尼迪家族的书。在房子的阳台上有一些运动器械，自行车、滚道升降器和飞盘。在他的所以艺术作品中，有一幅作品非常醒目，那是一张黑白照片，可能是四五十年代发生在最南部美非之争的罪证。在高墙上，用钢笔写着："他们正在监狱的空地上舞蹈，尘土飞扬。"这张照片给人一种坚韧的信息，也透露着冷酷无情。

小约翰的卧室在房子的尽头。在静夜中无比安静。整洁的房间中摆放着一张大床，令人兴奋而快乐。就像任何一个完整的家不可缺少的那样，他的卧室也显得豪华，而非浮躁、粗俗。在他的房间里，我没有看任何有关他父亲的半身雕像，也没有看到他母亲的任何画像，也没有摆放任何奖章和纪念徽章——整个房间只显示出主人无比年轻，无比充实和乐于实践的精神。

2. 王子风度令女人癫狂

关于《乔治》杂志，一件没有意料到的事，就是吸引来了许多出版界人士的关注。有时大家要花费许多时间读相关的报道，仿佛就要取代编辑杂志了。

纽约的两大报纸，《纽约日报》和《纽约邮报》。《纽约日报》的读者群大部分定位在中产阶层，还有一些其他的读者们。另一方面《纽约邮报》则以使人深受感动而出名,人们会持续购买;另外,名人的闲谈也占据着报纸专栏的主要的版面。在这两份报纸中最重要的就是大力宣传的第六版,那也是最具内涵也最获得读者的青睐——那里也有针对纽约方面的闲谈。

那年夏天,这两家报纸上谈得最多的就是小约翰。他们分成三类。第一类是在《纽约时报》上进行小栏报道我们冲进出版行业的新闻。例如在7月10日让喜剧女演员罗斯安尼·巴尔写了篇关于我们杂志社的文章。我们看到了那篇文章,然而她文章中的透出那股酸臭气息是很难令人理解的,虽然我们进行了及时的阻止,但她仍拒绝重写。

第二类新闻详细地描述了王子成了为他人服务的雇佣文人。还有一类是涉及杂志社职员的,8月初,在报纸的第六版刊登:"《乔治》杂志的编辑们孤立自己,与百老汇大街上阿歇特集团的其他办公室之间存在隔阂。""我是一个柏林人(Ich Bin Ein Berliner)"一行非常显眼的歪歪扭扭的潦草字迹出现的报纸上,那简直是在剥夺我们的公民自由权。

什么隔阂?什么赞歌?像许多闲谈新闻一样,这则消息并没有完全说错——也暗示着有些事实是正确的。这则消息当然也是虚构的,但我们也很难一笑了之。我们是些编辑们,不是名人。从我们的主观角度来看,我们也没有必要追踪小报所报道的消息。

针对闲谈专栏,小约翰却感觉态度冷淡,仿佛发生在一个与自己不相干的同名又陌生的人身上。这种复杂的性格是完全不负责任的行为,过于激进,也是对自己的一次智力挑战。当这种小报的消息被发到我们办公室的电子信箱中时——我们删除了所有的内容,甚至在《星报》和《国家探寻报》上也刊登了——小约翰会迅速翻看罗斯桌子上的报纸，并把相关的东西剪下来。他不断地收到有关自己的文章，坐在桌子边——他几乎从不坐在桌子后，把脚抬起，放在那些报纸上。有人说他曾与沙龙·世通在玛莎葡萄园里浪漫激情地过了一夜。或者，传言他妈妈担心他是个男孩子。还有的称他正在打电话给性感美女埃尔·麦科方森来表达他有多么喜欢她的卷发。

针对这种情况，小约翰只是把报纸一扔，大笑一声。他有时也佩服这些小报的创造性，用他来吸引读者们的眼球。对于这种小报的谣传，似乎只有好莱坞的明星们对此抱怨最多。除了歌星麦当娜和戴安娜王妃的绯闻外，小约翰承受的要比别人多，然而他总是体面地付之一笑或者视之为一个幽默的玩笑。如果小报报道的是真实的事情，他往往也会让他们继续进行。

但并非所有的谣传都是错误的。夏季的中旬，在《纽约时报》的第六版报道的事情就是事实。这个秘密马上就传开了，也确定我们办公室的那位女士会离开。

这件事也波及我们的办公室。在迈克尔的敦促下，小约翰让盖瑞起草了一份公司职员协议书，要求任何职员不得向新闻界透露有关小约翰和迈克尔的个人生活事情等。但是没有人愿意签署——因为这对记者们来说感觉就像被封住了嘴——然而最终我们签署了协议，很清楚，没有给我们选择的余地。另外，盖瑞还对大家保证，签了这个协议将有助于改善办公室的氛围，小约翰也会更加随意，这也是大家所期待的。大家签完后，在接下来的日子里，小约翰与大家相处起来更加随和了，新职员也不会再签协议，那是受其他老职员影响的结果。

又一个打扰小约翰的新闻，就是有人刊登了卡罗琳的照片。他知道自己的妻子是人们攻击的对象。小约翰出身名门，而她则是普通家庭的女儿，没有名气。当然，她肯定无法炫耀自己与小约翰的关系。他们能放过她吗？对于报纸新闻来说，如果能刊登穿着比基尼泳装的卡罗琳与小约翰正在划船的照片，那将会引起人们莫大的关注，难道不是绝佳的新闻素材吗？——很多人绝不会放弃这种报道，难道不是吗？

然而卡罗琳的远房亲戚似乎更对这些小报感到吃惊。"那姑娘是谁呀？"邮报这样报道着，在纽约东汉普顿的一次聚会上，小约翰、卡罗琳还有小约翰的表哥安东尼·瑞德维尔都参加了那次聚会，人们总是不时地问着这些问题。

我的同事们对那些评论《乔治》杂志的文章都知道是真还是假。但是我们对小约翰和卡罗琳的关系无法评判。我们彼此之间相互发送着信件，推测着（也是我们编辑文章时一种很好地缓解劳累的方式）是否是真的。在夏末，《纽约邮报》报道了小约翰求婚了——但是同事们不是说小约翰当时正在拍拖吗？

我们永远不会问他，因为对于人们想知道的事情我们都不会问他，更何况是他的私人问题呢？世界上的人都想知道他的新闻。他已经听过许多人对他的婚姻问题的询问。另外，如果你是小约翰不熟悉的人，都存在会把他的一些秘密透露给新闻界的潜在怀疑，所以小约翰也不会对外人讲起。

但是我们当时希望卡罗琳不要与小约翰黏在一起，因为我们误以为小约翰正对卡罗琳的女同伴着迷。当卡罗琳每次来访，小约翰都会放下手中的工作。他会含情脉脉地注视着她，仿佛他完全无法相信自己的眼睛所看到的，他深深地被卡罗琳的魅力所吸引。他也会不停地抚摸她，手在她的头发上，臂膀上来回移动。卡罗琳默默地接受他的抚摸，但却很少回应。至少是在大家看来，小约翰更加主动些。

那年的夏天，卡罗琳经常去拜访马特·博尔曼，悠闲地坐在办公室的沙发上。所以她并不了解太多的新闻，每天研究着流行时装，那时正忙着本国服装风格的设计。所以每天卡罗琳都要与马特在一起讨论最流行的款式，找摄影师谈——所以她也认识许多有名的摄影师。如果你到马特的办公室，正赶上她在那里，一定不会离开；因为她要比我们《乔治》杂志的任何一位模特都漂亮，令人着迷。

办公室中的男人们找借口与卡罗琳接近，而所有的女人则仰慕着小约翰，无法抗拒来自他的吸引。当然，并不是办公室只有女人讨好小约翰。一次我和小约翰秘密地与一位高级文学经纪人共进午餐，那人就是为克林顿写书的背后操作人。我们与这个人见面的目的是打算把克林顿传记书中的精彩部分摘录，并刊登在《乔治》杂志上。为了确保进展顺利，小约翰说请那位经纪人去吃饭，所以叫我一起去。他这么做的目的是，如果那位文学经纪人让他难堪，他也方便脱身，找借口离开，也不会让人感觉到讨厌对方。他从不想无礼待人，但是有时又无法容忍那种欺骗的行为。

我们在办公大楼的东侧找了一个昂贵的饭店进餐，那位文学经纪人是位专业人士。她能与小约翰一起吃饭，表现得很兴奋。她没有告诉我们一件有关书的事——甚至书的名字都没有透露。小约翰买单后，要去洗手间。他离开后，我与她谈话，我看见她足有三秒钟，一句也没听进去。她带着异常兴奋欢喜的表情凝视着我们老板的背影。

后来还有一次，我和小约翰、盖瑞还有艾瑞克一起到贾德森古瑞尔饭店吃午餐，那里也是阿歇特杂志编辑们的自助餐厅。我们快到门口时，一位金发碧眼的美丽女郎从侧门直冲过来。我能感觉到小约翰尽力使自己镇定了，然而，她却令我大吃一惊，后来我认出来，那位女郎就是凯特·邦妮。她是维多利亚的秘密花园系列电视直播时的讲解员。她嫁给了作家迈克尔·路易斯。在华盛顿时，迈克尔曾是我篮球队的队友。"非常高兴见到你，"她高兴地说，"我早听说你来纽约了！"

进入饭店后，我向大家一一介绍，小约翰友善地对我笑着"你们认识啊！"。

第二天，邦妮给我打来电话。"对不起，令你难堪了，"她说，"看到小约翰·肯尼迪实在令我太兴奋了！"

我想，如果换成是我也会被骚扰的，但我不是——如果我是个女人，估计也会那样对他无比仰慕的。更令人嫉妒的是，妮萨也比较欣赏小约翰，小约翰对妮萨也彬彬有礼。每次妮萨来看我，小约翰都会问好，并询问她的新工作情况。她也总是回答一切顺利。当然，那并非真话；妮萨所在的博雅(Burson–Marsteller)公司是出了名的繁忙。妮萨每天工作的时间与我一样长，但对工作的热情并不及我。

夏天的一个夜晚,我带着妮萨陪同小约翰和卡罗琳去听艾瑞克的女朋友在外百老汇剧院(Off-Broadway)举办的音乐会。艾瑞克的女朋友是一位戏剧家,也是一位出名的艺术家。后来卡罗琳让我俩与他们一起在绿荫吧夜总会那里一起吃晚餐,那家市中心的夜总会里人很多,也很热闹。我和妮萨还有卡罗琳乘出租车去那里,小约翰骑电动自行车去,我们刚到饭店几分钟后,小约翰就赶到了。

绿荫吧夜总会是巴尔卢(John Perry Barlow)这位伟大的过世的诗人创建的,小约翰小的时候曾在他的农场中劳动过。卡罗琳认识那里的一位侍者,在等小约翰来时,他们互相闲谈着。小约翰不太愿意来这种地方。这里人很多,各种噪声混杂在一起,那些穿着时髦的人像蝴蝶般从一张桌子飞到另一张桌子旁。每个人不停地飞吻,喝着伏特加酒。用小约翰的话说,这是他所恐惧的轻浮娱乐场所,"简直就是群交。"巴洛领来一些女人,小约翰根本不认识,他也大吃一惊。

你一定认为与小约翰和卡罗琳在这么豪华的场所共进晚餐是一件多么荣耀和兴奋的事,然而却恰恰相反,最初的那份美好憧憬破碎了。很是尴尬。我和妮萨找到一个空闲的地方,在桌旁坐下来。我们看到更多的华盛顿服装品牌,Banana Republic 品牌比古奇(Gucci)品牌多。这里的人都比较注重衣服的品牌和设计。糟糕的是,所有的目光总会望向我们的餐桌,有时是偷偷地看,有时则一直盯着。尽管小约翰和卡罗琳没太注意,但是我对偷听者却很警觉。最简单地,举起一叉食物送进嘴里,抬头看到上百人甚至更多的人注视着你,想不明白是很难的。

我们的交谈也变得谨慎起来。当小约翰和卡罗琳交谈时，每个人都仔细地听着——尽管谈论的只是很平常的话题。同时，我们谈论的话语一定得机智和闪烁其词的。另外，为什么小约翰和卡罗琳与我们谈话呢？何时与其他人说过话？原因很简单，就是要尽可能地少说。直到埋单后，我才松了一口气。

当我们刚刚走出饭店的大门时，突然一道道光线在眼前闪现，一群人对我们喊叫，高举着相机不停地对着我们拍照，相机的光亮使我们睁不开眼睛，身体不断地后退。

卡罗琳很快躲进停在路边的车里，但是小约翰打算骑自行车回去。拍摄者们大喊："小约翰！看这里！小约翰！朝这里看"时，小约翰正屈膝解开自行车的锁。我和妮萨木讷地站着，除了尽力想让小约翰离开之外，不知道该做些什么。我本能地抓住妮萨的手，保护着她和小约翰，让他们尽快撤离，同时使劲全身力气，阻止着那群拍摄者的脚步。他们怒视着我，仿佛我犯下了不可饶恕的罪行一般。他们大喊："咳，你！滚开！"哄劝的语气也开始变得极其愤怒。

小约翰尽力打开电动自行车的车锁后，骑上自行车扬长而去。好像有人大喊了一声"拍摄！"，这些人收起相机，像吃饱了的一群寄生虫般渐渐离去。事情很快过去了，夜晚又恢复了平静。

此事从发生到结束可能有三十秒钟。

我和妮萨彼此牵着手，向西城街区走去。"你感觉好吗？"我问她。

"我想此事真是不可思议。"她慢慢地说，一面查看自己跌破的膝盖。

在我们快到拐角处时，看到前面有一个黑色人影。"不会是其他人吧，"我说。我们看了一秒钟才看出那是小约翰，他上气不接下气地喘着粗气。

"你们还好吧？"他问，"在那里你们看起来有些反常。"

我们点头。"他们没来追你吗？"我说。

"啊哈。"他说，"他们赶不上我的速度。"

我们再一次点头。

"晚安！"小约翰对我们说。然后他骑上自行车扬长而去，在微弱的街灯下，他的身影变得越来越模糊，直至完全消失。

第四章
"不要做疯狂的政治杂志"

1. 女模特做政治杂志的封面

当我了解到，小约翰和迈克尔正打算请著名的演员辛迪·克劳馥装扮成乔治·华盛顿的样子，把他的照片刊登在我们的第一期杂志上时，我不记得当时自己确切的心情了，只感到：很糟糕。

对此事，不只是我一个人有不满的情绪。我的几个同事也有同感，实在不理解为什么让个模特上我们的第一期杂志封面。真实的原因是《乔治》杂志主要集中一些流行文化和政治见解，但是辛迪·克劳馥有什么政治主张吗？我们只能对他俩的安排感到莫名其妙。

然而，小约翰非常赞同克劳馥的照片刊登在我们的杂志封面上。理由主要是：他想让世人知道《乔治》杂志不仅是典型的政治杂志。《乔治》杂志也是给所有美国人看的刊物，制作华丽而且无可辩驳地具有商业气息。我们尊重历史，从中吸取教训。有谁能比让辛迪·克劳馥装扮华盛顿更能体现这种渴望吗？照片滑稽而具有反叛精神，那正是小约翰所要的。

在有些事情上，小约翰和迈克尔做决定并不通过投票。有时也不讲民主。尽管他们已经决定，我们得找一些把辛迪·克劳馥刊登在杂志上的原因。把她放在封面上而不是其他地方真是太不可思议了。

于是，我们决定让克劳馥和时装设计师伊萨克·米兹拉希针对政客及政客配偶的服装进行一次讨论。（米兹拉希是 Unzipped 节目的明星，阿歇特集团最近制作的一个时装纪录片。）模特和设计者坐在迈克尔的办公室里，观看着时装幻灯片，由雷切尔·克拉克来做她们的谈话主持。事实上，合作得相当好。最后写成的文章有效地协同了从政人员的服装秘密。

如果你是严肃的博学者，像迪文·乔治或尼娜·伯格这样的名人，就会很憎恨杂志的填充（事实也证实，他们的确如此）。这也是很少的一点民主权威意见，而克劳馥和米兹拉希比较喜欢秘密科学剧场中播放的那些木偶角色，并对她们观看的电影进行尖刻的评判。如果我读完学位，我会说出她们所说的解释完全是一种讽刺，专家的这种后现代分析一定会破坏完美的进取心，既然我没有话语权，我认为那只是无稽之谈罢了。

2.《乔治》杂志第一期上市

7月31日的那天晚上，我们为了让杂志尽早出版，一直工作到很晚。我们对文稿进行最后的审阅，对图片的版面和文字标题进行设计，对标题中的单词进行校正。直到很晚，卡罗琳一直在马特的办公室中与他讨论封面应该用哪种颜色。小约翰和迈克尔也在走廊中来回地走动,仿佛等待即将出生的婴孩一般。

我离开办公室的时间是早上一点钟,非常疲惫不堪。我们按时完成第一期杂志真是非常困难,但是很充实,也很有趣。事实上,在完事后,稍稍感到一种失落。虽然那时,我知道有些事情总会无法预料。

在第一期杂志出版的两个月后,我们就将出版第二期杂志,所以我们在接下来的几周开始为下一期做准备。同时,也期待着早日看到我们的杂志。最后,《乔治》杂志像新投放到市场的抢手股票一般,终于在1995年9月7日的上午发行投放市场,与大家见面了。

3.有惊无险的首发式

盖瑞也坐在前排,主要是因为想设法离这次活动的舞台更近些——我和贝兹站在楼厅里向下俯瞰着舞台,紧张地来回走着。三个月来,我们辛勤地秘密创作这期杂志,每个人都热情地投入之中。据我们了解从未有新杂志举办如此隆重的首发仪式。现在,杂志与人们见面了,人们的审查是否会对杂志失望呢?对我们的杂志怎么看?他们也非常想知道杂志中都写了些什么,小约翰·肯尼迪是怎么决定办杂志的。

小约翰对这种情形也非常紧张。他从未经历过这种仪式。自从他母亲那天上午去世以来,这是汇集记者最多的一次。也许也会有人问他一些难以回答的问题。所以他没有必要对新闻界隐瞒。这也是上百位记者们翘首以盼的机会——可以问问小约翰·肯尼迪一些私人问题。我们敢肯定没有一个人只想问他关于《乔治》杂志的问题。

小约翰为了准备此次新闻发布会，特意请教了资深的顾问迈克尔·雪安，这位顾问曾与比尔·克林顿一起工作过。小约翰也请教过保罗·柏格尔，他是克林顿的私人医生，也曾为小约翰的叔叔指点迷津。他俩花了几小时来指导小约翰反复练习回答可能会被问到的尴尬问题。"为什么你没有通过律师资格考试——你不够聪明，还是只是懒惰。""关于沙拉·世通的事是真的吗？"，"你的新女朋友是谁？""你的第一期杂志里有一篇关于麦当娜的文章——你和她睡过后才得到了她的稿子吗？"

他们尽力为小约翰假设一些那天可能会被问到的问题。那天晚上，小约翰为会议不断地练习，尽力让答案更加可信，盖瑞和卡罗琳做他的听众并给他提一些建议。尽管这么做，小约翰仍然免不了紧张。他一直无法入睡，在床上辗转反复，直到半夜才入睡。

小约翰不会对新闻界耍手段。那天，他要面对他有生以来更多的记者们的面孔——许多，从所拍的照片可以看出来。过去，小约翰一直生活在人们的假想中，与人们的正面接触会解除以往人们对自己的一些误解。在布朗大学读书期间，他崇拜其他一些人。在1988年，当自己被民主党全国代表大会踢出来，他所坚信的政党神化是否破灭。作为原告站在陪审团面前，显然他已经实现了母亲对他的期望，当个律师，这是他母亲对他的一个夙愿。

这天真是很难过。在他的双亲去世后，人们都知道小约翰办杂志并非父母所期望的。事实上，许多人都从相反的角度思考并对此不解——《乔治》杂志只是谣传政治，他的父母如果健在的话，一定对此很厌烦。而现在小约翰由自己做主了,从今天开始自己得从以前的生活中解脱出来。由自己亲自担当生活大舞台的主角。

因为肯尼迪家族的那种喜忧参半的传奇,致使许多的美国人都非常关注这一家庭的戏剧性变化。正如文学讽刺大师尼尔·盖伯乐说,把他们家的每个成员发生的故事整理出来,一定是一部"生动的影片"。他也说,美国人一定会为此影片着迷,仿佛是在观看两小时的精彩影片,影片中有好人,也有坏人,有高潮也有低谷,令人目不暇接。在20世纪中叶,好莱坞的一家公司举行了一次文化统计——肯尼迪家族为制片提供了丰富的素材。

没有谁的人生舞台表演会比小约翰更能吸引观众。在35年的人生之旅中,他的所作所为成了人们关注的焦点。现在开始,他正开启人生的光辉一页。性感的外表和热忱的心地使他胜出,从而也憎恨新闻界,因为他们有时也颠倒黑白。记者的好奇心是可以理解的。难道那不正像以上帝的名义在做着什么一样吗?

很快到了10点钟,小约翰和两个临时演员走上了舞台,坐在铁制的折叠椅中。坐在小约翰右边的是大卫·派克,他黑色的头发光滑地垂在背部,浓密的胡须看起来像海象的胡须。在大卫身旁的是迈克尔·博尔曼,正穿着黑色的西装,打着金色的领带,那是一种单调而流行的着装。迈克尔像往常一样,看起来威严而庄重,正端端正正地坐着,他的腿没有像往常盘错地叠放在一起,好像随时都要离开一般。这次新闻发布会是他的主见,而其他人——比如阿歇特执行命令,小约翰凭借年轻气盛使之正式召开了。如果是就小约翰的个人问题而使整个局面陷入僵局会怎么样呢?迈克尔尽力周旋于保护小约翰的名誉和为《乔治》杂志的发行获利之中,他不断地坚持着。最后小约翰心平气和地问道:"你有什么公共关系?假如你认为新闻发布是一个好主意,我就欣然接受。我知道有些事情根本就不告诉我。"

迈克尔因为稍微紧张而开始流汗了。

开始发言的是大卫和迈克尔,我不记得当时他们说了什么。派克可能尽力地纠正阿歇特的发音。迈克尔——哦,我记得当时他说一件事。"作为小约翰·肯尼迪的合作伙伴,"他说,"我们合作得相当好,他对我们来说,变得越来越重要。"

小约翰站起身来走到麦克风前,众人热烈地鼓掌,四周的相机和摄像机灯光闪烁不断。那天他穿了套海军制服,白色衬衫,黑领带,口袋中有一个白色的方巾。他总是在重要的场合如此着装。他前一天刚刚理过发,严肃认真地对待这次会议,我们也揶揄他像著名影星艾迪·默桑特的发型。

小约翰双手抓着话筒,注视着观众说:"女士们!先生们!欢迎大家来参加《乔治》杂志的新闻发布会。"

小约翰周围的人群展示出第一期杂志的封面:辛迪·克劳馥戴着白色的假发,穿着革命者的服装——或者是说马特认为的革命者服装。她的长长的蓝色夹克,衣服扣子开着,露出白色紧身胸衣,光滑的一块肌肤,胃部平坦。穿着芥末色的斯潘德克斯弹性纤维绑腿,并藏进及膝的黑长靴中。脸上擦着脂粉,嘴上涂了红色的口红。

记者们开始鼓掌。

"自那些人宣传我没有通过考试后,我再也没看到这么多的记者聚拢来。"小约翰揶揄地说。

他的这一句自我贬损的话，马上消除了记者与他之间的一些误会。记者们都笑了，小约翰看上去比台上的每个人都会调节气氛。

"政治并非儿戏，"小约翰说，"为什么我们会如此设计杂志的封面呢？"政治是一个驱动的过程。涉及选拔与落选，是一种能力的追逐，也是实现一种野心的价值体现……也可能在这个舞台上走得磕磕绊绊。

当小约翰发言时，摄像机的灯不停地闪烁，记者们尽可能地把他所说的话及当时的场合完全摄录下来，甚至有人把摄像机灯的开关一直开着。他讲完那些话后，环视着周围的人们准备提一些问题——在开始之前，他不由自主地向前排的几个人看了一眼。"是的，当然。"他说，"我们仅仅是好朋友。不关你们的事。老实说，她是来自罗德艾兰岛的我的堂妹。我们是老熟人。也许哪天，我们也会见面，而不是在新泽西。"

记者们又一次笑起来。他们可能已经做好准备要问些问题，有关他与麦当娜的关系，以及是否他正打算与卡罗琳结婚，他是否正穿着四角内裤或贴身的短内裤，他是否会参加新泽西州上议院的竞选。他们不知道那天上午期待什么结果，小约翰从容大度，回答自如——整个过程，轻松自如，很难让他们无礼地问其他问题。真是个聪明的方案。当小约翰的回答无法切中要害时，记者们只能写下他的谦逊与幽默。一切都在意料之中，而且非常精彩。

一位记者问到《乔治》杂志的编辑们的内部关系是如何处理好无党派这一问题的。

小约翰用嘲笑的口气回答："我叔叔泰德曾对我说过，'如果你一直对自己感恩祈祷，那么就别想工作好，'"此话是出自保罗·本格拉的名言，人们喜欢它；小约翰看起来更加自信了。

"你对加入曾一度使自己生活陷入困境的媒体怎么看？"另外一位记者直言说出。

小约翰摇头微笑着说："你没有制造我生活的困境。"当然，有时他也对周围的人感到厌烦。但这已成为"成交的一部分"。

"如果你的母亲看到《乔治》杂志会怎么说？"

小约翰停顿了一秒，平静地说，"我的母亲会为我的选择感到很开心的，也会为我感到自豪的。"

我甚至从自己所站的阳台那里都能感觉到台上的气氛。仿佛那里正在上演活生生的真实电影，热烈、亲切，也像我在小约翰的办公室中，大家一起讨论的那种热烈气氛。那是个给人提供新鲜活跃气氛的入口，仿佛在房间中的人们都被他的回答给镇住了。人们怦然为之心动，记者们看到的是一个普通的小约翰，一个孤儿，名声显赫，像我们每个人一样以自己的方式活在这个世界上。

后来有人对他竖起了大拇指，会议结束了。

4．首印 50 万册销售一空

杂志出版几天后，首次印刷了 50 万册并全部卖光了。我们大家都很吃惊，甚至小约翰也跟我们一样兴奋和高兴，真是没有想到人们如此关注《乔治》杂志。后来又加印了 10 万多册，也都销售一空。

在时代广场，一些企业负责人都会两三次地来买我们的杂志，尽管杂志每本杂志才 2.95 美金。

几周以来，全国的每个政治杂志，杂志评论，作家专栏都报道了我们的杂志。可能那也是小约翰和迈克尔的一致观点，也可能是一些人想知道是否杂志写了些关于小约翰·肯尼迪的事情，更多的人比较关注这些方面的专栏。

但这并非人们喜欢《乔治》杂志。对大多数的人来说，恰恰相反，仿佛他们写此杂志的编辑是为了证明从中得到某种乐趣，而杂志的编辑们也想当然地感受到人们对小约翰和他的杂志这两者的批判。比较老练的作者说《乔治》杂志是他们所读过的最不好的杂志。图片太多！华盛顿的会员表现出对我们的杂志嗤之以鼻的态度，那根本不是真正的政治杂志。许多名人也这么认为！理论家也评价说《乔治》杂志缺少政治观点。无党派的人事们也这么认为！一些曾采访过小约翰父亲的记者也怀疑地表示，小约翰只是生活在期望中，不现实。"我希望他生活得好，但是我对这个杂志又怀疑他是否能行，"作家大卫·哈伯斯坦说。

我们困苦了很长时间，同时也对那些微乎其微的盲目评论感到自豪。随着时间的流逝，否认者们的做法仅仅增加了我们同事之间的友情，彼此更加亲近了。另外，在迈克尔的帮助下，小约翰开始周旋于媒体精英之中。

在 9 月 18 日，小约翰拿着一个刻有浮雕的贝壳展示给摩斐·布朗，这一幕出现在电视上。那时，他给摩斐一个特别的生日礼物——就是免费订阅一年的《乔治》杂志。尽管小约翰只在屏幕上停留了一秒钟，但是却令人难以忘怀。不久，每日新闻诽谤地评价说，来自观众的反映真是"尖叫欢呼"。"与1960年他父亲击败对手获得总统竞选职位时人们的反应完全不同。"

小约翰也从没参加过竞选总统。难道那不是他的最大抱负吗？著名记者和总统的儿子出现在电视上，是个明星般的人物，一个虚构的记者，他也深深地吸引了副总统奎尔，奎尔曾嘲讽过自己与肯尼迪总统的比较，设法分析原因。一旦政治和文化融合在一起就很难用辩证的方法把他们分开。关于《乔治》杂志的更多的公正评论会如何呢？人们可能并不喜欢政治与流行文化搅在一起，但又怎么能把他们分开？

《纽约时报》专栏作家莫林·德尔的评论文章令我非常生气。她说杂志并不限制篇幅，粗制滥造。她也写到《乔治》杂志只不过是"排解政治压力和道德重压的笑料而已。"她嘲笑小约翰召开的那一次杂志新闻发布会，引用《新公共报文》学编辑雷诺·怀塞特的一句话来攻击"政治……有它的严肃性和风险性，而来自《乔治》杂志的信息却是无关紧要的。"

我读完专栏后，真是无法相信。关于政治和流行文化没有比莫林·德尔发表的文章再多的了。那也是为什么她的专栏如此受人关注的原因——因为她使政治兴趣横生。她是个伪善者，还是个垄断者呢？或许两者都是呢？

我被逼无奈，马上写信给德尔做出了气愤的反驳："不错，小约翰在开始创办杂志之初，确实存在一定的风险，"并继续写着，"但是他勤勤恳恳为之付出了自己的心血和汗水——不像你这样的人，就喜欢对那些敢于挑战自己的名人妄加评判。"

我发出信件。几天后,德尔回信了。她在一圈有字母的皱巴巴的纸上写了这样的话:"别对我发疯,我特别喜欢成为一个哭闹的婴孩,没有忧愁,我的评论很没劲,一秒钟后我会报道,我已经订阅了你们的杂志并且从现在起不会再乱评判了。"

两天后,又发生了一件关于莫菲·布朗的一段小插曲事件。那天,我们正在艾瑞克的办公室看关于我们老板在《拉瑞国王的生活》这部纪录片的对白。尽管当时是晚上九点了,我们仍然在工作,吃着泰国食物,大汗淋漓。我们杂志的第一次发行已经赚到了钱,但阿歇特仍然不支付超出时间的空调费。

纪录片一开始,国王就问小约翰,小约翰的母亲对《乔治》杂志会如何评价。

小约翰停顿了一下,然后回答说:"当我们第一次谈论这个问题时,她说,'小约翰,你最好不要做这疯狂的政治杂志,难道不是吗?'然后我说,'好的……'"他面带微笑。"母亲很幽默,我认为她说话处处显示智谋,意志坚定,我很欣赏这些。"

接下来国王问小约翰对他父亲的印象如何。

"我看过各种场合里的父亲,"小约翰说,"他是这个国家神话的一部分,他也是一位引人注目的政治人物。这些你都知道的——"说到这里,他的语气发生了改变,变得更加严肃,仿佛意识到自己是在拍摄纪录片——"当然,父亲知道自己的政治仕途是喜忧共存的,有乐趣也有风险。"

"作为他的传人,你感觉如何?"国王问。

"这个很复杂,"小约翰略有所思地说,"富有而又艰难的生活,所以……"

他停顿了一会儿,面色踌躇,我能看得出来小约翰当时内心矛盾,顾虑自己会被触到痛处,自己又反感撒谎。"那是我生命中的一个谜,"他说,他等着下一个问题。

5．直面总统父亲被谋杀

很快,小约翰的身份开始给《乔治》杂志带来一些难题,正如我们编辑们所了解的那样,编辑们的共性既是我们的最大财富也是我们的致命弱点。

第二次发行杂志定在11月,正好赶上奥利佛·世通的电影《尼克松》将要公映。世通先生是一位著名的导演。他曾成功导演了一部关于政治神话的电影,这也是《乔治》杂志的一个合适的故事。他曾导演过一部关于《肯尼迪总统》的电影,那也是《乔治》杂志的一个好素材。他正在打算拍一部《小约翰·肯尼迪》的电影,里面会出现小约翰的父亲被谋杀的镜头。艾瑞克让小约翰去采访这位著名的世通大导演。这真是一件非常糟糕的事情,令他左右为难。这也是他第一次直面公众来讨论自己父亲被谋杀这一事实。有哪位编辑会错过这类题材的出版呢?

当然,艾瑞克是对的。如果采访结果在杂志上发表,人们就会争先恐后地去买。但却只有一个问题:小约翰不想去。在他潜在的意识里,使自己不要生活在父亲被谋杀的阴影中,对此尽力不回答任何问题。他也从未看过《肯尼迪》电影。小约翰也认为奥利佛·世通是个毅力非凡的人。另一面，起初，小约翰知道此故事对《乔治》杂志是难得的好素材，他也尽力屈从，按照我们的安排行事，直面现实。最后，他同意采访奥利佛·世通。

他不愿意自己一人前往，所以与迈克尔一同飞往洛杉矶。三个人在圣·莫尼卡的洛肯华格饭店见面。小约翰和迈克尔事先考虑了许多，不知是否会让他们下不来台，如果真那样，小约翰就找借口去洗手间，让迈克尔转换话题。

此次采访很不顺利。小约翰对一些问题感觉回答得很尴尬，然而，世通却毫不犹豫地询问他。迈克尔尽力插话，但世通总是穷追不舍地追问。他们刚开始时，世通就问小约翰对开枪者的观点是什么？怎么想的？奥斯华得·李·哈卫不可能一个人来朝他父亲开枪，难道不是吗？从那么远的地方开枪，是连续射击吗？那一定是一个阴谋。

小约翰打断谈话，站起身来去洗手间。正如计划的一样，迈克尔马上转换话题。小约翰回来后，很快大家就比较客气地结束了晚餐。

他们一回来，我们就聚到小约翰的办公室，希望马上听到关于采访的情况。小约翰对艾瑞克表达歉意，说他没能把事情办好，并拒绝以后再与世通打交道了。他的表情显示出哀愁和懊悔，可想而知，他与世通谈得非常不愉快。他的那种内疚和惭愧，显示出他是那么的无助。他用颤抖的语调说着："我真是不该与那种人消磨掉两个小时，真是徒劳。"

虽然我们都无法指出威廉与政治有何关联，但迈克尔坚持让威廉·罗宾装扮成乔治·华盛顿，替换掉霍普金斯·安东尼摆出尼克松·瑞查德的姿势照片，刊登在我们杂志的封面上。我们反对迈克尔的做法，因为我们看好了演员罗伯特·德尼罗。因为这位著名演员正在拍摄电影《赌城风云》，这部电影的内容涉及赌博和政治，同时也是一部耐人寻味的作品。我们希望能使杂志的封面更加醒目，更有吸引力。

6. 蔑视闲言碎语

我经过几周与多德·莫林的交流后，小约翰决定与他见面谈谈。多德会和曾中伤过他的人见面吗？小约翰也有同感。但又希望他能与自己见一面——当然，小约翰也对此充满怀疑。

我没有告诉小约翰我与多德对话的记录，仅仅向他透露说多德很可能对《乔治》杂志的采访很警惕。小约翰说再有这种事情就得写封信给他。我抵抗着这种放弃的诱惑，坚持着。他说，时间会证明一切，我们要坚持。我只是点头；我知道他是对的。（小约翰想尽办法来邀请多德但都被她拒绝了。）

只要是小约翰认准的事情，他就要坚持下来，这也是这个时期他所能做到的。也许人们还认为内容不够丰富，苏利文·安得鲁在12月出版的《新共和周刊》的头版头条刊登了"为什么《乔治》杂志让人失望。"于是，小约翰提议我们拿出杂志的一整面放在《新共和周刊》上做广告。如果人们还不接受，我们就到《华盛顿邮报》上刊登专栏新闻。我认为我们不会那么做，小约翰只是用此恶作剧狠狠地出了口恶气吧了！

事实也是如此，在人们对我们不断地进行着攻击的时候，小约翰并没有太多的失眠。他已经习惯了这种批评的赞美，当然这并非他所愿意的。从波士顿到华盛顿，人们议论纷纷，只是证明了小约翰的观点仿佛是冰岛上的孤舟，与世隔绝，不被人们理解。无论如何，他渐渐相信自从第一次杂志发行以来确实减轻了一些来自公众的压力。我们的第二期杂志出版后的一天，我和小约翰、艾瑞克、盖瑞正在格瑞尔·乔森饭店吃饭，小约翰高兴地宣布，他正渐渐从闲言杂语中解脱出来了。

小约翰开玩笑地说，人们再也没有过多地写他了。人们开始关注的是《乔治》杂志再也不神秘了，但事实上是小约翰变得更加神秘了。

盖瑞用鼻音哼道："哦！来吧，小约翰。你喜欢上报纸。"

在我们这些人中，盖瑞和小约翰待在一起时间最长。他也是能与小约翰开这种玩笑的人。他过去常常戏弄小约翰，在他的纽约闲言杂语专栏中，会列出《纽约观察》年鉴中的500个经常被人提及的人名。"小约翰，你正在失去体液。"盖瑞开玩笑地说。

一天，我们在一起吃午餐，小约翰向我们承认，他有时比较喜欢受到人们的关注。"是的，我有点儿喜欢出版行业，"他说，"很好。他们不会再叫我为业余艺术爱好者了，他们也不会再说我是失业的律师了。现在，如果他们一提到我，就会说起《乔治》杂志。他们若不想说《乔治》杂志，也就不会写我了。"

小约翰误以为片刻的宁静意味着得到了缓解。仅仅一周，或者说是我们吃完午餐后，一家小而受人尊敬的《科瑞恩的纽约商业报》就刊登了小约翰比以往任何时候都更值得人关注。上面刊载了下面一个广告："尽管我们的广告页只占了页面的20%，图片如此精美，如果我们有个长相格外出众，名声显赫的前总统儿子，然后不知羞耻地出现在国家出版物中，就像一群自助式的媒体妓女一般招摇，引人注目。"

那人竟如此恶毒地评论，把小约翰置身于出版行业之外。

7. 总编辑关心读者来信

小约翰虽然看起来对那些胡言乱语没有丝毫反应，他却非常关心来自读者的信件。幸而，他表现出不同寻常的专注。当然，大多数的读者只有对一些事情急于知道答案的时候，才会写信给杂志社。《乔治》杂志社的读者包括各个年龄段的，这些人的来信多半是谈谈自己从中受到一些鼓舞，发表一下自己对政治的看法，就没有其他的事情了。这些写信来的人既不是共和党人，也不是民主党人。他们读《乔治》杂志就是因为它是杂志，用小约翰的话说，这些人是"无党派人士"。当然，也有来自一些尊敬小约翰父母的人们的喝彩。他们写道："小约翰，以我的人格担保，你的父母正在天堂中对你所做的事感到自豪和高兴。你一定要坚持下去。记住，在这个国家的心脏，都有你和你姐姐的立足之处。"

一天，小约翰影印了一份《弗吉尼亚领航报》上的一篇评论，这家报纸位于汉普顿路。"大家请注意，"他用左手匆忙地写着："我们真了不起。"这是由一位专栏作家写的评论，当他在买《美国总统》电影票时，他发现坐在收票室的收票员正在看《乔治》杂志。这位作者强调说："这之前，我从未看到过收票员看任何政治杂志。"

小约翰自豪地用签字笔把这句话画上横线作为标记，在下面加上星号，写了个醒目的"是的！"

这没有比什么更鼓励我们的了。谁说站在我们这边的没有业内人士和精英呀？我们有许多人——或者许多可爱的读者们的支持。有一百万的美国人买了我们的第一期杂志，很快我们的杂志就成了国家最畅销的政治杂志。有什么比受到这些知识分子们的认可更重要的呢？

我认为小约翰也有同感。尽管他从小生活在富裕和优越的环境中，与那些整天围着自己转的有钱的内阁们比较，他也认为来自普通百姓的关注更让自己惬意。那也许是因为自己与那些人从来都没有产生过共鸣，也许是自己多次的考试失败，或者是自己总是被人低估，也可能是他从未发现自己的优势，小约翰有时甚至都意识不到自己是个成功者。

8. 你喜欢肯尼迪总统的儿子，还是总统儿子办的杂志呢？

有个问题是我们大家都想问的：读者们买杂志是因为他们喜欢我们的杂志，还是喜欢总统的儿子呢？这个问题很重要，如果人们仅仅是出于对小约翰肯尼迪的追逐，那么我们大家的工作就或多或少有些失望。

很快就得到了答案，我们的许多读者表示，小约翰的魄力十足，并希望他参加竞选。如果他么做，《乔治》杂志就是一个非常有用的平台。因为这个杂志有成千上万的订购者，而且都支付杂志费；他们也非常愿意在他竞选的时候投他一票。杂志为小约翰提供了一个可以展示自己信念的空间，人们也急切地想知道他在想什么。

我看到很多的普通人都友好地对待小约翰。当他走在街上，人们会像对好朋友那样对他友好地挥手。在乘坐地铁时，人们趁他不注意，不停地注视着他，并不时地对他按下相机的快门——我也更多地意识到，如果小约翰参加竞选，美国人会成群结队地为他投票。他们这么做是因为了解小约翰，并希望能更好地了解他。因为他是国家的公共分母，而每个美国人是个分子，决定着他是否能竞选成功。也因为他的父亲和叔叔死于自己的政治生涯，小约翰有职责改变自己的家族悲剧，使之圆满终结。

一天，我们收到一个包裹，里面囊括了许多人对小约翰的礼赞。包裹用棕色纸包着，并用粗糙的绳子系着。用黑色的字迹写着："纽约《乔治》杂志的小约翰收。"看起来这个包裹你认为不该打开。

然而，打开包裹，里面是一幅带框的画像。那时一幅小约翰父亲的黑白画像，里面还有来自一位年长的美籍非裔女士的信。她生活在美国的最南部——路易斯安那州或是阿拉巴马州也或是密西西比州，除了下面这些，我已不记得其他了。她在信中说，这幅画像挂在他们家的餐桌上方已近40年了。她们家保留这幅画，就是为了记住肯尼迪总统对她们所做的好事，来缅怀这位可敬的总统。

现在，她想把这幅画像交给小约翰。她认为是时候了。

第五章
永远不要告诉新闻界任何有关克林顿总统与肯尼迪家族的事情

1. 杂志老板们的分歧

10月的一天,当小约翰和迈克尔正在争吵,声音穿过走廊传到我们的耳朵中,我对贝兹说:"爸爸和妈妈又在互相争执了。"当时我已经从5月份住的小卧室中搬出来,当时我们正坐在一个离小约翰的办公室40米远的大厅中。

"你说的是谁和谁呀?"贝兹明知故问,我们俩都笑起来了。

我们的两位老板正在争吵。小约翰的声音格外大。我在电脑旁工作着,突然听到他对自己的合伙人说出许多污秽的话语。每个人都能听到;小约翰并没有降低声音。如果我是在接听电话,我一定会把话筒封住,来使对方听不到那严厉的斥责。那种狂怒的态度也使我们神经紧张。当他们出现在我们面前时,门关上了,大厅中也听不到争吵声了。

当小约翰大声斥责时,迈克尔怒目而视,嘴里嘀咕着什么。最后,两人中的一人跑到走廊,另一个紧跟出来,声音变得更大。然后门又呼地一声被关上了，争吵声变小，但仍然能听到。

听着这两位老板的争执，使人感到身心疲惫,他们两人彼此攻击，遍体鳞伤。两个大男人碰巧是你的老板，两人都是棱角分明，两人又是联手起家。这次争吵，令人产生许多疑惑——小约翰在总结销售吗？为什么小约翰在运作一个特殊的文章呢？最根本的一点是，两个人是关系非常好的朋友，在其中一人是名人的前提下，合伙经营杂志，也是对朋友关系的一种考验。难道是经验丰富的迈克尔没有得到平等的利益吗？9月，《华盛顿邮报》准备刊登一篇关于《乔治》杂志的故事，他坚持报纸要只刊登他的照片，其中不要有迈克尔和大卫在里面。然而当报纸出版后，图片却只使迈克尔和大卫看上去很模糊。这两人注视着图片，非常感动，仿佛自己已被融化。

有的事情对小约翰来说，实在很困难。为了使《乔治》杂志办得更好，时常妥协做些违背自己自尊的事情，是否是他又有无法接受的事情了呢？结果是：那年秋天，迈克尔决定让小约翰去采访克林顿总统。一个总统的孩子去采访另外一个总统——精妙的安排。小约翰拒绝去采访。小约翰解释说，克林顿总统曾让自己的母亲在白宫中把孩子养大。他的母亲曾对他说过："永远不要将克林顿总统与自家的事情讲给新闻界"。现在，迈克尔却要求他违背自己母亲的意愿。真是没门。

这也意味着另外一次争执。

阿歇特的人也听说了我们杂志社的争吵事件。一个记者问迈克尔这谣传是否是真的"《乔治》杂志曾有过一次非常大的噪声。""那是争吵吗？" 迈克尔只笑不答。

这次大的争吵后不久，他们的关系开始变得非常不和睦。新的一期杂志刚刚开始，小约翰的办公室离在西北角的迈克尔的办公室只隔着三道门。经过几次发行后，小约翰把自己的办公室搬到了西南角的最里面，从窗口可以把中央公园中自由女神的雕像尽收眼底，这间办公室离迈克尔的办公室更远些。

　　尽管特瑞贵尔·罗丝玛莉是迈克尔招聘来的，但她决定与小约翰在一起办公。因为她不能同时为两个人当秘书，别无选择，她选择了小约翰。所以小约翰的秘书也变成了两人的矛盾。

　　罗斯大约30岁左右，长着一头黑色的卷发，飘逸地围绕在白净的脸旁。她的棕色眼睛炯炯有神。不可否认，她也非常喜欢新闻业，同时也对名人着迷。她是我们这里对着键盘打字的打字人员，她是个"天才之想(Street-smart)"的人，（源自英文的"Street-smart"。简单地说，人的智慧可以分为两种，一种是"Street-smart"，指从生活和经验中得来，另一种是"Book smart"意即从书本中学习得来），她能把许多街头话语连接在一起。每天都会听到一些来自她的粗俗的语言。有时在接电话时，她的污秽的话语时不时说出来，俨然她是老板一般，正在分派任务给别人。小约翰并没有注意到他的秘书在工作方面实在有些过于热情了。

　　小约翰对她的强横分派，态度恶劣给予谅解，那是因为他认为她诚信可靠，善于应酬，也因为她的不漂亮，许多小报不会扯他们的花边新闻。还有就是他知道自己的魅力对罗斯的影响，她会永远对自己忠心。我的一个同事对她说到"罗斯，你正全身心地投入到小约翰身上。"她与卡罗琳保持着深厚的友谊，在深夜卡罗琳会随便登门拜访，有时也会找个借口，如像设计服装的人衣服设计得不合适为由等，她俩在一起谈论小约翰一直到深夜。很快罗斯就在办公室中穿上了这两种 Prada 和 Manolo Blahniks 名贵名牌的鞋子。这两个女人在电话中一聊就是几个小时，有时罗斯甚至将自己的头发也染成金黄色，看上去更像卡罗琳。

我的一些同事们一直揣测罗斯在决定跟着哪个领导，犹豫不决时，也曾建议她站在小约翰的一边。尽管迈克尔对此毫无表示，但是他已经感觉到了罗斯的背叛。因为罗斯是通过他才进入了《乔治》杂志的，现在她要站到另一方那里吗？

然而，罗斯并非是仅仅一个人周旋于两个男人中间，还有贝塞特·卡罗琳。我们印刷第一期杂志结束的那天晚上，她一直在我们的办公室里到半夜，那天迈克尔在9点左右就离开了，事先他也没有告诉小约翰，卡罗琳会来，所有员工的视线会集中在她的身上（事实也是那样。）最让迈克尔感到挫败的是，她要更改已经几乎完成的封面颜色。

卡罗琳并不在意迈克尔的干涉，也不在乎小约翰的干涉。那以后，尽管她和小约翰很少见面，但她仍然私下里影响着小约翰；最后小约翰把他女朋友的意见告诉给图片设计者，并要求做出一个样本。（她曾取消过瑞丝·加布里埃尔的设计样本，所以告诉伯尔曼·马特，就不用再让她设计了，另请其他人做。）小约翰、迈克尔还有卡罗琳，这三者不稳定的三角关系，已经构成小约翰生活中不可缺少的一部分。

迈克尔的直觉告诉他，他与小约翰的心理隔阂已使他更加心神不安。

2. 与总编辑分享名人效应

在圣诞节，小约翰和迈克尔给我们大家每人发了一块小塑料手表，白色的表盘上写着黑色的乔治字样。虽然他们没有花费多少钱，但表达了小约翰和迈克尔的一份真情，同时也显示出他们两人的彼此心灵互动。这带着贺年卡的手表也宣布了"小约翰和迈克尔和好如初！"。小约翰自此总是戴着那块表。

另外，小约翰的其他好事也不断而至。时尚店不停地送给他衣服和鞋，如果不合适，他就会送给其他人。令我沮丧的是，那些衣服都比我的尺寸大。盖瑞穿正好合身——价值一千五百美金的意大利名牌服装，几乎相当我们一个月的薪水了，所以对我们这些编辑们来说，都是可望而不可即的。

甚至更滑稽的事情是，有人送给他篮球比赛的门票。当多给他一张时，他经常给那些工作努力，或是情绪低落的职员。走进麦迪逊花园广场的赛区，你可以享受最前排的最佳位置，可能距离赛区只有十英尺，在你前面只有赛场的摄影师们，迷人的招待人员不时地给你递送食物，在你左右坐着的是一些著名的教练和名人。在1996年，当时的门票价格是每张1000美金。

在1996年10月正好是美国佬的棒球决赛时期，小约翰决定放一下午的假，让大家去看球。罗斯于是去联系门票，给美国佬比赛的负责人斯丁伯乐·乔治打电话，去询问是否还有票，当时是乔治自己亲自接的电话。因为那时球票很快就销售没了，当时大家都以为没办法了。但是斯丁伯乐却给了我们30张票。比赛异常热烈：那天下午，一位叫梅尔·杰夫里的 20 岁男孩表现突出，打破了棒球史的记录，在第八局，他在右侧区抓接住了一个由杰特·德拉克击出来的一个险球。最后美国佬赢了比赛。

还有一次，小约翰为大家买《1776》的票。（1776 是关于著作法的音乐喜剧。）本·佛朗克林和小约翰·亚当把辉煌的歌剧唱走了调，观众反映不理想，但是小约翰认为这种与市民相关联的东西对我们是有益的。他对我们坦白说，当他还是孩子的时候，比较喜欢听《1776》唱片，并能记住所有歌词。他甚至脱口唱出——"We're com-ing, to Philadelphia……"

有一次，小约翰接到一位海军助手打来的电话。在航空母舰将要离开船坞时，他问小约翰是否喜欢乘船吗？小约翰回答说，不喜欢——但是，他告诉那个人自己的员工会喜欢的。所以一架海军直升机来接小约翰，同去的还有我们的两个新编辑，还有一个警卫员和一位研究员，他们在船长的住处度过了一个愉快的夜晚。

然后是有人不断地送领带。在 12 月的一天，小约翰向所有的职员宣布："有关那些好领带。因为过多的领带，又戴不过来，我有时不需要太多的领带，如果你们谁感兴趣可以到大厅的储藏室去拿。"

回忆起这些来，我现在还感觉到点点羞怯，后来我们大家都拥向储藏室，那里也是小约翰经常放滑板车和运动服的地方，我们在那里找到成沓的精致领带，而且都是名牌的。没几分钟就都被我们抢夺一空。一年中总会有那么一两次，小约翰送给我们一些免费的东西。

我已经停止再戴那些领带，因为仿佛还能感觉到老板递送给我们所保留的气息，令我回忆无穷。然而并不是每个人都能戴上那领带，工作了21年的编辑助理从前戴的是裂口的卡其布领带，因为自己挣的工资相对来说很少，不舍得花钱去买一条。以前小约翰穿着领口带扣子的衬衣，戴着的也是200美金一条的领带。

3. 办公室政治

在1996年1月1日，纽约下了场三英尺厚的雪，使整个城市交通堵塞。那场雪一直持续到1月8日。我们中只有很少一些人能来工作，那天小约翰让大家提前去吃午餐。我们从小约翰的储藏室中找出一个足球，在去餐厅的路上大家相互投掷足球，打破了整个宁静和低沉的城市氛围。大家滑动着，足球在雪地上滚动着，大家欢呼着，个个热情高涨，仿佛有无数的影迷注视着一般。宽阔的第七大街也被我们打破了宁静。盖瑞用臀部阻截小约翰进入（路边的）雪堤，小约翰用雪球回击。很快雪球就在空中四处飞扬。路上的包裹得严实的人们急忙躲闪着。值得感谢的是，可能还是第一次，雪球并不认识谁是小约翰，可以打他，在他面前我抛开羞怯，与大家一起嬉戏。就像孩子们一般嬉戏喧闹，我几乎忘记了是与小约翰肯尼迪在曼哈顿的街道上扔足球，这位时常在各种典礼上与他的显赫家人露面的名人。那一刻，他就是小约翰本人，我意识到与其说我喜欢名人小约翰，还不如说我更喜欢普通人的小约翰。

那种愉悦很快就过去了。大家又投入到了紧张的工作中。大约一周后，罗斯突然打来电话，这很不同寻常，因为当时是周一的夜晚，我正在家里。"小约翰明天一早将要召开会议。"她对我说。

第二天早上每个人似乎都很紧张；罗斯也没有透露给我们任何关于此次会议的内容。大约9点半，加上美编，总共可能十五人，大家都到小约翰的办公室开会。大家坐在桌子周围或是朝着公园的窗台上。房间内鸦雀无声。小约翰关上门，然后依靠在桌子边。他的脸色铁青。

"你们可能知道，"他说，"现在是艾瑞克·艾塞瑞奇与《乔治》杂志的关键时期。他要离开这里了。"

纯属玩笑，他疯了吗？《乔治》杂志才刚刚有所起步，才刚刚出版4个月。也太快了些。

大家对此都感到异常惋惜。

小约翰告诉大家，从现在起，艾瑞克已经无法再留下了。

我真希望自己当时没在场。世通·奥利弗情绪紧张。会上小约翰和艾瑞克两个人都很尴尬，仿佛像一对吵架的夫妻正在争吵，每个人都希望对方少说一句，但每个人都无法停下来一样。还有另外一事——那就是可能艾瑞克犯了一个大错误。

在夏初，艾瑞克打印了一封邮件，发给了535位西尔大厦秘书，我已记不起来当时他都说些了什么无伤大雅的话。但我仍然记得一句："我们是《乔治》杂志，请来了解我们的杂志。"这是荒唐的事。

艾瑞克还想附上小约翰的信件，但当时小约翰不在办公室，所以他就代替了。他发了上千封信件给西尔大厦的官员们，每封信下面都签署着小约翰的名字。当罗斯告诉小约翰关于艾瑞克都做了些什么后，小约翰冲进艾瑞克的办公室，然后把门关上。艾瑞克颤抖着说不出话来，那已经是几个月以前的事情了——显然，这种伤害很长久。

对艾瑞克的免职，打破了出版界的平静。因为他是个聪明人，小约翰对此事的态度现在只能是哑口无言。美国著名保守派刊物《周刊标准》（The Weekly Standard）上刊登了一篇小约翰的日记，是关于他与著名影星达丽尔·汉纳 Daryl Hannah）的故事。"昨天晚上达丽尔艰难地写一篇关于共和党人和民主党人是多么地喜欢电视连续剧《海岸救生队》(Baywatch)的文章。"在《周刊标准》杂志上写着。"最后她生气地将杂志扔在一边，愤愤地说到'要是我想读一篇博士的论文，那我就得去进修为博士，并从学校毕业。'"

大家从不介意小约翰和汉纳一年都没有会面——那就表明在人们对《乔治》杂志进行攻击，而小约翰却哑口无言。在 1996 年二三月份我们初次出版发行的杂志，就是篮球明星查尔斯·巴克利的照片刊登在封面上的那份，开始的时候大家都认为是人们买过第一份后，对后来的杂志就失去了兴趣，所以发行起来才有困难。然而，后来我们对问题有了其他的理解。"小约翰对杂志的冒险激情的渐渐减弱，也是一方面。"《纽约邮报》如此评论。

由开始的 50 万册的销售降到 30 万册，伯克雷焦急万分。当时我们的第三期杂志没有可刊登的采访内容时，我建议小约翰与伯克雷谈谈，伯克雷仅仅有最后几分钟的选择。在我们正准备第三期杂志的时候，还没有决定好用哪些采访内容。我建议小约翰与伯克雷谈谈，因为他正与阿拉巴马州的管理者打得火热。在阿歇特集团，大家议论纷纷，许多人不同意这么做。这是大家一致的看法——不仅是在阿歇特集团，而且所有的杂志行业都一致认为用美裔非洲人做杂志封面，很少能吸引读者。毫无疑问，我们通过伯克雷售出很少的杂志，但与种族比较，人们更不可避免的是减少了对《乔治》杂志的兴趣。但是我希望我们能够打破常规，用不断创新的精神继续销售更多的杂志，得到出乎意料的好结果。

第三次发行杂志进行了大量的广告宣传，这也证明我们的前两期杂志发行成功中也存在着对以后发行不利的因素；我们无法与前两期杂志的发行比较，但我们只能通过发行多少判断一下。尽管如此，我们仍然有100页广告页穿插在第三期杂志中，比以前计划的多了60多页。

自从艾瑞克离开后，只有我和米歇尔·贝兹是《乔治》杂志的老记者了，也是编辑的主力。如果我们相互配合，工作一定会很愉快，然而却恰恰相反。当她不是一个人工作时，她只与小约翰配合默契。此外，我与她在杂志方面的观点也不一致，想法从未有过共鸣。贝兹与小约翰一样，也毕业于布朗大学，她也想杂志办得更加有选择性和多样性；她提议我们写一篇关于"为什么美国的孩子们正在使美国堕落。"的文章。我认为这是一篇愤世嫉俗的文章。

但是小约翰对我们观点有些怀疑。我曾经让苏利文·安德干涉他的隐秘和草率处理的关于多德·鲁莫林事件。并且他也知道我对艾瑞克的离开感到难过。尽管艾瑞克做错了事，但我仍然非常地尊敬他。因为他曾教给我许多编辑方面的技能。更何况，是他把我介绍给小约翰的。在我心里，无论谁将搬到艾瑞克的办公室，都无法替代他。

尽管小约翰对贝兹很欣赏。也可能是因为他们俩都是毕业于布朗大学的缘故吧，也或许是因为她没有犯我这样的类似错误吧，也许也因为她从未揭穿潜在的政治内幕吧。她让小约翰知道，当自己是小女孩时就跟踪报道了关于杰拉德·福特总统的压力。她甚至还向总统写了一封简短的求爱信。小约翰似乎很欣赏那些。

贝兹达到了她的刊登孩子问题的报道目的——那篇文章的作者是美国心理学家布雷特·伊斯顿·艾利斯。他写了一篇美国的问题青年的论文，发表在1996年六七月份的杂志上，那期杂志的封面是女演员迪米·摩尔。那真是一个讨厌的话题。"当然，尽管有些孩子的品行不端，但并非所有的孩子都在堕落。我们为什么要斥责自己呢？"

诚然，对于任何杂志来说，有所得必有所失，我对自己的贡献很满意。第三期杂志上刊登了我的一个作者，华盛顿邮报的一个专栏作家的尼娜·伯利的文章，报道了女权作家诺米·吴尔夫秘密地为比尔·克林顿提供改选活动的建议。消息在全国传开了，多德·鲁莫林专栏把这一切归于《乔治》杂志，这是在多德给我发来的信中说的。内容是："我敢保证！瑞查德——是宣传的第一名。鲁莫林。"

4．小约翰难得吃上一顿不被打扰的饭

有些新闻会引起我们的关注，有些则不会引起我们的注意。但是那时，在《乔治》杂志社中最值得关注的还是小约翰每个月的采

访。采访通常是报章杂志最有效的形式——与某些你感兴趣的人坐下来谈话，问一些好问题，最后编辑整理。然而，小约翰的采访也证明了一个出乎意料的挑战。我们也期待着整个过程能够进展顺利。有谁会拒绝与小约翰坐在一起呢？然而，每期杂志的采访内容，我们都为此痛苦不堪。

问题并不是人们拒绝我们，而是小约翰对要采访的人有明确的要求。一般来说，名人是被禁止的，他不愿去采访那些名人。"小约翰，采访斯柏克·李怎么样？"我们问他，"他是个从政人员。"小约翰会摇摇头。"那采访亚历克·鲍尔温如何？"他也叹息。"萨哈拉·杰西卡如何？她是个激进主义分子。"（那通常是个坏主意。他们两人通常见面一两次，小约翰认为帕克太过宣扬他们的约会了。他也从不让我们写任何关于她的任何东西。）总之，我们绞尽脑汁，生拉硬拽，但小约翰往往无动于衷。当然，很清楚，他讨厌这些。他宁愿享受生命的每一天——安静地散散步，吃一顿不受打扰的饭——当然，他并不愿意把所有的精力都放在《乔治》杂志上。人们不图所求，无怨无悔地崇拜着和效忠于他的那种英雄主义行为。

有个例子。几个月下来，我拟好了一篇关于电影《密西西比谋杀案》的提纲给南方寓言作家威利·莫里斯，让他来主笔写篇文章。威利曾经当过电影顾问，并为我们写过一篇关于谋杀密西比州的民权运动领袖麦格艾维斯的文章，几乎三十年后，才由地方检察官巴比证明白人种族主义者布莱恩柏克伍斯有罪，最后终于使正义伸张。

威利·莫里斯是位相貌英俊，亲切而彬彬有礼的老学者，他是位天生的讲故事好手，要是没有我的来访，他也从不接电话的。我认为与他一起工作很愉快。他现在正处于职业的低谷期，同时对自己的过去也怀有深深的眷顾情感。有人说他太低沉了，也许那就是为什么几乎不能使自己变得更好的原因。而我却宁愿相信他集中精力用计算机来进行自己的研究工作，而不是没有电话；威利是我认识的最晚学会用使用计算机进行打印手稿并邮寄的人。

当威利正在忙着《密西西比谋杀案》的文章时，一天，他接到一个电话，让他到纽约来看电影的第一次公演。我们邀请他在艾莱斯饭店吃晚餐，那是20世纪60年代招待著名作者最好的酒店。他说，他的老朋友比尔·斯帝隆会在那里等他，另外，这部电影的导演罗布·赖纳 (Rob Reiner) 也在那里，主要演员亚历克·鲍德温那会在那里。我会去吗？小约翰会去吗？

对小约翰来说，打断他的一些自己的时间总是很难。每天，许多人追着他，让他参加一些正式的午餐或者请他参加那种要求宾客穿半正式礼服的祝贺活动。我的部分工作是减少他的这些应酬，而不是增加应酬。但是因为莫里斯和他的朋友斯帝隆对《乔治》杂志都是非常有利的，我只能尽力问问小约翰是否参加，出乎我的意料，他竟然答应了。

直到周六的那天晚餐开始，我才意识到自己犯了个可怕的错误。威廉·斯帝隆根本没有露面，只有电影导演罗布·赖纳和佛瑞德·左罗出席了。我与妮萨一起来的，尽管他对参加这种应酬没有热情，还是被我给拽来了。小约翰来晚了，坐在显眼的边上位置。艾莱斯饭店里喧闹而嘈杂，在那里用餐者在桌子上指手划拳的时间远远多于吃的时间。我们坐在饭店的最后一个桌子旁,小约翰正好背对着整个大厅,所以人们至少无法认出他是谁,也很难接近对他或对他拍照。但尽管如此,他看起来还是容易被人认出。我有很强的直觉,能感觉到,饭店里那些陌生的人似乎已经知道小约翰出席了今天的晚餐,时不时地向我们这边看。

威利一杯接一杯地喝着鸡尾酒。他喝得越多,说的话也越多。是位电影天才,他正信誓旦旦地与小约翰说话。佛瑞德·左罗,他则是富有勇气,也是拍摄这个电影的英雄。他伸出手轻拍着我的前臂,对小约翰说我是他所见过的最好的编辑。妮萨很少说话,在桌子下,却时不时地挤靠我的腿,似乎是在感觉一下我有多么不自在。小约翰心不在焉地凝视着盘子中的食物,仿佛从未见过意大利通心粉一般。

晚餐进行到一半时,电影的主要男演员詹姆斯·伍德,他在电影中扮演凶手莱恩柏·克伍斯,他像个枪手一般冲进饭店,打开大厅的门。他金发碧眼,看上去比他的实际年龄年轻得多,手臂上挂着白金的复合原料做的金属饰物。走起路来发出嘶嘶声,就像在电影《枪口的婚礼》中便宜的香槟酒的声音一样。

"吉米!吉米·伍德!狗东西吉米·伍德!"罗布·赖纳喊着。

"罗布!狗东西赖纳!"伍德大喊着。

然后,饭店里的人都把目光转向我们这边,看到了小约翰,死死地盯着他,然后兴奋地互相拥抱。看起来大事不妙。

于是,小约翰把身子转向亚历·鲍德温。晚餐中他一直很沉默,透过厚厚的眼镜片打量着周围的喧嚣。他在电影中扮演巴比,但事实上,他很害羞,很难想象他就是那个完成高超动作的人。电影中的巴比·得拉夫特冒着生命危险使正义得到了伸张。他打破了人们的一些常规想法,做了些英雄主义的事情。

你能告诉我你是如何做到的吗？小约翰对得拉夫特的扮演者说。你是如何证实凶手是有罪的呢？

得拉夫特的扮演者看上去有些不安。因为他知道,小约翰的父亲死于暗杀,而他却正在问自己这相似的悲剧。小约翰的口气中并没有不客气的意思。

于是得拉夫特的扮演者就开始讲起了故事。他说如何寻找证据,寻找证人,尽可能忽视死亡的威胁。他用浑厚的密西西比声调慢条斯理地说着,桌子旁的人都安静下来,静静地听他说着。小约翰听得更加入神。得拉夫特的扮演者也时不时地沉默一会,也许是他不确定小约翰真正想听哪些细节。是否小约翰会受到刺激。"嗯,会发生什么呢？"

得拉夫特的扮演者不时地点头,然后继续讲下去。

"他是个不错的人。"星期一的早上,小约翰对我说。

5. 采访美国步枪协会会长

我想谴责,我们错过了飞机。

在一月份的最后一周的一天,我在美国拉瓜迪亚机场的门口来回走着,等待着小约翰。我们的飞机在七分钟后就要起飞了。我们的维吉尼亚会议已经迟到了五个小时,他说我们在这里碰面一起去。

但小约翰却没有露面,门口的服务人员正在核对时间,飞机即将起飞。

我们与全美步枪协会负责人约定见面,想要写篇这方面的采访文章。我们迫于1996年四、五月份的杂志出版的压力,但当时一直没有找到合适的采访栏目内容。于是,我提议采访马里恩·哈默,他是全美步枪协会的会长。美国的枪支——这也是小约翰的棘手的题目。但小约翰愿意挑战自己。我渐渐相信,为什么他想采访莫林·多得,为什么他就职于里根公正委员会。理所当然,人们仅仅讲一些他爱听的好话。他要挑战这一切。当他同意去采访时,所以我并不吃惊,使我高兴的是,他让我陪他一起去。

我们说好一早就去,但小约翰却一直没有出现。他在纽约大学的法律图书馆忙碌地准备着。直到最后一分钟,我只好气愤地通知罗斯,让她通知哈默时间拖延了。一开始,我还认为我们只是晚了两个小时,后来才发现我们的迟到变为三小时,然后是四小时……直到最后他打电话给罗斯,说他已经准备好了,会来机场与我见面。

我看了一眼手表。他在飞机起飞前三分钟到达了。

"很抱歉让你等了这么长时间"小约翰走在我的身后对我说道。

他身穿黑色西服,戴着黑色墨镜,如此沉着冷静,你准不会相信他是差点儿就赶不上飞机了。如果我当时不是太紧张,一定会注意到当时的小骚动,一些人看着他,嘴里不停地吹口哨,一些人则假装没看到,还有些人目不转睛地盯着他。因为我俩走在一起,所以也打量着我——不,我以前也没有见过他现在这么的惹人注目,他目不斜视,径直向前走。我能够了解这些人的表情,并能对这些表情所蕴含的内容作出正确的判断。人们像扫描条形码一般,把他的形象扫进大脑,像购买杂物一般带回家,不需要包装,也不需要进行消化处理。他像照片上的一样好看吗?一样高吗?他是个友善的人呢?还是个性情古怪的人?他的美丽女朋友在哪里呢?

我们走进美国客机 737 飞机。小约翰边进入飞机边轻轻地摇了摇头。我们发现空空的一排座位,小约翰在靠近窗户边的座位上坐了下来。他让我在头脑中把采访哈莫的问题理清楚,并讲给他听,我却一时间紧张得不知怎么说了。总在下意识地感觉,是否周围的人在听我们的谈话呢?

我的一个同事给我讲他一个关于与老板乘飞机的故事。当时著名女演员珍妮弗·安妮思顿也在飞机上。珍妮弗看到小约翰一个人出来(没有带女朋友),她于是从座位上站起来,在商务客舱的走廊上来回地走动,走的是模特才能做到的那种猫步。

小约翰并不把她放在眼里。尽管旅途很枯燥,但他很少对那些试图接近他的人表示感兴趣。有时人们礼貌地向他致意,他也礼貌地回敬。我想这是遗传于他的父母的优点。他的母亲彬彬有礼,父亲见到每个选民也是给以礼貌的微笑。每天不停地重复这种礼貌性的动作多次,已经使小约翰为此筋疲力尽,仿佛他的一个礼貌举动就像名医生医治病人一般,药到病除,使他们容光焕发。

"他真是太棒了。"那些见过他的人都这样不断地对我说。

我常常也会有下面的想法,"你们对他有什么期待呢?你们刚刚告诉他你们对他有多么羡慕,还是你对他的父亲有多么崇敬吗?还是你只是对他充满了怜爱呢?他难道不应该那么棒吗?还是仅仅因为他是名人?"

当然，我永远不会那么问的。我只会简单地回答："是的，他的确很棒。"我渐渐相信，这都是因为小约翰是名人，人们并不希望他对自己多么友好，一个简单的原因就是，他的行为不必像个专制的君主制主义者，而是以自己的名望吸引着无数崇尚民主的人们。

我们安然无恙地飞到了华盛顿。在大约接近五点时，我们抵达了坐落在维吉尼亚郊区的造价昂贵但不美观的全美步枪协会，马里恩·哈默已在那里等候多时了。她个头不高，大约五英尺，一头卷发，有些已经变得发白，她抓住我的手上下猛拉着仿佛正在从井里压水一般。她的办公室里摆放着弗雷德里克·雷明顿雕刻的《马人》，墙上张贴着著名的《权利和自由法案》，还有一张非常富有情节剧的特色的油画《飞翔的天使》。

在浏览了摄影大师布鲁斯·戴维森的图片后，小约翰开始问哈默一些关于枪支方面的问题。她说曾给过自己的孙子一支枪，她回答每个问题知无不言。她像对待任何记者那样与小约翰谈话，这也使小约翰很激动。当然，尽管有时小约翰提出的问题也涉及一些令人尴尬的个人隐私问题。

"那些因为遭受到枪杀的人，于是一个家庭承受着成无比的失去亲人的伤痛，你认为那是枪支买卖的暴力吗？"小约翰问。

哈默直言回答。"我只能说那是悲剧。"表情坚定。"事实上是：枪支并没有去杀人，而是使用它的人干的。"

小约翰的某个神经似乎被刺到了。他打岔话题，问到了戴维森的图片，"你也摄影吗？"他不再问读者感兴趣的这种私人问题了。有一次，在汽车修理停车位那里，哈默曾受到一群挥舞着枪支的强奸犯的恐吓，尽管逃脱，但一直如梦魇一般在她的记忆中无法抹去。小约翰也下意识地避免再问到此类不幸的事情。有时，他犹豫不决，委婉地询问一些问题，也都得到了答案。

谈了一小时后，其他的办公室的灯已经熄灭了，我们听到清洁工人手中的吸尘器发出的声音，他们正在做清洁工作，也是维持全体职员整洁的办公环境。如果我们不打住这次谈话，我们也会错过回去的飞机。于是小约翰向哈默表示感谢，道别；哈默则表示随时欢迎小约翰来访。临走之前，她给了我们一些花生，巧克力片还有她亲自为小约翰烤制的甜点。

在飞回的路上，小约翰看着窗外说。"一切进展顺利，你说呢？"然后把头依靠在窗户边，似乎睡着了。

6. 美国人记得那个给总统父亲的遗体敬礼的小男孩儿

在出版杂志之前，小约翰通常会让编辑们进行整理加工。（每月，他通常把活分给不同的编辑，也许是为了防止大家相互妒忌。）以这种方式编辑，也是一种羞耻。因为，在我看来，往往要从录音中整理成文，要比回答问题难得多，有一些录音还要进行剪辑。来《乔治》杂志社工作之前，我想小约翰也从未考虑过这有多难，可能他也不确认这种转变需要多长的进度吧。作为好的记者，他会同意写些他的文章吗？或者，迫于愉快的公众压力，他是否可以接受减掉一些内容呢？

毕竟，小约翰对那些涉及自己隐私的问题比较敏感，即使是金牌主持人拉里金问他也一样。现在小约翰是具有决定权的检察官。他对自己的新关系和固有的本能左右为难。小约翰知道这些都是自己的采访过错造成那些不必要的担忧和毁伤。

尽管如此,采访内容的新颖也是杂志早期的发行一直受到人们的欢迎的原因之一,那也是我们为什么从1996年8月开始从每两个月一期改为一个月一期的原因。但是小约翰并不喜欢这种采访的角色,他采取隔一个月采访一次的方式。因为小约翰并不太适应投入在《乔治》杂志上的成百上千的广告开销,还有也可能为了减少每次1万到2万美金的杂志摊费用,所以他决定隔一个月出版。

他对是否在封面上署名也是犹豫不决。我们想在上面标注一个醒目的名字,叫作"小约翰·肯尼迪采访录"。他提议道:"能否改为乔治采访录?"不,我们做不到。我们坚决反对。于是我们被说服了,想着如何遣词造句地表达,找到更合适的文字,像这样的文字:"小约翰肯尼迪决斗全美步枪协会神枪""垮克·罗伯特与小约翰肯尼迪口战"等诸如此类。那种题目我们做了很多,但是只有那句"小约翰·肯尼迪采访录"简洁生动,提纲挈领,是比较好的选择。

我们通过测试,知道读者比较喜欢那幅标有主题名字小约翰的照片。在我们第二期杂志发行时,马特·伯尔曼已经在电脑上把小约翰与罗伯特·迪尼奥正在谈话的两张照片合并在一张中,制作成一张仿真的照片。小约翰与另外一个名人——这可真是《乔治》杂志的亮点呀。

然而这种做法却使小约翰感到很尴尬。其他的同行会怎么看我们《乔治》杂志呢？每个月里，如果给马特足够的机会拍摄，当然，在他的恳求下，小约翰配合摆出各种姿势来拍摄，他可以称得上是世界上最好的摄影家了。我们大家很佩服他。更多的时候，小约翰的照片都是拍摄的侧影或是模糊处理。

于是，没有人能看出来采访不是小约翰亲自参加的，小约翰最终拒绝与另外一个编辑坐在一起的照片也会巧妙地处理掉那个人。小约翰在没有我的同事陪同的情况下，在一些采访交流中也会表现自如了。于是采访对他来说也变得真正有趣了。

小约翰也常常回忆谁对自己的成长教育功劳最大，从比利·格瑞翰姆到格瑞·哈特，还有丹·卡尔等。他一次又一次不停地问自己什么是人生的价值。关于自己的秘密让人知道会怎样？关于家庭要作出什么牺牲？关于自己真实的经历如何感叹？这些询问都是来自那些竞选办公室。小约翰也时常问这些问题，但在我看来，那仅仅是一个问题：是否我要违背母亲的愿望而从事父亲的那种政治生活呢？

对华伦·贝特的采访是小约翰自己单独进行的。如果小约翰的父亲选择在好莱坞影星的话，一定会选中贝特——魅力十足，洒脱，气宇昂扬，严肃的表情中隐藏着机智。在一部关于肯尼迪总统在第二次世界大战军队服役的电影《PT109》中，杰克·肯尼迪一下子就注意到让贝特演肯尼迪最合适了。贝特在电影中表演很成功，而他本人与肯尼迪总统也有相似的地方，也与肯尼迪有着共同的从军感受。而作为年轻人，他与小约翰也有相同的遭受巨大打击的共同心声。

"我无法抑制住自己问你是否看到了肯尼迪总统，"贝特说。

"没有，"小约翰回答说，"尽管可能我应该去看他。"

"为什么你没有去呢？"

"我不想那么做，"小约翰简单地答道。为什么？当然，真正的问题小约翰并不想回答。

在采访的最后，小约翰问贝特，"如果你必须告诉自己的孩子是当演员还是当政治家，你会告诉他什么呢？"

"我什么都不会说，"贝特说。

"为什么？"

"因为每个人都有自己的生活轨迹。你不可能让人总是按照自己的意志做事。"

小约翰的人生舞台才刚刚拉开序幕，前途一片光芒，而非游手好闲。小约翰正每半月出版一期心理传记。这种编年史般的记载是对天才的一个体现自己的好机会：从那些小报不真实说法中来证明真实的自己，使人们更相信自己所说的。更主要的是，他想打消人们认为他是明星和追捧者的想法，来证明小约翰只是小约翰而已。

小约翰最爱对艾恩·卡尔特谈论自己的采访，艾恩曾经是《国家调查报》的编辑。小约翰的意图就是让小报不断报道政客门的花边新闻，而他的杂志议程则以深度来吸引读者。他只记得小报对他真是烦透了；他把那些小报的行为公之于众。小约翰从未想到艾恩·卡尔特会出现的自己的面前给自己出主意。小约翰问卡尔特有关一个记者勒索特德·肯尼迪钱财，并询问他的看法。

"当我在大学时，"小约翰在采访中说，"我听到有个人用英国口音喊我，'我们知道你是谁，我们有一些照片给你看'——是在同性恋俱乐部里和其他地方拍摄的。我回答说到，那是不真实的。于是他们就给我叔叔打电话……'我们有小约翰的照片，但如果你能摆个姿势让我们拍照当圣诞卡片的话，我们就不传播那些照片了。'他可能就是《国家调查报》的吗？"

卡尔特回答说，"那好像不是我们所做的，主要是因为我们不会那么做的。"但要是真那么做了呢，小约翰说，你会那么做吗？"不，我不会那么做，"卡尔特回答，"我是说，假如我们拍到你在同性恋俱乐部的照片，我们也不会刊登的——尽管是真实的也不可能的。""为什么？"小约翰问。"因为我们的读者认为您是值得尊敬的人。""你真是太好了，"小约翰说，"难道没有更好的理由了吗？"

"不，"卡尔特回答，"我们的读者……如果我们那么做，他们就会杀了我们。你是那个对自己的父亲的遗体敬礼的小男孩……不，不，不，他们一定会杀了我们。"

对于小约翰给美国人留有深深印象来说，人们是无法再问更多关于他的生活。即使照片一事是真实的事情，《国家调查报》也不会刊登。因为每隔几周就会有关于小约翰的小报新闻，那些亵渎（话）也暗示了小约翰可能是同性恋。假如成千上万的美国人读了这则报道，小约翰也将会是永远伤心痛苦的小男孩，相反，他们不想听到任何这方面的事情。事实上，他们会的，很快证实是谣传，并没有那照片——"该杀的"，卡尔特说，是个讽刺而已。

小约翰知道我们大家相处得都很不错，他似乎也愿意把自己的家人介绍给他的职员们认识。我见过他的姐姐卡罗琳，冬天的一天上午，他把姐姐介绍给我们。她很有礼貌，比小约翰还要谦逊和蔼。小约翰看起来比较紧张，好像希望《乔治》杂志能给姐姐一个好印象。我也有些紧张，当然，我的紧张是自找的。

几天前的一个晚上，我们夫妻俩曾看过麦克·尼古拉斯主演的电影《鸟笼》。我与麦克·尼古拉斯的一个同事是朋友；卡罗琳是尼古拉斯的朋友。在嘈杂的夜总会一角落，罗宾·威廉姆斯正在讲着特德·肯尼迪爱喝酒的笑话。

"我第一次看到你是在看电影《鸟笼》的那晚。"当小约翰向我们介绍她时，我对她说。

"哦！真的吗？"她说，她接着问："你喜欢那个电影吗？"

"喜欢，"我说。又补充了一句"我的意思是说，演你叔叔的那部分除外。"

卡罗琳微笑着，"哪一部分？"他甜美地问。

"就是罗宾·威廉姆斯……嗯。请别介意。"

卡罗琳得体地点头并走出了我的办公室。"很高兴见到你。"她说。

7. 任用女主编

1996年2月一个星期五的上午，小约翰来到我的办公室，关上门。我关上电脑上的文件，他也一屁股坐在了那把我从另外一层楼上拣来的破旧椅子上。大卫·派克管理严格；我们采取利益积累，以备以后发展。

"那也正是我要跟你说的"他说。

"好的。"我慎重地说着。

"我会花费很多时间在广告宣传上,我决定自己手下得有个靠得住的人。"

我面无表情,点着头,尽管当时我很惊奇。自从艾瑞克离开后,小约翰说过他没人可替代。

"我看贝兹能够胜任。"小约翰平静地说。

我有一秒钟迫使自己不要说什么,接着是两秒,然后又过了几秒。"好吧,但为什么呢?"我最后问到。

因为艾瑞克与小约翰发生了这么多不愉快的事情,所以小约翰回答。"我不需要男性的职员与她竞争。"然后,小约翰又好像为自己刚刚说过的话道歉。

"而且,我认为让一个女人当杂志的执行主编也非常好。"

执行主编?艾瑞克的头衔是主编,那也暗示着贝兹的权利要大于"主编"。小约翰也曾许诺贝兹,但他也想让人们知道《乔治》杂志仍然是他的思想体现。

"我们有许多女性读者,"小约翰继续说,"这要远远高于其他政治杂志。贝兹是个很好的形象宣传人。"

我点着头,我无法否决这种逻辑。我们的大多数女性读者主要是对小约翰感兴趣,贝兹只是一个很好的市场宣传角色,而不需要像我这样一个不修边幅的男人。但基本上,对贝兹来说有些不符合的。她的许多功劳与她的性别没有多大关系。她聪明,写作手法高明,明察秋毫。当她在 SPIN 杂志时，她的老板鲍伯就经常拿她的性别开玩笑，但她不敢说一个字反抗。似乎她的自我贬低只是因为自己的性别缘故。

我想，可能她比我更合适，小约翰并没有这么说，但我已经感觉到了。也可能他想让大家的关系都友好些。

我一直有自己的看法，在艾瑞克刚刚离开时，小约翰常常对我保证说，"不要担心——我很高兴与你一起工作。"

现在我却惊呆了。我没有取代艾瑞克——总感觉那很令人失望——贝兹的提升也会对我更加憎恨。我真是感到奇怪，为什么自己没有看出苗头来，同时自己也有些怀疑公众对小约翰的那些评价。

考虑几天后，我得出了结论，在《乔治》杂志要想继续发展下去，就必须要与小约翰保持一定的距离。我应该摆正自己的位置——一个普通的编辑、作家或记者长时间与小约翰肯尼迪工作后，也有可能去其他地方工作。没有一个男人会与名人永远在一起工作的，除非那个人非常喜欢自己的工作。

我对小约翰充满敬意，会尽可能地站在他的立场考虑问题。但我却有自己的立场和观点，不会随意受他摆布。

第六章

公园里的吵架风波

1."在人行道上哭泣的名人"

在1996年2月25日,小约翰和卡罗琳带着他们的爱犬"星期五"正在华盛顿广场公园散步。那天阳光明媚,气候温暖怡人。卡罗琳穿着休闲装,戴着太阳镜,卷曲的头发用花色丝质大手帕扎起来,格外精神。小约翰也戴着太阳镜,正穿着显眼的绿色运动衫和红色运动短裤。

在这个愉悦的星期日上午散步的过程中,突然发生了一件不愉快的事情。那时,两个人高高兴兴地走着,不知道为什么两人突然大吵起来。开始时是小约翰对卡罗琳大喊,接着卡罗琳也冲着他大喊,"星期五"则茫然地望着两人。

卡罗琳开始用手推小约翰,然后小约翰把她甩到一边。他因为气愤,整张脸已经扭曲变形,高声地对卡罗琳喊着,"你是我的妻子,不是我的狗!"那一刻他泪流满面,气愤地蹲在了路边。双手抱头并深深地埋进双腿中,整个身体缩成了一团。

卡罗琳看到小约翰如此痛苦,也停止了疯狂的吵闹。她跪在地上,温柔地抚摸他,想尽办法安慰他。她的动作看起来很见效,几分钟后,小约翰就站了起来。两个人相互牵着手走了,"星期五"在后面追赶着。

这对情侣还不知道,他们刚才的这一幕被一个秘密的电视录像制作人拍了下来,并将会刊登在一个电视 TV 节目上,这将是个特大的新闻。然后,《国家调查报》刊登了一个故事"残忍地分居——在人行道上哭泣的名人"。

在办公室里,大家就这个话题议论纷纷,就像是机场警卫们正围着一个丢弃的包裹那样。即使大家都看过小约翰和迈克尔争吵,但大家都对这个录像带感到非常意外。我了解小约翰的脾气,卡罗琳的脾气也很暴躁。与以往他们恩爱的场面相比较,这次因为过度气愤而发生的暴力画面,实在出人意料。

小约翰对此什么也不说,这使我们感到疑惑重重,但也不敢问他。我们希望能从迈克尔那儿得到点消息。他很气愤小约翰没有告诉他在录像带被播放出来以前具体发生什么样的争吵。在录像带还没有被宣传之前,我们大家没有一个人知道具体会播放什么,甚至小约翰也不知道。这也不仅仅是个私人问题;也会对《乔治》杂志有影响,所以迈克尔和艾里诺也都非常关心此事:如果这个录像真的会放映关于小约翰欺负卡罗琳的场面,那么我们杂志社也将会失去许多时尚和化妆品广告的客户。

迈克尔是对的。即使录像中卡罗琳的表现比小约翰更加蛮横不讲理,这对《乔治》杂志来说也是很糟糕的。在周六的夜晚生活节目中,喜剧演员大卫·斯彼德说了小约翰这样的玩笑话,"为什么你不停下打女朋友的双手,然后假装去办你的杂志呢?"这是最小的伤害了,迈克尔打算借助一个友好的专栏或是直接让小约翰和卡罗琳在公众面前露面，来化解这场危机。不过，小约翰不愿意让迈克尔那么做，况且卡罗琳的态度也很坚决，如果需要她做什么，她也一定会挺身出来解围的。

公园打架风波扭转了迈克尔和小约翰的关系。迈克尔作为小约翰最亲近的朋友和出谋划策的人，尽管有时的安慰没有任何效果，但迈克尔还是会尽力而为。卡罗琳也很久不露面了，有时我对她非常不理解。这次打架为她创造了一个与人们见面的机会，并给人们留下一个闹剧般的形象。美国人都知道小约翰具有绅士的风度。他曾与达丽尔·汉娜在机场约会，当时达丽尔正在与她的前任男友——歌唱家杰克逊·布朗闹矛盾。而现在，他却成了一个打女朋友的人。如果他能改正，人们就不会再责备他了吗？

很多女人在某些商业场合都见过卡罗琳。她与那些受美国人追捧的明星相比，属于不太受欢迎的人。她知道迈克尔已经知道这点：每个人都认为小约翰是最棒的，即使是那些最糟糕的人，也整日围着他转。卡罗琳于是卖弄风情，成为了小约翰的女朋友，这个女人从小约翰的崇拜者那里抢走了他的心，让他把注意力转移到了她的身上，所以可想而知，很多人都不站在卡罗琳那边。

基本上，美国人还是能够接受她的。卡罗琳不是美国贵族，这也是令小约翰矛盾的事情。事实上，她与他的关系具有许多美国人的代表性。她没有小约翰那样显赫的家室。她出生于（美国纽约）康涅狄格的格林威治。格林威治是个富有的地方，但她的父母刚开始也是刚刚去那里定居，所以并不是那里的显贵人士。60年代，像所有美国的父母一样，卡罗琳的父母离异。她也没有进过有高度文化修养的艾维联合大学，而是进入了一般的波士顿大学。在成为加尔文·卡勒恩的秘书之前，她一直在一家杂货店当销售员。

像大多数追星族一样，小约翰的浪漫气质也深深地吸引着她，所以卡罗琳每天一部分的业余时间就是想方设法地吸引小约翰。她的家庭背景并没有让她能成为小约翰妻子的条件，所以她当时并没有太多的勇气追求他，更何况小约翰在许多人的帮助下，更加风光了。卡罗琳只能提供给小约翰普通美国人的生活。同时，也因她美丽、热情、活泼，所以他们结合也很自然。

许多人都说小约翰像杰·加茨比，当然这种说法是有根据的——那就是两人都是那么潇洒英俊，魅力十足。他俩的不同是：加茨比知道自己想要做什么并不断地否决，而小约翰却是知道自己想要什么并不断地追求下去。卡罗琳是一位拥有梦想的人，并不断地进行着自我提高。她自己也承认，在她自身的素质中，美丽是一种不安全的因素。她对小约翰来说够漂亮吗？他们的爱情足够坚不可摧吗？他真正需要她的爱吗？

尽管她不聪明过人，也没有读过很多书，但她对自己非常有信心。在上大学期间，她曾被称为"波士顿的校花"，那段日子对她后来的生活起了很大的作用。也为她后来能够出现在小约翰面前埋下了铺垫。那时的她看起来甜美漂亮——一双大眼睛，披着一头长发，她很像1985年的麦当娜。她当时也没有想到自己会成为著名的时髦时装模特。她看起来比较好相处，比那些虚荣且强烈保护自己，轻易拒绝别人的女人更容易令人接近。自从她为小约翰的杂志提供照片以来,她感到自己肩负着很大的压力。她希望获得小约翰的青睐。卡罗琳不像小约翰那样,她必须靠外表的美丽来打动人,她时常要注重自己的形象。她在自己的前额上注射一种毒素,无法皱眉毛,所以就不会有皱纹。她节食瘦身,为了美观拔去一些眼睫毛,把头发染成白玉米色。一次,她坐在我们办公室,小约翰走进来开始评论她的头发。"宝贝,真的很难看。"卡罗琳撒娇地说,"我在头发上喷了很多的化学染料,你一句话就让它报废了。"她半开玩笑地说。

几周后,在我们杂志社在华盛顿举行的聚会上,我相信大家都看到了小约翰和卡罗琳最幸福的时刻。1996年3月25日,在一个豪华的大房子里,社会名流派格和康拉德·卡夫兹也出席了,聚在一起的社会知名人士大约有六十人,还有乔治·斯迪芬诺普罗斯,商业秘书长瑞·布朗,还有华盛顿健康委员会的秘书长邓恩·沙拉等。

那晚,聚会大约进展了一个小时后,春夜的阵阵冷风吹进来,我看到小约翰和卡罗琳正坐在酒吧的窗户旁。在起居室里有人在频频敬酒,其他的客人也都相互回敬。小约翰对她挑逗地笑着,他走到窗户边,从那里跳到几英尺的外面,然后示意卡罗琳也跳过去,并用手扶住她,当他把她抱在怀中,两人就吻在了一起。他们直到聚会接近尾声才回来,脸上洋溢着笑容。

2. 政治是个礼物

经过了那次录像带风波后,《乔治》杂志安静了几个月。贝兹与小约翰的关系更加亲近了，迈克尔也不及她。我尽力不关注我们杂志社内部的办公室政治，把注意力集中在国家的大事方面。比尔·克林顿击败竞争对手当选国家总统了，这应该是我们杂志社的风光时刻，因为没有比总统竞选更有意义的事情了。

在8月的第二周，我与六七位同事（有几位是新雇佣来的）乘飞机到圣地亚格，那里正在举行全国竞选大会，其中有个叫伊诺格·托马斯的古怪英国人，他就如同普遍每位英国记者们所表现的那般，不断地吸烟、喝酒。他的长相与电影明星斯汀·鲍尔斯非常相像。另一位新编辑叫苏三·汉纳维尔，他是由说话尖酸刻薄的贝兹把他从美丽的《玛丽·克莱尔》杂志请来的。

我们大家在郊区小镇的一个破旧旅馆见到了小约翰，那家旅馆的名字叫得易斯旅馆，是共和党人介绍我们住在那里的。打开房间空调，可以看到许多灰尘在空气中飘舞。旅馆旁边有个游泳池。在旅馆的另外一侧有条走廊。在日光灯下，透过窗户的玻璃会清楚地看到一个女人的大致轮廓，她的头发烫着大大的卷，蓬松而美丽，格外吸引人们的目光。

我们不打算在房间中继续待下去了，更何况外面阳光明媚，我们闲着无事可做。每个人都知道候选人鲍伯·多尔成功的胜算不大。当然在圣地亚格，人们也急于知道结果如何。我们杂志社中必须关注此事的是诺曼·弥勒。贝兹和小约翰为了在支付一大笔稿酬上节约开销，让弥勒给《乔治》杂志写两篇关于1996竞选活动的文章，73岁的老前辈在会场周围走动，手里拿着笔记本，不断地写着，就如经验不足的记者一样。

我们其他的同事们在史蒂夫·福布斯的花园午宴上，吃着大虾，喝着可口的鸡尾酒，不时地大口吃着沃尔夫冈·派克的比萨饼，听着优美动人的轻音乐，小约翰总是不愿意参加这种官方的会议，并不是因为他想拒绝，而是因为他往往要承担许多不必要的麻烦。

两天后，小约翰和盖瑞尽力进入了议会大楼，那里坐着许多代表，新闻界人士们四处走动着，在寻找着最佳的报道热点。戴着耳机的玛丽娅·施瑞弗尔也在那里，摄影师正对着她拍摄，因为人们不断地让她签名，所以他几乎无法集中注意力。我所在的一层位置很好，与南卡罗莱纳州的代表团的人们坐在一起。当会场响起嘹亮的国歌时，大家起立，90多岁的南卡罗来纳州共和党籍参议员史壮色蒙(Strom Thurmond)用干瘪的手抓住我的肩膀，来支撑他颤巍巍的身体，直到歌声结束。他没有说一句话。他似乎认为我是他的手下了。

当我和史壮色蒙先生渐渐熟悉时，小约翰也挤进大会议员席的一个角落里坐下。很快，在他的周围聚拢了许多人，咔嚓咔嚓拍照声，如同阵阵惊雷从地平线上响起。开始时小约翰尽力对大家非常有礼貌和耐心，周围的人与他握手，拍他的肩膀，让他手握小国旗给他摄制录像节目，但是一些热血澎湃的人渐渐增多。事情渐渐变得难以控制了。他与盖瑞想办法脱身，跑到大楼外面的安全地方。

从那以后，小约翰拒绝去那种人比较多的地方了。他待在黑暗的得易斯旅馆的房间里，通过网络聊天来宣传《乔治》杂志，并回答一些来信。"这么多年来，人们一直称呼小约翰，小约翰的，你不感觉很没劲吗？"有人写了这封信给他。

"没有人称呼我小约翰,小约翰的。"他回避地回复到。

"你清楚自己将来的政治方向吗?"另一封信写到。

"嗯,政治是个礼物。"小约翰回复。"所有时间你要全身心地投入,并不断地努力,竞选是那种你一旦进入就无法自由逃开的事情。"

在星期三的晚上,我们在圣地亚哥举行了一个聚会,用尖叫的猴子和嚎叫的狮子来庆祝,这种场合打破了夜晚的宁静。客人们进入黑暗的动物园,走在用树叶铺成的狭窄而蜿蜒的小路上。在路的终点是一个户外餐馆,桌子摆放在外面,温暖的黄色灯光透过绿树叶倾洒出来,我们就在那里举行的聚会。我们雇佣驯兽师,让他们用皮带束缚着狮子在路上来回走动。在门口的新闻界的人们大声喊着并不断地拍照。当小约翰在小路上散步时,有时会停下来望着他们,他感觉在圣地亚哥的这种感觉非常好,记者们有些变得急躁,因为他们根本无法接近小约翰。

这种场面经常是人们茶余饭后的谈资,回味无穷的。那天午夜小约翰安全平静地离开。我们其他的人一直吃喝到深夜。聚会结束后,大家都喝多了,彼此相互搀扶着,就像一个参加演出的拉拉对。有点儿非职业,但很不错。这就是我们的团队,我们希望永远相互搀扶,支撑着走下去。

3. 他宽容自己父亲的调情吗

两周后,在芝加哥,我们的政党人士不是在动物园里,而是他们本身成为了动物园的成员。

交通堵塞，我正乘坐出租车，当时距离我的目的地芝加哥艺术学会，可能还差四个街区。刺耳的喇叭声划破了夜空。我把头依靠在车窗旁，向街道上望着。前面的交通灯由红色变成了绿色，很快又变成了红色。

"别担心，"我对司机说。"我要从这里下车。"付款后，我跳下出租车，走在密歇根大道的中央。

1996年8月27日，大约提前3个小时我到达了芝加哥的欧哈尔机场。对我来说，时间已经来不及了，我会错过我们杂志社参加的全国民主大会。每个人都会参加这次大会——民主党人士尽管对克林顿相当关注，但对我们的关注远远高于对比尔·克林顿的关注。他们似乎已经感觉到11月份的胜利，并打算为此庆祝。

起初，我们计划在艺术学会附近的学校举办一个黄昏聚会，聚会邀请200人左右，整个活动高雅而别致，不用花费很多钱，就能收到很大的效益。随着大会的临近，无数的请求者的电话，传真和e-mail如潮水般地涌进我们的办公室。如何安排这些人呢？他们都是朋友的朋友……甚至有些曾经对我们杂志进行捣乱并说过坏话的记者，也打来电话要求参加。于是，我们决定把这次会议扩大规模，同时客人的数量也增加一些。

我走在密歇根大道，正赶上交通堵塞。在博物馆的拐角处有许多铁栅栏，栅栏旁边摆放着许多自行车。在自行车的后面是上百个人，每个人都带着纸笔和相机等待着明星们的出现。著名影星凯文·科斯特纳是许多人想见的明星之一，将会出席会议的还有著名节目主持人奥普拉，主持人杰瑞·史普林杰，著名歌手艾瑞莎·弗兰克林，切尔西·克林顿，比利·鲍德温，伊林诺·蒙代尔，著名导演克里斯·洛克，当然还有小约翰。小约翰是人们真正想见的名人。

我提前赶到那里，因为毕竟我要先来做些前期工作。当时，在那里的除了那些追星族和一排英武的警察外，其他人还没到。

我上气不接下气地走在长而环绕的台阶上。人们正在打量着我，他们正在疑惑是否我是他们想看的某个人。一些人也噼啪按动相机快门，他们可能想万一我是名人没有拍到照片多可惜。我也尽可能地昂首挺胸，并留心自己脚下，不被台阶绊倒。我登到了最高处，向下看那些人们。可能他们累了，可能没有耐心了，但他们无论怎样都一直注视着我。这种感觉就是当名人的感觉吗？我思忖着。这么多的眼光打量着你……感觉真好。

然后，我开始意识到：小约翰在这里时，一定会是那种感觉。

小约翰已经早在这周的周一，提前抵达了芝加哥。他曾在奥普拉的节目中出现过，到密歇根湖划过船。他也曾参加过一次中等的辩论会。《乔治》杂志9月份那期上刊登过这些——也标志出我们杂志的周年纪念活动，刊登的位置也很醒目。主题是政客中的女性。至于封面，就是女演员德鲁·巴里摩尔装扮成玛丽莲·梦露在麦迪逊花园广场对小约翰的父亲唱着"祝你生日快乐"那一幕。仅仅是表面上的虚假演戏吗？用此来暗指比尔·克林顿50岁的生日。

无论怎样，那是我们的主张。然而，没有人满意这种解释。关于封面，在垮掉的新一代 Generation—X（注释：站在潮流的最前线的人）的网站上，我们发现了一个匿名的作者写的东西，"真是对小约翰父亲的一句明显的殷勤祝福。"大多数的讲解员也有同感。小约翰会如何对这个女人进行礼赞呢？不正是这个女人曾使自己的母亲在许多人面前受辱吗？

办公室里的所有人都不知道如何处理。这必须由小约翰作出决定。我们中没有人敢拿肯尼迪的肖像开玩笑。小约翰则对这个题目策划很满意，大力鼓励大家继续进行，但除了说这是一幅迷人的图片外，就没再说什么了。我们知道封面将按计划刊登。小约翰像大家都熟悉的门罗一样，他和巴里莫尔显然有一些自己个人的理由，那是否表明他宽容自己父亲的调情呢？还是他根本不把这当回事呢？

对于外界，我和同事们团结一致。我们又重新创作了一篇美国人的史料，并决定坚持下来。这有什么大不了的呢？

私下里，我们都认为我们的封面并不成功，打消了我们试图通过《乔治》杂志来判断杂志的好坏这一目的。当然，人们买杂志还是主要看在小约翰·肯尼迪的面子上，但那并不令人满意。如果我们仅仅因为是小约翰的小棋子而沾沾自喜，那我们就不是合格的记者。

最终，我们的德鲁·巴里摩尔封面的这期杂志加印了两次，在报摊上就卖了十万册。

4. 假如小肯尼迪进入政界……

在早上 8 点钟，我们会场的门打开后，很快就挤满了人。尽管我们已经占用了博物馆的几个栅栏，但客人们不得不向巨型的广场上扩张，因为要留出空间，方便侍者们用手和肩膀托着的满盘子的食物走进走出。在长方形的广场一角乐队正在演奏——叫鲍尔的女歌手的后面站着吉他手,鼓手还有一个剃光了头的低音乐器者——他们弹奏的声音非常大,如果你大喊只能听到自己的声音。

人们敢打赌,以前没有人在政治会议上看到鲍尔的表演。她长得苗条,头发直如瀑布,身上正穿着印上了自己名字的白T-恤,黑色的迷你裙,脚上穿着及膝的长皮靴。她正在麦克风前闭着眼睛唱着,"你看起来真他妈坏!你有什么麻烦,婊子?你的腿摸起来像砂纸!"

我咽着甜美的伏特加滋补酒,看着鲍尔在台上因唱得出神而不时地前后摇摆着头发。我应该在聚会中工作,但既然没人可以谈话,难道看表演不是个好选择吗?在圣地亚哥,我们都比较熟悉我们的客人。而在这里,站在广场上的人超过了2000人,可能1900人都是陌生的面孔。

一脸紧张的罗斯·玛丽轻拍我的肩膀,对我说:

"小约翰到了,"她说着,"你刚才,哦,没有与他在一起吗?"她的声音听起来有些慌乱。

"为什么呢?"

"事情正变得有些不可思议。"她紧张地说。

"他在哪里?"我马上问。

她指着院落的一角,我顺着她指着的方向走去。小约翰被许多人包围在一个角落里。他的周围都站着人。因为在他的后面,鲍尔正在唱新歌。"我想要杀了你!"她尽力大喊着。"我想找任何借口揍扁你!"

我打量着小约翰的眼神，他示意我那只是消遣而已。

"有趣吗？"我对他喊着。

"在附近逛逛。"他也用劲力气地说。

我点着头。我的身高是六英尺三英寸，体重是210磅。在杂志社里我是个头最高的，我以前也从没当过保镖，而现在我想试试，当保镖是什么滋味。因为有时我对小约翰的安危警惕性很高。

"我可以在教堂做，"鲍尔低唱着。"我能在任何地方，任何时间做。以任何方式……杀了你！我会以任何借口揍扁你！"

"难道我们不能离开这里吗？"我说着。

小约翰同意离开，他与在场的每个人握手，友好地问候——女人们则为了确保安全，两三个人待在一起。她们是担心自己最漂亮的衣服，鼓起勇气与小约翰说话，仿佛自己刚刚就站在他的身边。我站在他的身边，打量着所有的人。几个人问我是否可以把他们介绍给小约翰，有人也问是否他们不像查里斯·曼森，我也如实回答了。尽管他们大多数人都不像；大多数人都是女性，当然也有些男人，有些是政客们的经纪人，甚至还有几个十几岁的青少年。要是小约翰在30秒钟不能摆脱这些人的纠缠，就很麻烦，所以我拍着他的肩膀要求离开。小约翰也不停地说，"抱歉，能原谅我吗？"人们挽留他，不想让他离开，所以我们必须艰难前进。

我们尽力不要让聚拢来的人增多，我们继续艰难前行，一会儿又被人们围住，就像华尔兹——停止说话前进，停止说话前进。小约翰开始渐渐放松。他眼睛当中的一些轻微的绝望渐渐退去。他开始变得越发欣赏起自己来。

我并没有太在意，当我们从博物馆的院子里出来的整个过程，都被拍摄了下来，因为在院子的四个角落里都有一个聚光灯，就像老式电影的拍摄一般，把他的前前后后的动作都记载下来了。

更不用说，一路上所有的摄像机不停地对他拍照了。人们不停地向我们这边看，后来，有人告诉我，当时的队伍就像一排正在跳康茄舞的人在广场那里游动，也像一条大蟒蛇般蜿蜒前行。人们看不到小约翰，但只要看到蛇头在哪里，就能判断出他在哪里。无论他走到哪里，后面都尾随着无数的人。

时间匆匆，后来小约翰被妮梦·玛珂丝百货公司(Neiman Marcus)的执行总裁带走，拍照去了。这家公司也是这次活动的投资人。这家公司分担了我很大的责任，减轻了我保护小约翰的重任。在鲍尔的头后，因为出汗，头发已经被汗水浸湿，脸上的化妆品已经一塌糊涂，凌乱地掩饰着她的面孔。"飞走，"她唱着，低沉的声音亲吻着会场上的所有的人，使人感到惬意。"飞走……什么都无法代替你。"

在午夜时分，尽管我们的会场还有许多人，但芝加哥的消防队来到，要求我们的会议应该结束了。人太多了，夜晚不安全。他们说，如此热情的人们也是危险的。他们也仅仅举例说明了一些重要性。

我回到希尔顿的宾馆。尽管我不吸烟，但却感觉像吸过一般，躺在铺着耐火的床单的床上无法入眠，回想着那天的整个情节的热烈气氛，人们与小约翰热情握手，人们热情高涨，就像在举办热烈的示威活动，来迎接自己的首领一般。

可以想象，如果小约翰进入政界，会有很多人追随他的。

第七章
世界上最优秀的单身汉步入婚姻的殿堂

1. 秘密结婚

劳动节过后,纽约的人们又开始恢复了往日的忙碌,特别是媒体界的人们,度完了夏季的休假,每个人都精神抖擞地进入了工作状态。在夏季,往往周一刚刚开始,转眼就到了星期五,人们总认为时间过得非常快。《乔治》杂志社也不例外。我们都认为到这种紧张程度不会一直坚持到8月份。议会竞选已经进入白热化程度,鲍伯·多尔与比尔·克林顿的相互竞争进入最后阶段,我们已经找到一个非常好的方法来摄录当时的辩论竞选活动。

在9月初,小约翰看起来似乎有些心不在焉。一天正在召开编辑会议,他草率地处理完需要签署的文章合同,就匆匆忙忙地离开了办公室。他看上去心情很好。因为他走在走廊里的时候,不由自主地吹起了口哨。与此同时,秘书罗斯向特德·肯尼迪的办公室打了很长时间的电话。

她那是在公布一件事情:一年半以后小约翰和卡罗琳将举行婚礼。我认为,在《乔治》杂志的任何人都可以猜得出小约翰的秘密。

121

我们这些职员们，没有人问他，也很少有人亲自提起这事。因为大家都认为这件事是他的个人隐私，最好不要过问，否则，就像棒球比赛中播报员播报此项比赛是无安打赛局一样令人尴尬。

小约翰在10月份给编辑的信件（他8月份写的）中已经暗示了这个秘密。当时，他信的内容是探讨政治与爱情。"政治生活的劳累与在婚礼上的奔波是一样的。"小约翰说，"通常，丈夫在婚礼上全神贯注地投入，而新娘子除了要集中精力于拍摄过程之外，还要放弃其他杂念。他们很少有两人单独待在一起的时间。然而，另一方面是当受到众人冷落和遇事不顺时，会使夫妻两人关系更加亲密，互相分担。"

几周后，我重新读小约翰的信件时，可以推测出他已经订婚。小约翰是写给读者的还是写给卡罗琳的呢？是一种通知还是一种承诺呢？

在9月21日，我在汽车的收音机里听到了这则新闻。"女士们，打扰一下，世界上最合格的单身汉今天宣告结束单身生活，步入婚姻店堂了。婚礼在白板教堂（那是个椅子很少，没有彩灯的小教堂）举行，那个教堂位于毗邻乔治亚州的坎伯兰岛上。没有一任何小报的记者和摄影师参加。这是小约翰想办法做到的。"

尽管我并不为此而吃惊，但也情不自禁地笑了。小约翰没有告诉我们，也没有邀请我们，我们都不怪他。无论如何是我们为他保密的结果，我们也为他的婚礼献出了一点儿微薄之力。

罗斯周一早上的第一件事就是给大家分发礼物——给男士的香烟，给女士的香槟酒。同时还有一个附着便条的礼物：

收件人：给《乔治》杂志社里的所有尊贵女士们和绅士们

发件人：小约翰

主题： 保守秘密

我要让大家知道的是，当大家都在努力工作的时候，我去结婚了。我之所以采取这种小诡计，我知道大家都是能够理解的。

我在此向大家表示一下我对大家的感激之情和合作情谊。大家有缘分来到一起，工作在一起，这是我们的荣幸。《乔治》杂志正处于困境，当然并不是因为法莱尔的《奥普拉》杂志与我们竞争。

谢谢大家，并祝大家快乐！

补充一句，是否以后大家都可以称呼我为"先生"了呢？

这个字条令我欣然微笑，因为我知道小约翰该有多么喜欢自己写的东西。

同时，我情不自禁地对他的这一行为进行了分析——这也是编辑的职业习惯。我陷入了对他唐突提到的法莱尔的深思。我很快意识到这是否是小约翰找到的丰富的素材来源呢？在1886年，有一本情感小说叫《小勋爵弗契特勒里》，到现在为止，有谁读过这本书呢？为什么小约翰会知道呢？

后来，我从肯尼迪总统的传记中了解到，小约翰的母亲曾经列出过《小勋爵弗契特勒里》一书中的家谱，来讲给小约翰听，这本书中的主人公也成为了他儿时的英雄。毫无疑问，母子两人共同从儿童图书中找来资料，摘录成集的。这本书的作者是著名的儿童文学作家弗伦奇丝·霍森·柏纳，故事内容讲的是一个叫塞德里克的美国男孩，他还是个婴儿的时候就失去了勇敢的父亲。尽管这个孩子当时并不知道什么是死亡，他知道母亲时常陷入悲痛，而他就会"把自己长着卷发的头贴在妈妈的颈部"示意让她振作起来。"对于孩子所做的，当母亲的最了解不过了。"因为塞德里克的父亲是英国的贵族，所以他也是个贵族。但是因为他并不知道自己的身份，他仍然是那么天真无邪，也没有受到美国贵族的影响，与那些虚伪的欧洲贵族比起来，他给人的印象是谦卑而庄重，格外受到人们的尊敬。他长了张非常可爱的脸，大大的棕色眼睛，忽闪忽闪的长睫毛……他很懂礼貌，彬彬有礼，对于一个孩子来说，与熟人在一起时，他与那些人相处得非常愉快。他似乎感觉每个人都是他的朋友，每个人都与他说话，每当他坐着四轮马车走在街路上，他都会对路上的陌生人投去深情的微笑。所以，在这条街上没有一个人不知道他住在哪里。人们一见到他都感觉非常高兴，愿意与他说话打招呼。他也一天天变得更加英俊潇洒，幽默风趣。

杰奎琳·鲍维·肯尼迪也许是因为有着与此书中描写的女主人一样的命运，都为自己失去亲人而感到沮丧，所以她与儿子共同选择这本书来读。小约翰无论是孩童时期，还是成年人都与书中的小主人公非常相似。

"我非常高兴会成为伯爵，"小法莱尔公子在故事的结尾说。"以前，我一直不喜欢，但现在喜欢了。"

当小约翰和卡罗琳还在土耳其度蜜月的时候，我正在忙着为他们准备结婚礼物。这是个不轻松的工作。这对新婚人并没有在

Crate & Barrel 商店注册，应该买哪种他们缺少的东西呢？因为小约翰的办公室摆满了精美包装的礼物，看起来就像圣诞节前夕一般，所以我想我也应尽快买到合适的礼物送给他们。几乎全国每个时尚设计者都会送给这对有情人一些比较特殊的礼物。

经过深思熟虑后，我买了一个中间带锁的银色盒子，并寄到他们家。我希望他们能够喜欢和欣赏这个小礼物，也希望这是一份美好的祝福。

两周后，小约翰回来工作了，他叫我们都到他的办公室里集合。他晒黑了，看上去很健康，脸上带着幸福的笑容，左手戴着结婚的金戒指，闪闪发光。罗斯已经在办公室里摆放了松饼、咖啡、水果和香槟酒，我们都向小约翰祝酒，并揶揄他的秘密行动。他的脸上洋溢着浪漫爱情的喜悦表情，大家笑着与他开玩笑，就像过狂欢节时那样热闹，他的脸变得更红了。

"卡罗琳现在表现怎么样？"那天当大家都渐渐安静下来后，我问小约翰。一些小报好像是为了弥补错过婚礼的报道，所以婚礼过后一直追踪着他们，紧紧不放。

"她还吃得消，"小约翰自豪地说，"她知道将会面对的是什么。"

从那以后，我记得小约翰一直挂在嘴边而且重复次数最多的字眼就是"我妻子"——例如，"我正在与我妻子谈话……"或者是"哦，我妻子认为……"当他说这些的时候，微笑着，并情不自禁地轻轻抚摸着手上的戒指，仿佛是在品尝世界上最甘甜的美酒，永远无法忘记那种感觉一样。

大概是小约翰回来一周后，我的信箱中收到了他写来的感谢信。

他在一张印着 JFK 字样的厚卡片上写着这些话，"亲爱的瑞奇，非常感谢你送来的有鲍豪斯建筑学派（德国建筑之一派）的盒子。这个礼物最有内涵，我们会在它里面放一些钢笔和糖果。友人，小约翰。"

那句"友人，小约翰"深深地打动了我。不是因为他喜欢我和妮萨——而是让我们的关系更加亲近了，除了其他的关系。小约翰正处于婚姻的幸福中，对每个人都非常友好。特别是那些希望看到他快乐幸福的人们。

小约翰有足够的理由可以隐藏他的情感，但他没有，相反却非常勇敢而坦诚地向大家表白。

我对他的情谊也变得越来越复杂。他有时非常偏执和倔强。在让他决定是否用玛丽莲·梦露的那张照片做杂志的封面时，他反复强调，杂志不是展示肯尼迪家族的地方。但是，在这骚动的芝加哥社交会上，我感到比以往更加有责任保护他——我发现小约翰能够回归到幸福中。

1996年11月的杂志出版中，我写了篇"他们现在何处？"的文章，来描写过去竞选者们的丑闻。当时，无论是政治人士还是普通百姓，都纷纷谈论这个热门话题，唐娜·莱斯性丑闻风波，珍尼佛·傅劳尔斯丑闻风波，威利·贺顿案件等。在 1988 年，竞选活动结束后，布什总统解雇那些曾对迈克尔·杜卡基斯进行过破坏的杀手。唐娜·莱斯后来结婚了，把自己的名字更改为唐娜莱斯·修斯，后来成了一个出名的阻击色情网站的改革者。傅劳尔斯以一曲《哦！加尔各答》

开始了她的明星演唱之路，贺顿则在马里兰监狱度过了余生。更令人难以想象的是，在那里我也采访了一些杀人犯和强奸犯。"尽管在大量证据面前，贺顿仍坚持自己没有罪，"我在本子上面写着。但是基于当时紧张的气氛，我删去三个字。

那篇文章使马萨诸塞州的代表唐纳·佛尼尔·卡莫很不高兴，因为他的哥哥霍顿是也汽车加油站的服务员。在1974年，他暗杀总统。在他看来，我应该给那些罪大恶极的罪犯们一个改过的机会。哦，事实上，并非我的决定，而是小约翰的决定。

在11月22日，卡莫写给小约翰的信中写道："在您父亲去世33周年之际，我有机会联系您。我认为这天对您来说是特别的，我也与您有同感，那就是都失去了自己的亲人的那种痛苦。" 相反的是，她认为小约翰的杂志掩饰了威利·霍顿的更多的残忍。

与此同时，卡莫开始发表文章。她在马萨诸塞州的媒体公开指责小约翰的年幼无知，毫无经验。在马萨诸塞州很少有关于肯尼迪家族的报道，而这篇则引起了很大的轰动。

小约翰让我看卡莫的来信，这令我感到恶心。这位女士的言辞很令人气愤。她是明显的机会主义者，我不得不说，她通过诽谤小约翰来显示自己的聪明才智，来宣扬自己的高尚。11月22日那天，对小约翰来说很不寻常，他没有来办公室上班。

但小约翰支持我坚决不向卡莫道歉。同时，他也不信任那些在媒体上报道他的人们。"如果我回击，她也会大肆宣扬的，"小约翰说，"更何况，你不能做错任何事情。"

"我赞同这个观点，"于是我说，"我会坚持这点的"。许多编辑写信给卡莫想澄清事情的原委，甚至有的人想要挖她的墙角，聘用他们的作者。

这时，我又与一个叫罗伯特·夏·安森的记者大吵了一架。他是来自越南时代杂志的一个脾气火暴、爱吵架的家伙，他写了一篇攻击《华盛顿邮报》著名资深新闻记者鲍勃·伍德沃的文章，并刊登在了我们的杂志上。他很自信可以抓住参议院的主要领导兰特·洛特的注意力，于是我很快给他一份合同，让他派个比较好的快递送去签字。他要求预先支付费用——他说他手头没有钱，于是我给他钱了。

在接下来的六周都是这样。他向我保证会出色地完成任务——直到有一天黄昏，他悄悄地传真给我一张写着原因的纸张。他说很抱歉，刚刚只签订了一份《名利场》杂志的合同。他想要签署的那份没有成功。他补充说，诚实地讲，他没有再签写更多的关于兰特·洛特的文章合同。他答复我的原因是他的狗不小心被汽车给撞了。

我气得头晕。安森没有为我们杂志签好合同，原因仅仅是因为狗……

于是我就非常愤怒地写了封回信。我清清楚楚地记得，我要说的是，安森想了个"狗咬了主人"的借口。我可能也提到那封传真信件，与其说是宣扬不如说是暗示他这一很不光彩的行为。可能我提到那份传真信件比较有宣传力度，使安森的不光彩行为被大家知道了。我先让小约翰知道了这件事。当然，我并没有像茂林·道沃德那样把事情闹大。

"很好，这个家伙令我们失望。解雇他。"小约翰说。

安森对我的信件很不高兴。他传真给我他的兽医账单——方便你做成一个"剪贴簿",同时他写给小约翰一封言词蛮横的短信。两天后小约翰收到了信,并叫我到他的办公室去一趟。

"我与罗伯特·夏·安森谈过了,"他说。

哦,我思考着。"结果呢?"

"我说,'罗伯特·夏,我不确认你为什么写信给我——你是否想说不能为《乔治》杂志工作,或者是仅仅对瑞奇感到非常气愤?'"小约翰继续说。

正如安森已经回复的那样。

"你曾对他说过什么?"我问他,并心存期待他尽快回答,而小约翰看上去面带一些挑战的微笑对我说。

"我说,'很好,你期待瑞奇怎样对你呢?你真让他感到丢脸。每次我问他关于特伦特那件事处理得如何了,他都告诉我说罗伯特在处理,然而,最终他却得到这份传真。你甚至都不给他打个电话。'"

小约翰突然吃吃地笑了起来。

"他还说什么了呢?"

"他没有说什么,足足停顿了一秒钟,"小约翰回答说,"于是,他说'哦,杂志社正在变得比较有发展了。'我对他说,'你是答非所问。但是如果你让那个作者写了那篇文章我们的杂志会变得更好。'"

安森坚持说《名利场》杂志不会让他写的。

"于是,我告诉他,我知道那不是真正的原因,因为我已经与名利场杂志的编辑格雷顿·卡特核实过。"小约翰说。

"你给格雷顿·卡特打过电话吗?"

小约翰眨着眼睛,"没有,但罗伯特确信我那么做了。"

2. 小约翰的婚礼可能挽救了一个美国悲剧

显然,小约翰的婚后生活依旧无法平静。卡罗琳的媒体关系及各方面的宣扬也是一种客观因素。

小约翰仅仅向人们公开过一张结婚照,是这对新人携手走在教堂台阶上的那张。卡罗琳穿着拖地的白色婚纱,那件婚纱是由著名的服装设计师为她设计的。(我们知道为此,有人还非常生气来着,当时卡罗琳没有穿她的老板加尔文设计的婚纱,这使她的老板很生气,于是他就再也不向《乔治》杂志社送衣服了。)小约翰正穿着一套名牌的黑色礼服。他正在亲吻着新娘子戴着白色手套的手。卡罗琳的脸上洋溢着羞怯的表情,整个脸上露出充满爱意的红润。

在特德·肯尼迪的办公室可以看到婚礼的所有细节:小约翰戴着他父亲的手表。典礼上人们插在钮孔上的花是矢车菊,那种花也是肯尼迪总统最喜欢的花。特德和他的妻子卡罗琳·肯尼迪·洛斯伯格结婚时,他们也曾向小约翰的母亲敬过喜酒。那天新娘子卡罗琳一不留神,站在旁边的马竟然把她的花束吃掉了。

我足够了解小约翰,知道他并不会随意展示给人们他的一些宝贝照片。他也一定会把最好的,最完美的一面展示给人们,为他们肯尼迪家族增光添彩。正如美国人需要小约翰一样,特德·肯尼迪对此很理解,肯尼迪家族的态度也是如此;小约翰就像一块强力电池一般，发挥自己的最大的能量，为两个人的幸福拼命努力。不可避免地，这种人格魅力也是很适合从政的。接下来，我们无法想象那些照片是否会成为一个主要的竞选素材呢？是否那充满诗意般的接触，令人飘飘然的感觉，将会成为小约翰一生中最美好的回忆呢？当然，一定会的。"送给你们最好的祝愿，祝你们百年好合，万事如意，幸福长驻。一个美国的悲剧可能被小肯尼迪的婚礼给挽救过来。"一位《芝加哥论坛报》的专栏作家这样写道。

然而并不是每个人都这么认为。就像所有的单相思者那样，她们一听到所爱的人结婚，就会处于崩溃的边缘，企求婚礼永远也不要进行，莫林就有这种情不自禁的心态。卡罗琳"是这个时代新的宠儿，"时代杂志的专栏这样写着。补充一句，"世界上最令人瞩目的因缘和卡米洛特（传说中英国亚瑟王宫廷所在地）"，

"卡罗琳是我们新的崇拜者"这句加尔文的话是一语双关啊。

尽管莫林非常聪明，但也会喋喋不休地说卡罗琳是那么的普通。她怎么能有这么好的福气？她什么也不是，仅仅靠着她那天生的聪明——当然，她是个公众人物。经过了那么多失恋后，她怎么能嫁给小约翰呢？她对小约翰耍手腕。在纽约时报上人们评论卡罗琳"她的出现几乎是让人们在当今的流行文化中如何学会有规则，"也是为男人设圈套的最佳指南。她是狡猾的。

可能卡罗琳已经意料到会有那么多的议论，没有一个女人能够配得上美国之子。那就是事实，她也不为此开脱。于是，她承认自己的出生环境，她喜欢穿高级时装，这样会让她看上去更加严肃，显得出类拔萃。更何况，无论她什么时间出现在公众场合，如果她

看起来闷闷不乐,也会引起人们的话题,她为什么不笑呢?毕竟,她嫁给了小约翰·肯尼迪。她可能不得不为此抱怨了。

无论小约翰怎么认为,卡罗琳看起来都不符合人们想象中的那种第一夫人的形象。许多人揭发她的个人隐私,并被曝光很多内幕。她对那些无论自己走到哪里都会如影随形的摄影师大为愤慨。尽管她有时并不介意为那些拍摄者摆出各种姿势。毕竟,她曾为 B.U 日历摆过各种姿势。卡罗琳自从毕业以后,作为名模在时装界工作,同时,她也是一位幕后演员。更何况,她比较喜欢塑造自己的形象,并希望引起人们的关注。现在,她也发现自己正处于备受人们关注的位置。这也使小约翰感觉到很不舒服,接着他经常对自己的新娘子发火。在10月份的海阿尼斯海港,小约翰就曾经向一位摄影师泼过一桶水,因为那人说小约翰的妻子是个"骚货"。"你不要称呼女性为骚货!"小约翰大喊着。"难道那是你从你娘肚子里钻出来,她就教你那么骂人吗?我才不在乎她是否惹恼过你!"(后来小约翰又给这个人赔了一台新的照相机。)

小约翰从来不会对新闻界的报道妥协,他身上有一种典型的骑士风范。他也从未做过违背自己尊严的事情。在12月,他抓住一名拍摄者的衣服,把那个人扔到他汽车的发动盘上。在1997年1月,当他和卡罗琳带着他们的爱犬"星期五"在巴伯斯饭店(此饭店位于小约翰所住街区的西侧)吃午餐时,他阻止过一名正对他们拍照的人。小约翰对那个人说,"如果你敢用照片伤害我妻子,你连我家的狗这关都过不了。"

3. 健康杂志最受欢迎

小约翰的婚姻，虽然看上去给他增加了新的压力，但却更加鼓舞了他。无论如何，谈到他的工作：从 1996 年到 1997 年，他知道，在新的一年里，《乔治》杂志将会面对更多的挑战。关于克林顿和多尔两人的竞选，在我们杂志上刊登的内容根本无法引人注目。我们甚至无法让人们读我们杂志上诺曼·梅勒的精彩文章，那些文章非常好——不，真是太棒了。更何况，传记作家要比记者们辛苦得多。他对克林顿和多尔两人的竞争结果非常坚定，见解深刻，引人入胜，手笔优美。但是反馈给我们的读者信件却非常少，甚至在电台屏幕上也没有以往的那种叽叽喳喳地相互议论的声音。可能有时聪明的人们并没有注意到年轻的美好，也许大家认为梅勒的小说不够好。也可能冥冥之中，上帝想让一些东西变得更加新鲜，更加时髦，同时也更加富有讽刺意味——或者更简单、明了。但是缺少读者的反馈令我们感到非常挫败。这意味着我们杂志的内容一钱不值，我们花了许多钱来请美国最好的作家写文章，尽管他得到钱了，而我们的杂志似乎并没人关注。

现在，在决定克林顿总统是否连任的问题上，我们确信读者们一定对政治非常感兴趣。实际上，我们并没有作出退步，当然，对别人也是针对我们自己，仅仅因为大多数的美国人对政治漠不关心。随着经济如雨后春笋般快速发展，加上政体的划分，消费者的自鸣得意，华盛顿正处于政治僵局中。比尔·克林顿完全有能力依然坐在白宫的办公室中，他只要给美国人一点小小的理由就可以。大家不必从飞行员那里听消息来得到证实。我们也不清楚人们想要了解什么。

恰恰相反，人们仅仅聚集在互联网上，股票市场里。在20世纪90年代，美国以健康和科技作为原动力，所以人们大肆宣扬这些方面而不是政治方面。结果，许多杂志都改行做其他非政治类的杂志了，就像《公司如何快速发展》这种商业书籍一样，刚开始看起来像是一个好的选择。但事实上没有人读那种书，人们只是相互评论，那也是广告的需求，不断地奖赏这类书的出版。

越来越多的杂志帮助消费者如何爱护生命，保护健康，使青春永驻。《风格》杂志会教读者们如何像名人那样着装，注重减肥。《玛莎史都华生活》杂志对美国中产阶级家庭的阶级趣味研究所达到的高度实在令人钦佩，他们每个话题与栏目都直达目标家庭读者群，非常受家庭主妇们的喜爱。购买的人非常多，人们都称其为"女士书"，另外，男性时尚杂志《马克西姆》《素材》这些杂志以其生动形象的画面、丰富的内容，吸引了无数的男性读者们。

与此同时，我们的《乔治》杂志的发行量仅仅维持在43000册左右。这与我们想成为国家最大的政治杂志这一目标相差甚远，以前我们预计可以发行到50万册。我们需要如何做，才能成为国家政治杂志中发行最好的杂志呢？事实上，在1995年我们杂志挣到了一些钱，当时我们的第一期杂志的两版发行数量非常大，而到了1996年我们却亏掉几百万美金。为了支付高额的广告费用，我们就得多发行，又加上阿歇特集团根本不愿意通过直接邮寄的方式来增加订阅的数量。执行总裁CEO大卫·派克也一直认为不通过邮寄的方式，我们的杂志也会销量不错，所以他坚持报摊上的销售就足够了。一个新的杂志一般要经过六七年的时间才能达到那种畅销的盛况。当然，派克根本不可能等那么久。

提高报摊的销售量，那是一种非常有风险的选择。因为出版界的相互竞争，报摊的买主也不稳定。杂志一定要非常醒目和吸引读者才有市场。怎么做呢？人们拍手称赞的是那些封面"完美华丽！"，"非常热门关注！"，还有就是"最好的！"。或者提供无限制的吹捧：10件人们最关注的热门话题，50件人们不知是否真假的事情。

问题是，如果所有的封面都如此花里胡哨就会使杂志看起来很俗气，这种风格也不适合《乔治》这种政治杂志，同样也不适合为我们登广告的客户们，再说也不是最好时装设计室阿玛尼 Armani 和范思哲 Versace 工作室的风格。他们来登广告也不是他们能够保持对政治感兴趣。一些人买杂志只是对小约翰感兴趣。我们真是左右为难：我们需要更多的发行，刊登更多的广告，然而，派克却坚持认为如果我们增大发行量可能会疏远我们的广告客户。

我们的杂志在进入第三年之际，我们需要为我们的队伍注入新鲜血液，需要再招聘一些人进来。因为有许多职员离开我们这里了。秋末，盖瑞离开我们，去了一家工资比较高的政治咨询公司。我们的一位老同事雷切尔·克拉克编辑，辞职去了《嘉人 Marie Claire》杂志社工作。雷切尔因为与罗斯发生过冲突，于是她不愿意再让小约翰为难，所以离开了。在离开之前，她与小约翰共进午餐，把所有的事情都讲清楚了。小约翰对她说："为什么每个想接近我的人都会惹恼我身边的人呢？"

在1997年1月末的一天上午，小约翰召集大家到四十一楼的会议室开会，房间是个长方形，挂着吊灯。我们已经完成了2月份的那期杂志的制作，与以往每期杂志结尾一样，大家感到非常疲劳，压力也很大——贝兹比从前吸了更多的烟，他的助手马特，这个最年轻的设计者，每天不停地在计算机旁工作，而我每天晚上9点会打电话给妻子，说很快会回家。每人都在拼命地干活，唯恐错过了下期杂志的出版计划期限。

当小约翰在等同事到来时，他随手翻阅着一本飞机杂志，这也是阿歇特集团的另外一家杂志，画面上的飞机非常逼真、漂亮。他曾谈论过开飞机的事情。他总是想学开飞机。当然，只许可开自己的飞机，也可以带上卡罗琳——不过，只能在机场和商业区上空飞行。

当每个人都就座后，小约翰开始问我们为什么这期杂志接近尾声大家怎么都如此疲惫不堪。"大家要休息好，这非常重要，大家有充沛的体力才可以做更多的事情。"他又接着说，"记住这点，对大家来说很重要，为什么我们要这么做，为什么大家每天熬夜加班，甚至周末也不休息地制作杂志呢？"

"你们也知道，我在华盛顿为克林顿总统的就职典礼而忙碌着"，他继续讲着。

在那里，许多人对我说，他们有多么地喜欢《乔治》杂志。他们不是新闻记者，也不是从政人员，他们仅仅是普通的老百姓。他们告诉小约翰，《乔治》杂志是他们第一份想要读的政治杂志。

"在新闻界我们已经树立了一个典范，"这也说明当今美国存在政治杂志生存的广大空间，我们改变了政治的限定性，许多普通人也喜欢关心政治了。"也许多少年过去后,我们回想起这些,就会知道我们创造了新的纪录。"

小约翰开始讲得很慢,但渐渐地,随着他情绪变得热烈,语速也开始变快了。那听起来,简直就是在对着自己说。

"我意识到自己越来越对我们的杂志投入了",小约翰说。从孩提时代起,他就了解不同党派之间的相互竞争的事件被报道。在他看来,政治是一种高尚的行为,然而新闻出版界却从不那么认为。

"只有两种方式可以消除这种误解,"小约翰说,"一个就是我自己要开始从政,另一个就是我要创办杂志。"然而,人们却希望《乔治》杂志失败。新闻界不希望他成功,因为他们不想让他长大,只是希望他永远是当年的那个小男孩。我们现在所能做的就是要使我们的杂志蓬勃发展下去。"你们可能会说,在某些程度上我们已经实现了一些目标,那已经使我们的竞争者们开始另眼看我们了。"回想一下我们今年的期待结果,真是无法和第一年相比啊!

"我也失去了一些朋友,因为他们感觉一些广告实在令他们难过,于是与我们分开了,他们也厌烦透了。"小约翰说,"起初,一些人并没有意识到我们杂志的重要性。当然,他们只认为我们的杂志最多只能发几期,或者只能营业十五分钟,因为创办这份杂志只是一时的头脑发热,然后我灰溜溜地再回去当迷人的美国王子。但现在,他们知道那是不可能的了。"

"在其他的杂志社里,一些编辑之间钩心斗角,互相攻击,那也是新闻界的一大缺憾。"小约翰说着,"所以,我们大家一定要团结,相互鼓励,齐心协力才能把事情做好。我们需要那样做。"

数月后，小约翰说的这些话得到了验证，但并非他所说的全部理由。接着小约翰就开始进行这一年来的自我反省，并且他要求我们也跟着进行反省。我们为此付出需要很多的勇气和精力。我们就像一艘满载而归的鲸鱼船，在一片无际的大海上随着波浪起伏，驶向未知的地平线。

第八章
阴谋、性丑闻和暗杀

1．撕破衬衣风波

在 1997 年 1 月，小约翰和迈克尔之间的矛盾又进一步恶化了，这次比以往更严重。一天，他俩站在靠近贝兹办公室的门前，开始争吵起来。"我想看看我的编辑！"迈克尔大喊着，"她不是你的编辑！"小约翰也大声气愤地回答。

突然，我看到迈克尔从我门前走过，朝着走廊走去。他的衬衣袖子从肘部裂开了；很显然是小约翰用力抓过他，并把他的衬衣弄坏了。小约翰回到他的办公室，拿起电话，给保安部打电话，让他们派个修锁工过来，把迈克尔房间的门锁更换一把。

几分钟后，我和贝兹到小约翰的办公室去讨论下一期杂志的出版计划。我们坐在小约翰的圆桌旁边，假装什么也没有发生过一样，这时一个带着工具的工人来了。我们知道的另外一件事是，当迈克尔回来时，发现自己房门的门锁已经被更换了，就来找小约翰。小约翰怒气忡忡地对他说，修锁工需要一个工作订单，所以他看中了在走廊角落里的那个房门，因为那个门看起来有些气派的装饰。大约五分钟后，小约翰回来对那个工人说，"你为什么要那样做？你为什么仅仅换了我的锁？"那位工人胆怯地说，他不得不按照合同办事。"那我就去叫派克来，"迈克尔说。

他的脸由于气愤几乎扭曲，小约翰也同样表现出令人感到恐惧的气愤表情。小约翰对他愤愤地说，"去叫大卫·派克吧！"，他知道如果迈克尔那么做了一定很荒唐。

这时，罗斯从小约翰的办公室进进出出地查找他的约会记录。结果却两手空空地出来，她认为迈克尔把它偷走了，这又导致又一次与迈克尔的对峙，当然他否认。几分钟后，他带着一个笔记本到小约翰的办公室。"在这里，"他冷冷地说。"你把它留在我的办公室了。"他把笔记本放到罗斯的桌子上。

那次争执后，他们两人都很不高兴，也缺乏决心向对方道歉。两天后，小约翰把一件崭新的衬衣交给迈克尔，并给他写了封短信向他道歉。小约翰的行为，缓和了一些他们之间的危机，但是心灵的裂痕是无法弥补的：这两个人都有些发狂了。我也不清楚这两人之间的纠葛是否会停止？

与此同时，他们两人之间又潜藏着新的危机。我只能从远处看着他们两人的行为。我感觉到还会有新的问题出现。

2. 不要轻易揭小约翰的伤疤

我们在《乔治》杂志的网站上可以看到其他编辑的选题内容，当我看到贝兹想要刊登一篇关于盖勒·埃米尔的文章时，我对此非常吃惊和不解。因为她从来没有在编辑会议上提过，而现在却出现在计算机上。

盖勒·埃米尔是伊噶·埃米尔的母亲，他们都是以色列共和国的人。年轻的伊噶·埃米尔曾在十万人集会的地方暗杀首相伊扎克·拉宾。"这个故事是我在寻找暗杀拉宾真相时发现的。"埃米尔夫人预示性地写着。

我继续读下去。整篇文章有一万字，估计得占用杂志的10页左右，盖勒·埃米尔声称她儿子是被人利用的。她坚持说，伊噶很容易上当受骗。因为他曾经被以色列秘密机构骗过，并对以色列右翼组织很不满。那些幽灵般的家伙们会用毯子蒙住伊噶的枪，阻止"暗杀"。他们停止这种伪造的暗杀行为，就可以让人们认为他们是英雄并给人们留下血腥的右翼组织形象。"但是事情进展得非常糟糕，"盖勒·埃米尔写到。当时伊噶手枪中的子弹竟然是真的。拉宾死了。

我非常疑惑地读着文章。进行一次伪造的暗杀的预谋，这种想法是荒谬的；如果结果不是那么悲惨的话，人们一定认为非常可笑的。正如1964年，刺杀肯尼迪的凶手奥司华德的母亲曾写过一篇文章称她的儿子曾经是民主党的爪牙，希望以此来抹去大老党（美国共和党的别称）的卑劣行为。仅仅是他误杀了总统吗？

不，只能说这个故事是个经典的阴谋。这种孤立事实和妄加推测的做法也是一种歪曲事实的宣传。他们的目标很明确：以拉宾遭到暗杀是他们同党所为的借口来恢复以色列右翼组织的名誉。为什么这个故事会拿到我们杂志社来，再明显不过了。刊登在肯尼迪总统儿子创办的杂志上，那一定非常吸引人。由遭到暗杀的总统儿子来印刷出版，注释分析，审批——这就是杀人犯的母亲的白日梦。

贝兹有足够的智谋知道自己为什么想要刊登这篇文章吗？毫无疑问，因为她处于压力之下，做了一年的执行主编，还没有一项得体的佳作。她曾尝试过各种选择，而且她还请过《纽约书评》和《村声》(Village Voice)周报的著名编辑执笔。她为了保住自己的职位，需要做出一些成绩，让人们不断地关注《乔治》杂志。埃米尔夫人在美国的"代理人"把这个故事交给她，贝兹打算利用这篇文章。

几乎找不出其他原因，为什么这篇文章会像一只寄生虫一般进入《乔治》杂志的血液之中？《乔治》杂志已经形成了一个不成文的规矩，就是不要轻易去揭小约翰的伤疤。我们所讨论的很多事情，也很想征求小约翰的意见，却又怕问他。阴谋、性丑闻和暗杀——这些方面的文章我们都不敢请教小约翰。埃米尔的故事就是前车之鉴，在我们同事中没人想再试一试。

我知道自己必须得对这篇文章说些什么，但我只是不知什么时候说，怎么说。在我读了文章的两天后，小约翰问我关于这篇文章的看法。我和小约翰坐在他的办公室里，现在他的办公室已经按照他要求的风格重新装修一番。在他的门外放着一幅巨大的乔治·华盛顿油画，这是小约翰从艺术家布鲁克林那里买来的。仅仅在房间的东墙上挂着他收藏的总统小礼物。在小约翰的桌子上方，正挂着一幅他父亲的画像，用黑色的木制相框装裱着，白色的底色，用红色的绸缎衬托着，格外醒目。在墙上，靠近他父亲画像的不远处，挂着卡罗琳和"星期五"的黑白画像，"星期五"正坐在地上，竖立着耳朵，正朝卡罗琳虎视眈眈地看着。卡罗琳脸上美丽的笑容可以通过挂在墙上的一面小圆镜子照到。画像中的卡罗琳是那么快乐幸福,她的幸福表情也感染着周围的人们。

我的情绪也受到了这幅画的幸福表情所感染。"我有点儿不太喜欢这篇文章。"我对他说。

"为什么呢?"小约翰问。

"你知道将会发生什么事情吗?你知道人们将会如何评论这篇文章吗?"

"当然,我知道,"小约翰说。他沉思了一分钟后对我说,"难道这篇文章很有风险吗?"

"一定有风险,但如果你认为它很值得出版,我也无话可说。"我这样回答着。

我知道小约翰对这篇文章左右为难,因为这篇文章与肯尼迪总统事件冲突。我也知道,如果这篇文章被刊登,就会出现无数的议论纷纷。我希望他不要刊登这篇文章,也因为这篇文章很令人尴尬。

小约翰问我是否此文章有可行的方面。如果真如我所说,那么纽约时报就会刊登。

"永远不会,那只是个阴谋。你几乎不可能证明,但是你却永远无法反驳了。"我这样回答他。

小约翰感觉不知如何做了。那天晚上,他带着那篇文章回家要重新再读一读。

与此同时,另一个动人的故事进入了我的视线中——这个故事,我相信《乔治》杂志一定会刊登的。

3. 高官也有虐待配偶者

当我在核实一个我最信任的资料来源时，小约翰提醒我疏忽了一些事情。"如果我告诉你有一位共和党的最高顾问虐待妻子，这是一个不可告人的秘密，你会怎么想？"小约翰说。

"请继续讲下去，让我猜猜。"我慢吞吞地说。

这是个关于唐·西柏的故事，西柏帮助共和党一些非常出名的首脑选举，包括鲍伯·多尔，密苏里州参议员约翰·阿什克洛夫特，德克萨斯州的乔治·布什等。西柏的个人生活很不顺利。他离过两次婚，结过三次婚。在1992年，他起诉自己的第一位妻子瑞琪娜·西柏，要求亲自监管他们的儿子艾瓦。在诉讼过程中，瑞琪娜说西柏殴打她。西柏的第二位妻子，是位受人爱戴的华盛顿（受雇游说官员的）说客——黛博拉·斯蒂尔，她也有相似的被丈夫殴打的经历。最后法官却仍然把儿子判给了西柏。

一位遭到攻击的妻子能得到儿子的监护权吗？我对这个素材产生了疑问。

哦，这是在密苏里州的一个小镇上举行的，唐·西柏也在那里选来了两位参议员。补充一句，其中一位就是密苏里州高级法院的大法官，也是处理案件的主要参与者。

我唏嘘到，"这听起来很有趣。"

接下来几天，我犹豫不决，时间过得非常漫长，没有决定是否选取这个故事来刊登。很显然，并不是所有小约翰推荐的文章都可以刊登的。有可能与我们读者的政治观点不相吻合。事实上，我们从已经出版过的文章中就可以得到答案。

然而这是否是真实的呢？西柏利用幕后的关系和自己在政治界的力度来影响整个法律事件的进行。在1994年，几次竞选活动中，他曾提出女性们害怕暴力，并主张反对家庭暴力。难道人们能够相信这位最高的竞选官员是个施暴者吗？

在又一次编辑会议上，大家都聚到小约翰的办公室，小约翰询问大家的观点。当他走到我面前时，我谨慎地说，"我感觉这篇文章很特别。"

我使这个题目处于被删掉的尴尬地步。接着大家都沉默不语。

"大家都是怎么想的？"小约翰打破了沉默。

我的同事们并没有马上主动发表自己的观点。大家都有些不知如何回答，支支吾吾，没有一个人敢站起表示肯定或否定的观点。这是个敏感的话题，他们都想从小约翰那里得到答案。

"这家伙是鲍伯·多尔的媒体顾问，对吗？"小约翰最终问到。

"是的，他敦促多尔能够击败克林顿。"我回答。

"那么是否有法院的档案呢？"

"在这里。"我回答。

"这是你写的吗？"

"我认为这种素材不要再对其他人谈论了。"

小约翰叹气说。"好的，那就这么决定了。"

4."希望我家的悲剧能够使故事更加吸引人……"

在 1997 年 3 月的《乔治》杂志上，刊登了盖勒·埃米尔的文章。小约翰已经同意了贝兹的选题。一旦他作出决定，我就没有必要进一步强调其利害关系了。我也没有必要总是沉浸在不满之中。

小约翰对这篇文章很不满意。从他给编辑的信中就可以看出，他阐述了盖勒·埃米尔的代理人把这个故事投到我们杂志来刊登的目的，他认为"希望我家的悲剧能够使故事更加吸引人……"

他又补充说，"他们的目的绝不是在讲述暗杀事件的真实背景。恰恰相反，却透视出在以色列那个孤立的小岛上也存在一些引人注目的事情，尤其是保守的宗教团体的内部事情。这可能会引起一些人的兴趣，可能也不吸引眼球。"

我失望地摇着头。他的这种缺乏说服力的综合判断是不令人信服的，几乎无法解释为什么要刊登这篇有待证实真伪的文章。怎么解释呢？我无法确认。是否是小约翰想给贝兹一些信心呢？我暗自思忖着。他打算刊登这篇故事是因为其他人都反对吗？可能有些这方面的因素。"不合常理，出人意料"不是小约翰最喜欢的词语，但却是小约翰的一种生活方式。

可能是我多虑了。小约翰有更多的其他动机和目的。正如他与奥利弗·世通在交流中所暗示的那样，小约翰不愿意谈关于自己父亲去世方面的事情。埃米尔的故事却接近这个主题。可能他尽力避免这个问题，但却不知不觉地被卷进来——仅仅是通过代理人。

这篇文章可能对小约翰有帮助，但却使《乔治》杂志受到了伤害：一些新的组织无法忽视这个假故事。《纽约邮报》说埃米尔的故事与美国超级橄榄球明星O.J.辛普森的母亲所提供的证词很相似，"如果O.J.辛普森杀了尼科尔和其男友罗纳德·高盛(Ronald Goldman)的话，一定会被录制下来的。"

不幸的是，邮报得到了正确的答案。

5. 小约翰妻子的最大爱好是逛商店

我知道小约翰一直保护卡罗琳，并且卡罗琳也一直需要他的保护。但直到1997年4月，我才知道情况有多么紧张，当时小约翰和卡罗琳受到白宫通信记者的邀请与他们共进晚餐，那是在华盛顿的希尔顿饭店举行的一次不同寻常的政治人物与记者们的隆重见面会。

当时酒店在举办舞会，加上舞厅最里边的人，大约有7000人参加，然而大多数人总爱把目光投到我们这边。大胆的人甚至对小约翰和卡罗琳拍照，而其他人则请求站在靠近我们的朋友们帮着拍照。吃完饭，有位爱说话的人与我们开关于特得·肯尼迪与滚动着的球袋子的玩笑；我瞥了一眼小约翰，但他却一点儿都没有笑。

当会议结束后，几乎是所有的客人一致要求把靠近出口的桌子放到一边，唯独留下我们的那桌。我们不能再坐在那里了；我们会被如潮汐般涌来的人淹没的。于是，我和同事们站起身来，形成一个V字形在小约翰和卡罗琳前面，艰难地穿过人群。随着摄影师们的后退，我们足够快地稳步前行，与人群形成一个整体，但很快小约翰和卡罗琳就跟不上了。小约翰拽着卡罗琳艰难地跟随着我们前行。我们快速地穿过大厅，所以小约翰和卡罗琳没有受到太多的挤压。直到我们走出酒店才打乱了我们的这种编队。接着，摄影师们只是说小约翰由一群人组成的"一辆豪华轿车"，阻挡着他们拍摄到小约翰，他们也并没有跟踪并骚扰我们。

大家逃出来后都很高兴，从康涅狄格大道向南走了几个街区，在里兹卡尔顿的赛马俱乐酒吧部门前停了下来。我们打算进去歇歇。这家酒吧很小，灯光非常暗，是个好的藏身之所。小约翰脱去身上的夹克外套喝了口威士忌，而卡罗琳的另一边坐着我们的同事苏珊娜·休娜威尔，卡罗琳开始激昂地大骂着。真他妈的愚蠢！她怒斥着。都是一群狗屁不懂的家伙！没有警戒线，没有警卫员！难道这些人连最基本的安全常识都不知道吗？

女性永远缺乏理性，苏珊娜也尽力插话与她应和着。这使卡罗琳变得更加激动了。这种事情永远不会在纽约发生！华盛顿的人在打算请我们吃饭之前，就应该清楚地知道应该怎么做。他们不让人们排队吗！我的上帝，他们中的一些人快要伤害到我们了。

卡罗琳的那些义愤填膺的言论使我感到很不自在，因为我总认为这是普通市民与政治名人的相互交流的一种方式，也是华盛顿人热情友好的一种特征。然而她却认为两者应该界限分明，并认为不仅是必不可少的，而且一定要坚持的。我真不清楚她是怎么想的，或许她需要更多的时间引起人们的关注，并希望就在最近。

大家也很清楚她在努力。婚礼的几个月后，几乎看不出她想要做什么。在1995年末，她从卡尔文·克莱恩服装公司辞职后，就一直没有找工作。在小约翰看来，他也不愿意让她出去工作。小约翰常常进行一些冒险的户外运动,但卡罗琳却没有那方面的兴趣。正如我的同事所说,卡罗琳除了不喜欢出去工作外,她也不喜欢穿滚轴溜冰鞋到户外划船,这也许使她的丈夫感觉到很受挫。

她唯一的消遣就是逛商店。在 1996 年的圣诞节,小约翰让我们到他的办公室集合,让我们每个人在他给出的两件礼物中挑选一件。这要比 1995 年的乔治手表的礼物要好得多,他的礼物也表示出对我们职员的鼓励和理解,更拉近了大家的关系。我的礼物是一支万宝龙喷泉钢笔,真是精选的礼物,我一直很好地保存着它,看到它,就仿佛又看到了小约翰。

因为卡罗琳除了去商店和外出就餐外,很少在公众面前露面,于是不断有一些小报刊登她的照片。卡罗琳经常光顾位于西七十二大街的 HUSH PUPPIES 高级鞋店;她使那里的一位销售女郎非常满意,因为销售女郎曾被一位住在麦迪逊大街的讨厌客户拉夫·劳伦所嘲笑。她也不断大笔花许多钱在雅尼斯港(Hyannis Port)的服装店,并时常回忆起在柜台旁等待的样子。仿佛她是尽力与那些生活简单,比她要平凡得多的人们保持联系——因为从前她的生活也是那么平凡而简单。

6. 分裂使杂志的销量下降

自从 1 月初撕破衬衣的风波以后,就几乎很少能在办公室里看到迈克尔了。不仅如此,他甚至不怎么来工作了。他的缺席使我们的销售损失很大。他与小约翰的关系可能恶化了。他明确地表达了对《乔治》杂志的态度，他是个糟糕的销售人员。

在4月份，我们了解到为什么迈克尔会发生变动。通过几个月的谈判，小约翰和阿歇特出钱让他离开。《乔治》杂志也开始了小约翰，迈克尔和艾瑞克的三重唱，意味着迈克尔也会如艾瑞克一样被换掉。留下的只有小约翰。

阿歇特让迈克尔负责公司的电视和电影产品部门。那是阿歇特所有公司中最小的一个部门，那并不重要。小约翰本打算让他离开，但迈克尔却进行了战略变更式的谈判。

几周后，也就是迈克尔开始他的新工作的第一天，我和他在电梯里相遇并聊了一会儿。几分钟后，他的秘书给我打电话，迈克尔想和我共进午餐。这令我很吃惊，于是就同意了。我挂了电话后几秒钟都在考虑自己的决定是否正确。于是我去问小约翰。"请告诉我，这是否是个问题，"我说。

他皱了皱眉。"让我猜猜。"

大约半个小时后，小约翰来到我的办公室。他告诉我最好不去吃那午餐。他继续说，迈克尔从来都不想让小约翰成功。迈克尔花了许多钱来挖他的老职员，因为迈克尔不想一开始就"一头雾水，摸不着头绪"。

我说，"我愿意取消午餐，我不想夹在中间。"

于是我打电话给迈克尔取消午餐。"很抱歉，我实在抽不出时间。"

尽管是我私人的事情，但却让我感觉到非常尴尬。迈克尔是位喜怒无常，行为古怪的人，与关注成功创办杂志比较，他更加注重自己和小约翰的地位。小约翰也弄不清楚为什么。每个想接近小约翰的人都是借助他的名声显赫来提高自己的地位。起初，每个人都迷失在那种盲目的潮流中，小约翰也比较喜欢他们。

我认识到这种事实令我身心疲惫。每天，在办公室中与小约翰一起工作，已经形成了一种家庭般的氛围，小约翰想做什么，他需要什么，我都很清楚。与记者们的合作也是非常愉悦的，我们有感觉到正在迷失自己吗？与小约翰的亲密合作关系可能也会对我们有不利的方面。

小约翰经过一段时间，才从迈克尔的离开所造成的情绪低落中振作起来。他非常后悔自己与迈克尔打架，因为自己的坏脾气不像个真正的男人。自从迈克尔离开后，他每天开着自己办公室的门，在走廊上看到他的次数也多了起来，他的笑容也渐渐多了。

迈克尔的离开也沉重地打击了小约翰。他不仅失去了一位商业合作伙伴而且也失去了一位与自己交往了近15年的朋友。无论是在商场中，还是在生活中，现在的小约翰比以前更加孤立了。

7. 肯尼迪家族惹上了麻烦

在1997年冬春之间，肯尼迪家族惹上了麻烦。这件事是关于小约翰的堂哥迈克尔的，他是博比·肯尼迪的儿子，生活在马萨诸塞州的科哈塞特（Cohasset），他与自己家里请来的保姆发生了性关系。女孩的家人非常气愤，马萨诸塞州的新闻界大肆宣扬，称迈克尔是个花花公子。

与此同时，马萨诸塞州的众议员乔·肯尼迪也在遭受媒体破坏名誉的大肆攻击。因为他在1991年与妻子希拉·瑞奇·肯尼迪离婚，然后很快与他的行政助手结婚。再婚的婚礼是在天主教的教堂举行的，所以他不得不解除第一次婚姻。离婚当然不容易，所以他找了很多关系，让他们给自己开绿灯。这对他的妻子希拉·瑞奇·肯尼迪无非是痛彻心扉的经历。在上帝看来，他如何与自己的孩子讲关于他们的这种不圣洁的结合呢？

在1986年的冬天，大约10年以前，我曾见过乔和希拉·瑞奇·肯尼迪。在华盛顿的一次俱乐部报告会上，我当时受华盛顿临时城报的邀请前往，这家报社是当地的一家周报。那些无处可去的大会成员正在最高法院后的壁炉旁打盹儿。

那天夜晚非常寒冷，每个人都尽力待在暖和的地方。乔·肯尼迪很晚才到，大约是10点钟——是最后到达的一位众议员。一群电台工作人员紧紧地把他包围住，他应答自如，敏捷而自信，就像快餐的鸡尾酒和汉堡一样完美。

当电视台的人员整理设备离开后，乔和妻子希拉·瑞奇·肯尼迪打开睡袋和我们其他人一样准备睡在冰冷的地上。于是，我找机会接近他们，对他们进行采访，乔没有说几句话，然后就开始打盹儿了。

乔在我们身边开始打起鼾声来，他的妻子又与我们聊了20分钟。她是大众房屋建筑方面的专家，对他们无家可归的申诉极其语言犀利，善于雄辩。但我认为她的神色略带些羞愧，她并不想要自己的丈夫参加竞选。

在他们离婚后的第6年，希拉出版了一本书，书名叫《真理的破灭：一个女人与天主教堂废除她婚姻的战斗》，这对乔来说是非常不利的。因为在1998年他正打算参加竞选，而他伤心的妻子的书，对他无法争取女性选票将会有很大的影响。

小约翰看到出版界对他堂兄的性丑闻事件大肆宣扬，但并没有表现出非常气愤。他认为那是私人问题。但当他听说乔的妻子正在写一本书时，非常生气。因为这将会增加在马萨诸塞州开庭审理的迈克尔强奸案。他气愤地说，会有一大批人汇集在马萨诸塞州，将会上演朝圣般的盛况。如果迈克尔不是肯尼迪家族一员的话……

与此同时，我当时正在忙着调查唐·西柏的故事。整个工作进展很慢，而且非常难。通过与西柏的两位前妻的谈话后，我得到更加清楚的资料，尽管他的前两位妻子已经与他分开多年，但一提到他，两个人都非常恐惧。大多数官员的私人事件都是很难得到真相的。有个匿名的男人打电话给她们："你们不应该与那个记者乱说话，闭上你们的臭嘴。"另外一位女士已经潸然泪下。在这死水一般的南方小镇，没有人能与官方作对的。

经过几个月的采访后，我最后决定与堂·西柏谈谈。我们约在水门大厦见面。这应该是我所经历过的最艰难的一次采访。西柏相貌堂堂，一脸的机警和睿智，金色头发很稀疏，他拒绝回答为什么他的前妻控告他进行虐待。"我不能给你任何答案，我所能说的就是，从没有发生过殴打的事件，仅仅是个梦幻而已。"他这样回答我的提问。

我写完了文章，并把文章交给小约翰是在5月末，但那看起来并不是梦幻。

8. 不刊登曝光私生活的文章

在 6 月初的一天上午，小约翰对我说，"我不得不告诉你，我对这篇文章很不满意。"

他的表情看起来非常严肃。像往常一样，他穿着讲究，褐色的西服，白色衬衫，核桃黄色的领带。但他的身体却有些严肃，双手紧紧交叉握在身前。我们坐在他办公室靠近门的地方。在我们两人面前摆着堂·西柏的文章。

我问他，"你是什么意思？怎么不满意了？"

"我认为堂·西柏是个公众人物，他可不像詹姆斯·卡威尔那么好惹。"他说。

西柏的阴险毒辣一定会把我们杂志告上法庭的，因为对个人隐私的中伤很容易遭到上诉的，他这样继续说着。

我也感到非常的难过。当我把文章交给小约翰时，我附了一封长达 7000 个字的道歉信。我对他说，这篇文章很有价值，将会使无数的人感兴趣，热衷读它并会议论的。我并没有意料到小约翰会不喜欢。

小约翰拍着桌子说，"西柏不是一个参加竞选的官员。"

"是的，但是他帮助那些官员们竞选。"我辩驳说，新闻界希望听到这个人的故事。毕竟他是政客们的经纪人。我提到迪克·莫里斯曾经让一个妓女偷听他打给克林顿的电话。堂·西柏事件与这事比较起来真是微不足道。

小约翰满脸疑惑地看着我——或者是他想确信是否是真的。"不管怎样,那是发生在很久以前的事情了。"他说。

这事情很重要,他竟然打女人,我尽力回复。但都无济于事。无论我说什么都没有用。这篇文章小约翰坚持不能刊登。

"这个故事是在编辑会议上你同意的,并签了字的。"我说。

我知道这也无法说服他的。

他在椅子中打了个响指,"我知道,但我们可能需要等待。如果西柏仍然建议推举乔治·布什当总统的话,或许明年竞选期间才能刊登。"

"那好像我们把矛头指向了西柏,如果这样做,一定会惹上官司的。"我说。

小约翰继续解释说,"还有另一方面令我困惑,就是写作方式……仿佛你正在评判西柏。整篇文章中,你的语气完全是检举人的口气。"

于是,我知道了问题的症结所在:在关键时刻,两位女士控告小约翰堂兄的卑劣行为,而我写的就是两位女人控告一位男人的卑劣行为。我把文章曾经给一位编辑看过,当时是正在审理小约翰的堂兄威廉·肯尼迪史密斯的强奸案期间,法庭宣判罪名成立。小约翰叔叔的名誉也因儿子的罪恶行为被玷污了。从那以后,他的叔叔对那些女人极其反感,远远地避开她们。

我花费数月的时间来采访调查这个故事。结果却如此令人失望,因为我的文章有可能作为法院的证词。许多人冒着生命危险告诉我的一些真实事实也都没有什么用了。我所写的东西暴露了小约翰最敏感的话题,也是他最忌讳的——男人虐待女人,看来我是做错了。

我的情绪很低落。以前我怎么会认为小约翰可能许可刊登这篇文章呢？真是愚蠢。

我们杂志社比两年前又多招聘了一些人。毫无疑问，他坚持自己的观点。一方面，小约翰要对《乔治》杂志负全责，这也是他以前从未面对的这样一个不争的事实。与此同时，他也不想激怒自己的职员。

另一方面，他知道这篇文章如果刊登在自己的杂志上一定会非常受欢迎的。他也知道我如何辛苦地为这篇文章而工作，我投入了多少心血。所以直到我们谈话的那天，他都在说，容他再考虑考虑。

他征求过罗斯和卡罗琳的意见。她们建议他不要刊登。你的杂志不应该涉及曝光人们的私生活的事情，她们这样告诉他。想想从前，那些小报是如何揭发你的个人隐私的，给你带来了那么多的伤痛，你又怎么能在自己的杂志上干同样的事情呢？"这个故事不可以在《乔治》杂志上刊登。"罗斯这样对我的同事们说。

小约翰也询问我同事们的意见——苏珊娜，伊诺格，还有新来的同事，杰弗里·帕多斯凯等，他想听取更多人的看法。他们更是处于两难境地，一边是自己的老同事，一边是老板，他们可能吞吞吐吐地打发了。他们也知道小约翰想听他们说什么。当我问他们都对小约翰说了什么时，他们没有回答我，也没有看我一眼。

至于贝兹，她从未向我说过她的建议。我也没有指望她。她没有主动对我说，我也知道她会说什么。

几天后，小约翰把我叫到他的办公室，告诉我他的最后决定：不刊登这篇文章。我已帮你询问其他的杂志社是否愿意刊登，他告诉我。并且，我已经签订了一份这篇文章与我们杂志毫不相干的法律文件。如果西柏起诉的话，就可以保护我们的合法性。我们已经尽力了，难道不是吗？

这种结果使我非常沮丧而且情绪低落。我几乎无法集中精力做其他的选题。关于西柏的文章是我毕生最好的选题。我一直确信一定会使我们的杂志大受欢迎。最重要的是，可以使我们的杂志走出低谷。而现在却完全没有希望了。

我正在考虑是否辞职。当然，我是老职员中工作时间最长的一位。在《乔治》杂志工作就像在骑着一匹野马一样。被马扔下去也不丢人。是否辞职才是我唯一可以挽回自尊的方式呢？

我开始试着询问其他杂志社的编辑们。

尽管我知道小约翰不希望我把文章卖给其他杂志社——最后我找的一家愿意刊登我的那篇文章杂志的名称是《琼斯母亲》，这是一家旧金山的杂志社，规模小，可以自由发表言论。当然，《琼斯母亲》没有《乔治》杂志的知名度高。他们不怕惹上官司，所以他们马上就刊登了这篇文章。

我知道我的文章出版在其他杂志上，一定会使小约翰不高兴的，我们之间也会有隔阂的。

第九章
"花花公子信件"事件

1. 小约翰裸照上封面

几周后，在 7 月 16 日，我看到了一张照片。我们的管理编辑苏迪·雷曼德，把这个即将送去印刷的照片拿给我看。

这张照片上同时附带着 1997 年 9 月小约翰发给编辑们的那封信件。照片上，小约翰坐在一个昏暗的房间中，凝视着头上正在晃动的苹果。他双手抱着膝盖。小约翰除了私处用衣物遮掩着之外，其他部位都裸露着。

我很快就了解了实际情况。几天前的一个晚上，小约翰在他的办公室摆的姿势拍下来的。他和我们的创作总监马特·伯尔曼，还有著名摄影师马洛·索兰提（Mario Sorrenti）每天在大家都离开后，他们来拍摄照片。索兰提要求小约翰脱去衣服拍摄，然后就噼啪拍下来了。（马特挂了个苹果，在镜头前来回晃动。）小约翰几乎全身裸露——只穿了件拳击短裤。在马特的安排下，小约翰让索兰提用宝丽来牌的相机给他拍照。因为这样才能避免底片外漏给网站或《国家探索报》。

他们决定设计这样的封面，把两幅照片合并在一起，另一幅是著名模特凯特·莫斯的侧面照片，她赤裸着身体对着伊甸园的背景，一只小鹿正饥饿地舔着她的手。（当然照片的背景是假的，但鹿是真的。）她就是大家假设的夏娃。小约翰的裸照则是亚当了。

这在我看来，小约翰完全没有仔细想过。

我敢肯定，如果迈克尔还在我们杂志社的话，他绝不会同意这么干的。当然，迈克尔会让小约翰宣传自己，但也仅仅是从丰富杂志的内容角度来考虑。

于是我读到了编辑们关于照片的信件。因为是自己的照片，小约翰最后一个写了些评论，他也没有征求一下其他编辑们的意见。无论他做什么，显然不想让人们向外宣传。

他的编辑们开始引用杰克·尼科尔森的名句来形容女人与男人是多么的不同："她们强壮，睿智，但却从不正大光明地做事。"

下面这些话变成了最热烈的讨论散文，并曾经刊登在我们的杂志上，也可能是对小约翰所做的这件事情的一种误解。现引用如下：

最近我遇到到许多诱惑。但这些都没有减少我的欲望。越是禁止压抑这些危险事情，就越是使我着迷。就像我用自己的毅力在演哈姆雷特一样（我应该做什么和应该不做什么呢？），总会为那些表演错了的笨拙动作分神，而无法集中精力。我们都能集中注意力的事情，像一个正在绞死的小动物，看着那些可怜的灵魂，只会做白日梦，醒来时只是两手空空……

最近我读了一篇文章，对我们所谈论的诱惑分析得非常透彻。

它不是性爱，不是成堆的金钱，也不是一个新玩具。相反，那些东西都是受人尊敬的人生附属品。作者得出结论，我们越是按照正确的规定约束自己的行为，我们就会越多地受人尊敬，也会更进一步战胜自己的缺点，使自己更加完美——当然，人内在的激情也会促使人犯下冲动和鲁莽的错误。

像麦克·堂森那样失去自己的意志，颓废痛苦，最后只能变成流氓。你要完全地忍耐和顺从令自己沮丧以及快要窒息的生活。

当我回忆过去之时。我家的两个成员，一直在追寻他们理想化的真实生活。一个使他的前妻极度痛苦，另外一个则因为坠入情网而遭到法律的制裁。两个人差不多都是因为自己的恶劣行为所导致的后果。可能他们是罪有应得。人们给了他们太多的期望，不是吗？结果期望越大，失望越大，当他们的行为与人们期待的目标完全相反之时，人们就会气愤地谴责他们的行为。难道人们要求他在电视上公开为离婚而道歉吗？

尽管如此，但事情本身也需要必不可少的调查，才能得到澄清，我也是这么认为的。人们可能对此不满，不可能把神圣的行为比喻成勇敢和愚蠢……

在《乔治》杂志创办之初，小约翰写的"致编辑信件"——总令人觉得空洞而不表达任何个人观点。然而这篇文章所表达出来的语气却是一度地说服人们，并试着推脱责任，或者说这篇文章仅仅是一种对事件进展的陈述呢？

在某些方面，他所说的这种新式不正当的性关系，是自己早期自觉行为的一次觉察。是否小约翰的信件也显示出他对文学敏感性有了很大的进步呢？但那会为《乔治》杂志带来灾难的。他的自我反省对出版后的结果也是于事无补。人们仍然会不断地破坏和打击我们的杂志的。在杂志上的文字会令人泪流满面，非常难过。

尽管许多人会那么说，像那些，无论怎样小约翰的兴趣并不在杂志上，你工作在那里，真是不容易呀。我们全身心努力地投入自己所签约的文章中，进行调查、编辑、引证核实、审稿、校对、设计排版、审核是否有过激文字等。我们尽自己的最大努力为名人尽职地办好杂志，然而小约翰的信件——特别是他讨厌与我们讨论——这就暗示了他不尊重我们的劳动，任何时候他想让我们做什么，我们就得做什么。

当然，小约翰有权利决定出版刊登什么文章。这是他的杂志。当人们批评我们杂志的时候，他们攻击的对象不是我，也不是贝兹，而是小约翰。尽管如此，他的信也是对大家的一种辜负。我们宣誓要保护小约翰的个人生活。而现在看起来，他却打破了规则，凭着这篇展现在人们面前的大胆性批评文章，令我们这么多年的努力功亏一篑。

当卡罗琳看到丈夫写的这篇关于调情诱惑分析的文章时，她会怎么想？他们刚刚结婚一年，就公开表示对传统生活的厌烦。即使他指的不是婚姻生活，人们仍会向那方面想。

小约翰当然非常清楚婚姻给他的生活所带来的巨大改变。最近，我和他在加拉格尔餐厅共进午餐，这家餐厅是位于第 52 大道上的一家牛排餐厅。他知道我因为西柏的文章没有刊登在《乔治》杂志上一直闷闷不乐，所以他请我吃饭来，借此来表示对我的歉意。这家餐厅是家老牌店，不太华丽，而且灯光昏暗。小约翰确信在那里吃饭比较安全，不会有人来打搅。这家店给的食物份额也多，可以满足他的好胃口。

从我个人角度来讲，我已经不再生他的气了。主要是因为他的个人魅力和慷慨的气魄，公司给我的待遇还过得去，我们还在一起愉快地吃了一顿。小约翰狼吞虎咽地大口吃着色拉，烤牛排，一厚片芦笋，还吃下了餐后放了许多草莓的冰激凌甜点。我们回来时，走在宽广的路上，边走边谈论10月份杂志的封面，就是将要用伊丽莎白·赫尔利的人物肖像做封面的那期杂志。他走了几步，一直保持着沉默，然后突然转过身对我说，有什么不妥吗？"我在怀疑是否那就是为什么伊丽莎白·赫尔利不嫁给休·格兰特的原因了——因为她担心自己不再独身，害怕失去自由。"

那天在路上，小约翰似乎一直沉浸在他的信中，似乎也在下定决心作出重大的选择。

2. 避讳批评"行为不检点的成人"

如果这封煽动信件公开发表的话，小约翰的堂兄乔和迈克尔也都会责备他。但事实上并没有，那是因为他正在保护他们。他没有说他们是"行为不检点的成人，"而是把重心词放在成人上。事实上，小约翰仅仅认为他的堂兄们只是犯了点儿小过错"是超过界限可以接受的行为，"，法定的强奸是一种社会的失态。这种法律的约束只能使人感到"非常沮丧和喘不过气来。"小约翰,作为划船爱好者,热情的飞行员和难得的政治人物,这就是他对此事的态度。

我也能理解。我们大家毕竟都是人。我们也要面对各种诱惑。小约翰至少能表达的只是那些人对他堂兄行为进行伤害的一种同情吗?迈克尔·肯尼迪诱奸了他孩子的保姆,一个少女。这对她以后的生活是否会造成很大的影响,心理上是否无法抹去那些阴影呢?正如小约翰所写,乔·肯尼迪不应该因为离婚而受到人们不断地攻击。他因为取消婚姻而遭到人们的批评。小约翰足够聪明地抓住其主要区别。难道他没有资格这么做吗?难道他不应该慷慨激昂地为这些女人们写些什么吗?他也曾调查"受苦的前妻子"希拉·肯尼迪,没有勉强她非要为得到一个合法的理由而不断地痛苦下去。

为什么小约翰是如此态度明确呢?仅仅可以得到一个凭直觉的答案:因为他的忠诚,对家庭的忠诚,对性的忠贞,这也是他父亲当上总统所打出的王牌逻辑。对小约翰来说,这些女人并不是牺牲品,仅仅是因为她们没有按规矩出牌。

这种关系不可能被人们忽视。从堂·西柏到迈克·堂森,从威廉·肯尼迪到迈克尔,再到乔·肯尼迪,小约翰也本能地与这些遭受亵渎谴责的男人们站在了一起,特别是这些肯尼迪家族的成员们。

可能他做得对,或者是大部分都很正确。我与小约翰在一起工作,如果不是这样,你不可能相信新闻界都对他们家族写了些什么。我也看到一些人是如何奇怪地围着肯尼迪家族的人,做着一些非常不令人自豪的事情,可能后来他们不会承认这种恶劣行为,恰恰相反却来责备肯尼迪家族。当然,那些消息提及了许多小约翰的家庭事情,但大多数的消息都不正确。

还有一些其他的暗示。小约翰凝视着摇摆的苹果，他不想承认一些恶劣行为不是与女人的错误有关。

3. 道德先生关闭脱衣舞俱乐部

在1997年7月，《名利场》杂志上刊登了一篇纽约市长鲁迪·朱利安尼和他的新闻秘书偷情的文章。（当然他们两人都否定这件事）这个故事也被其他小报报道了，《名利场》杂志也收获巨大，捞了很大一笔。

在7月的最后一周，小约翰召开了一次非正式的编辑会议。在他的头脑中只有一件事：我们对名利场杂志刊登的文章怎么认为的呢？是否我们《乔治》杂志也应该刊登那样的文章呢？

整个房间一片寂静。因为大家都处于对小约翰的那封信件的愤怒情绪之中。而现在，小约翰却问我们是否应该刊登那种涉及个人隐私的文章，这与他信中所表达的斥责完全相反。

有人发言打破了沉寂的气氛，我们总是对自己说，在我们的杂志上，不会刊登那种文章。

我知道，小约翰会很赞同。但我们该怎么做呢，如何表示呢？

《名利场》杂志所发表的那篇文章有待证实，另外一位同事说。因为文章的论据非常缺乏说服力，如果你操作那篇文章的话，也一定比现在要好得多。

小约翰满脸疑惑。这种回答尽管非常谨慎，但他还是非常不满意。

第三个人说，那是鲁迪的公正游戏。道德先生关闭了城市中所有的脱衣舞俱乐部。人们是在不干扰其他人的性生活外，纵容自己的行为。

小约翰思考着，同时轻拍着桌子。"我并不确信那是足够的理由让人们写下那些事情，"他这样说着。

这对我们来说真的很麻烦。我更是左右为难。因为小约翰决定不出版我的那篇西柏文章，在这种情况下，我的感觉非常像困在房间中的大象一般。无论如何，我都得大声发表自己的看法。

"如果鲁迪用公款来养情妇的话，当然是合情合理的，那他一定是在滥用权利。那也很容易引来人们的关注。"

小约翰看上去不高兴，什么也没有说，整个交流也渐渐地接近尾声。最后，小约翰似乎已经意识到职员中几乎没有人再愿意发言了。他环顾着这个房间，摇着头。他说，"我不知道如何说，这件事感觉不太好。"

几天后，小约翰外出度假去了。他第一个要旅游的地点是在威斯康星州的奥什科什举办的飞机展览，因为当他还是个白宫里的一个孩子时就喜欢飞机，那种兴趣一直持续到现在，每次都会惊喜万分。"所有的直升机都停放在草地上，"他讲着。

然后他要去冰岛附近划船，这样当新一期杂志出版后，他就可以避开许多媒体的采访。他以前曾这样做过，在苏富比拍卖公司卖掉父母遗物受到人们的批评之前，他离开了美国，到意大利的服装时尚城散心，直到 1996 年 4 月才回国。

几乎是在8月的第一周，《琼斯母亲》杂志刊登发表了我的那篇有关西柏的文章。媒体的反映是适度的，没有大肆进行宣传。西柏背地里对那些记者和电台进行严格的控制，他这么做的目的也为了巩固自己的政治联盟。如果他能够控制美国有线新闻网络不播出，也能控制《纽约时报》和《华盛顿邮报》的刊登和宣传，这篇文章就不会在其他杂志上出现。"这篇文章就是一堆垃圾，"他的代理人打着耳语说着，"这篇文章曾打算在《乔治》杂志刊登来着，但小约翰把文章给舍掉了。小约翰都不相信自己编辑所写的是真实的事情，难道你们能信吗？"

"我从来没听过这样的恶语中伤，你都无法相信这些人都在怎么样说你。"一位《华盛顿邮报》的记者这样向我吐露人们的评价。当然西柏也有他自己的问题。在纽约国会工作了一年，有位共和党人维托·J.福赛勒(Vito J. Fossella)代替了国会议员苏珊·莫里纳瑞的位置，因为苏珊需要回家照看自己的小孩。西柏是她的媒体顾问吗？她是否会以一个被殴打的妻子的角色站出来向大家公开说出西柏违背民主的卑劣行为？人们翘首以盼。

在8月8日，西柏解除了维托·J.福赛勒的竞选活动。他写了一封辞职信件，"这对我来说非常吃惊，来自一个小杂志的虚假宣扬，使用这种卑劣的行为来诽谤我的行为，换成其他人也会非常气愤的。"

在8月11日，美国有线新闻网电台邀请我去那里谈谈，作为商业网络的分支，他们希望对此故事进行讨论。也就是在那时，小约翰的那封信件被泄露出来了。纽约《新闻日报》捷足先登，在我们还没有出版之前他们就得到了一份。在11月份，他们刊登了一条相关的消息，这也导致了一场媒体的热烈评论。纽约时报也刊登了小约翰的大字标题文章：《小约翰斥责他堂兄们的无耻行为》。

于是突然之间，小约翰的照片和信件到处被刊登和报道。在报纸上、电视上、广播频道中还有网站上处处都有这则消息。还有刊登在《圣何塞水星报》上的一篇重要新闻《小约翰·肯尼迪打破了肯尼迪家族的记录，猛烈抨击他的堂兄》。我们的办公室也连续不断地收到全国各地的类似出版物。堂·拉瑟拖长声音地说，"肯尼迪家族团结一致的神话已经被打破了。"《波士顿环球》杂志专栏作家巴恩斯利写到，"他们有着奥斯卡奖得主，乔·皮斯柯波的身体和著名歌星索尼·波诺的头脑"但看起来却是"瘦弱不堪，头脑迟钝，行为不洁的木球，他们的头脑空空，而且几乎无法停止喝着鸡尾酒聊天，而且这些国际出名的性（欲）倒错者还要更加荒唐地在一起度过整个晚餐，可爱的公主。"

甚至《纽约时报》也参加了评论。这家报纸对流行文化的宣扬非常令人信服。"对小约翰的分析可能不公平，如果他的文章真是那个意思的话，也值得人们去证实，而不是妄加评论。"一个没有署名的编辑这样写道，"事实上，他附加的那张自己的裸体照，也暗示出当时《乔治》杂志的编辑们并不同意他这么做。"

我有些震惊。至少他应该对自己所写的文章签了字。我从8岁起，还是个小书虫起就一直读《纽约时报》，我从没有见过以这种形式出现在报纸的显要位置。

所有人的评论几乎都是针对小约翰对他的堂兄们进行保护的一种讽刺，他们根本没有对他的信进行精确的逻辑分析。所以，那就是为什么那么多的小报报道小约翰是心虚的"虚假的堂兄弟"？

为什么这么多的报纸、杂志和电视都竞相刊登宣传偏离主题的分析呢？

有几种解释。第一，新的发泄机会都是例行公事地重复其他人的错误。第二，在夏季的新闻淡季，因为肯尼迪家族内部不和的强烈诱惑，使大家都垂涎以对。但我认为，媒体一直坚持错误地曲解那封信，是第三个原因。出于自觉或不自觉的原因，出版社就是不能相信小约翰保护他的堂兄这个事实。那也就是为什么编辑们不愿意写的主要原因，因为利益很少。其他的记者比较关注一些"什么时间某人能在电视上因为离婚进行公开道歉？"当然，涉及其中的更何况是大名鼎鼎的乔·肯尼迪呢？

公众也接受别人对小约翰那封信件的曲解，有可能因为其他的原因。毕竟，美国人都认为小约翰与他的堂兄们的人品完全不同，他们认为在某些方面他要比他们家族的其他纨绔子弟更加世故老练，他们也对他充满幻想。

《国家调查》报的兰·考尔德曾说过，如果出版界出版一些与读者对小约翰的想象相反的东西，那么"读者们也一定会杀了我们，"哦，小约翰却呈现给人们一幅自相矛盾的照片。因为他们不能杀了他——人们需要他——人们会否认他话语中的意思。

4. 索赔1250万美金

在8月12日，正当小约翰的那封编辑信件被新闻界炒得火热之时，那天上午，我作为嘉宾被邀请到华盛顿美国有线新闻网络电台。我穿着一套黑色的西装，打着贵族领带，脸上涂了层橘黄色的化妆品。我被邀请来讨论堂·西柏事件，会议由约翰·笛夫特主持，他问了我一些问题。他的提问令我沮丧，也让我反感。我们的对话如下：

笛夫特："另外一件事情我想问问您，就是现在人们总在讨论的小约翰的事情，关于他的堂兄变为花花公子的事情……在背后隐藏着什么动机，你对这件事有什么看法呢？"

我："首先，我想说的是那些内容都是从纽约小报上摘抄的。他们正在批评小约翰的堂兄们的花花公子行为（恶劣行为）。他常常说，一旦误入歧途，他们就变成花花公子了。"

"小约翰正在写一个关于走出世俗生活诱惑的专栏文章，并且在文章中也赞许他们那么做。我认为，他知道可能会引发一些不休的争论，但是小约翰也知道自己在做什么。"

翻译说：难道你认为小约翰知道自己在做什么吗？相信我，我认为小约翰不知道自己在做什么。他也从未梦想过这个世界上的人会怎么评论。

笛夫特："很正确。如果把他和堂·西柏联系在一起，那是否要凭借他们之间相互不同的拥护人群而论呢？难道是因为在肯尼迪家族的党派职权范围内所谓的家庭内部不和完全是不真实的吗？"

我："我真的不知道该谈论肯尼迪家族的哪些方面。我只能说所谓他们之间的内部不和应该有真凭实据供参考才可以下结论，也是个严肃的话题。我认为需要有真凭实据，因为这比最近我们报道的其他政治事情都要严肃。"

翻译：想想看，如果我刚才问您关于那方面的主要问题，您是否就不知道如何回答了呢？

我汗流浃背，我真想拽下那个插在耳朵上的听筒，然后走出拍摄现场，远离这危险的地方。我已经决定用冷淡和不争辩的态度来回答，但是一听到把话题扯到了小约翰的那封信上，使我感到非常不安。无论我私下里怎么考虑那封信，但在这里我一定要保护我的老板。在我没有公开发言之前，毕竟许多人对我的老板已经进行了过多的责备。

第二天，我乘坐飞机飞到华盛顿，来参加 CNBC 亚洲财经频道的同等时间的脱口秀节目，他们邀请我来讨论一下我的那篇文章。这次是我的一个同事——美国新闻周刊的评论家埃莉诺·克利夫特 (Eleanor Clift) 来安排的，他把我带到现场，并由他来询问我一些事情，我们需要交流。

克利夫特："我想知道的事情是为什么你不在《乔治》杂志上刊登这篇文章呢？为什么你要把文章刊登在有更多选择和更自由的杂志上呢？"

我："因为我的文章对《乔治》杂志来说是个先例，我们的杂志以前从未出版过那种内容的文章。"

同时在场的哈里·希勒问道："是否你不得不另找其他杂志来刊登呢？否则就会被解雇呢？"

我："那也许就是有人想要阻止那篇文章的目的吧。"

我为能摆脱那种尴尬情境而感到非常欣慰。我乘坐往返的飞机回到了曼哈顿。我回到办公室，发现自己的桌子上摆放着一封来自马尼拉的信。信被绿色的已盖戳登记过的封条封着。这是一封法院传票：是起诉《琼斯母亲》杂志和我的，要求赔偿 1250 万美金。

5. 乔·肯尼迪与白宫无缘

在 8 月的第三周，小约翰从斯堪的纳维亚回来了，很快就与家人到尼斯港 (Hyannis Port) 共同过周末去了。他也知道自己受到人们的许多误解，但都要靠自己去解决。

毕竟，他要面对自己的工作。我没有与他谈论"花花公子信件，"但消息很快就被传开了，尽管没有人告诉他这件事情。后来我对他提起了关于西柏文章的诉讼函一事。我对他说，"我要告诉你一个坏消息，堂·西柏起诉我了。"他点头，仿佛并没感觉到奇怪，都在他的意料之中，"听到那个消息，我感觉很难过。"他说。"我之所以提到这件事，那是有原因的，如果要开庭审理，小约翰一定会被叫去作证人，也会问他为什么不同意刊登这篇文章在自己的杂志上。"

小约翰点着头。"当然。西柏会尽力那么做的……哦，让我想一下，我能做什么。"

"事情会变得非常难堪，"我说。

"别担心，"他安慰我说，语气和蔼。

车到山前必有路。接下来的几周里，我知道小约翰之前的决定是正确的，对他的怨气也烟消云散了。如果我的文章真的在《乔治》杂志刊登了，那一定会使我的老板更容易处于尴尬的境地。如果真是那样,只能靠全国的新闻播出作宣传,才能恢复我的名誉。我得需要证明,我的作品与我的同事们没有任何关系。除此以外,我还要证明我所有的采访活动,都没有任何可能发生在令人着迷的《乔治》杂志社里。毕竟,我不想完全彻底地失败。

尽管这种尴尬情形还在进行着。就像在鸡尾酒会上突然遇到自己的前妻一样。我尽可能地为自己辩论,并且小约翰也尽可能击败每个人的证据。在 8 月 28 日,星期四。美国有线新闻将要计划在广播电台播出关于堂·西柏的故事。美国有线新闻的一位制片人对我说,西柏的前妻瑞奇娜已经同意发言。我等待着节目的播出,战战兢兢,仿佛就像要掉到蒸汽加压三倍于普通热度所煮出的浓咖啡里面。堂·西柏怎么可能收回对我起诉呢,他的妻子会在电视中对这个人的虐待进行严厉的斥责吗?

当这个故事被大家炒得沸沸扬扬的时候,新闻界还在宣传另外一则有关乔·肯尼迪的新闻记者招待会。他这样向人们宣布,他将退出马萨诸塞州的政府工作一职。他需要投入更多的精力到自己的个人生活中去。

美国有线新闻电台尽量避免乔·肯尼迪退出政界的记者招待会的播放时间与西柏的节目在时间上发生冲突。制片人告诉我,她也不清楚什么时间会播出。要是两者的时间不容许,就更难说了。

那天中午,小约翰走进我的办公室并坐了下来。我把那些自己从未来得及读的杂志和报道文章弄得乱七八糟。小约翰总是要求我们把办公室整理得整洁干净,而我这里却总是一片狼藉。他什么也没有说,我也一直在等待着他说话。他想说什么,但却有些犹豫。

他看上去非常疲惫。在他的头发鬓角处，已经有了几缕白发。这是我以前从未见到过的。

可能几分钟过去了，小约翰凝视着窗外新泽西州的那片沼泽地，然后对我说：

"你听说了吗？"他最后打破了沉静。

"我知道，我很难过。"我说。

"我不明白这种宣布，人们都在说什么。"小约翰说着。

人们说，都是小约翰断送了乔·肯尼迪宝贵的政治生涯，但是我不敢告诉他。他看上去，情绪非常低落。

除此以外，我告诉小约翰还有一个谣言。显然，《波士顿》杂志正在准备写一个关于他堂兄迈克尔的文章。谣言称，乔曾经叫迈克尔的孩子保姆为"小荡妇"。女孩的家长们极其愤怒，并计划在乔竞选期间进行极其恶劣的报复，把一些没有公开的秘密向世人公布。

小约翰摇着头。"那听起来并不像乔所说的话，他从不说这种话的。"

我说："是的，事实上，乔不是一个崇拜女性的人，但同时也不是一个诋毁女性的人。"

"更何况乔自己也正处于奔忙中，自己也是身心疲惫，十分烦恼的时刻。他会为不能进行得体的竞选感到难过。"我说。

我有些不知所措。从小约翰的信件中已经得知那种心灰意冷的颓废感觉，这点我们俩都知道。乔将会让他妻子的书出版，这与小约翰完全不赞同的观点背道而驰。毕竟，小约翰是肯尼迪家族的好孩子。

小约翰深深地叹了口气。他仍然注视着窗外。最后,他转过头来审视着自己,静静思考着。偶尔,我能看到总统的直升机飞过休斯顿的上空,那是比尔·克林顿在巡视纽约。要是你在两幢建筑物之间盯着看,从飞机上看到的你也许只是个小点,一座飘动的博物馆,停留在第48大道。令人吃惊的是,在夏天或是在秋天,横跨河流的有毒沼泽地上都会着火。

"你知道,如果乔完全脱离政治也在我的意料之中,我曾打赌他与白宫无缘。"小约翰平静地说。

"我能理解那是为什么,有时,你不得不怀疑那么做很有价值。"我说。

小约翰继续说,"事实上,他应该脱离政治圈。"他的话听起来已经像在自言自语了。"他会是个非常出色的商人。几乎无法让人相信,人们会友好地对待他。他也会是他孩子们的好父亲。"

他转过头来,直直地看着我说,"在政治界无论你做什么,如果你是个非常了不起的父亲,那么同时,你也应该是一个好的领导。"

我只是点头。这让人感觉周围很危险。

"我不清楚,在政界真是有些事情快要让人崩溃了,你会面对各种各样的斥责。你却做不出任何有力的证明。你没有太多的钱财。我的意思是,乔不得不在马萨诸塞州租个房子住了。" 因为离婚后在诉讼期间男方要给女方提供赡养费或生活费,也因为他需要在华盛顿有个地方住……"对于一个45岁的男人来说,甚至没有一幢属于自己的房子,这该有多么悲哀呀。"小约翰沮丧地摇着头说。

我完全震惊地问道，"他没有房子吗？"一个肯尼迪家族的人竟然没有房子吗？

小约翰点头回答。

"哦，如果不是为了金钱和权利，可能人们都是为了在政治界能够一鸣惊人，引人注目。因为他们不能取代电影明星，所以政客是个最好的惹人注目的职位了。"我说。

"是的，我承认，"小约翰说着。但在他脸上的表情却告诉我，他认为那种观点很不高明。

6. 戴安娜王妃遇祸

两天后，我和妮萨正乘坐着出租车走在旧金山的萨特（Sutter）大街上。我们乘飞机到这里来与《琼斯母亲》杂志的编辑见面。杂志社把我们安顿在一个叫赖克斯的小旅馆里，我们尽力不去想那1250万的起诉赔偿金的事情，那几乎将会要了我的命。我们假装这是个浪漫的逃亡。这事真的很难办，但我们仍然表现出非常高兴的样子，互相开导。我俩都比较喜欢旧金山，喜欢这里的空气新鲜，街道干净以及井井有条的城市布局，这也是纽约无法与它比的地方。除此以外，我也要弥补一下自己一直不是个好男朋友的过失，好好陪陪她。

我们正好赶上午餐时间，司机打开了收音机。新闻播出了一个来自法国的不幸的消息——戴安娜王妃遇到车祸了。不幸的是王妃伤情非常严重，可能有生命危险。

当我们回到旅馆几个小时后，我们正在吃着海鲜喝着使人温暖的红酒时，听到戴安娜王妃去世了的消息。

哦，我的上帝，我想。这个可怜的女人，设法逃脱摄影师却被撞死了。

我情不自禁地怀疑那些无固定职业的摄影师们是否会把注意力从戴安娜王妃那里，转移到小约翰和卡罗琳身上。

在周一的上午，我收到了《琼斯母亲》杂志社的律师的询问。他们的询问就像一个血淋淋的外科医生在做手术，对每寸肌肤都要强加盘查，他们针对我所报道的故事中，无论多么小的细节都要问到。他们告诉我，希望西柏能请一个私家侦探，来挖掘任何他们所需的证据。如果他这么做了的话，我们也可以采取同样的方式来对付他。可能我们要查查是否他有任何前任女朋友的故事可以当证据等。我一定看起来表情惊讶，我感觉自己也非常吃惊，因为他们要以这种间谍的方式来执行搜索证据，这是我没有想到过的做法。

那天下午，我和《琼斯母亲》杂志社的编辑聚集在当地酒吧的一台电视周围：美国有线新闻电台最后将会播放那个故事。我心不在焉地吃着饭，站起身来，盯着电视。现在，正在播放来自英国和法国关于戴安娜王妃死亡的一些报道。好像过了很长时间，就到了美国有线新闻电台小时新闻播报时间，著名的调查新闻记者布鲁克·杰克逊的严肃面孔出现在了屏幕上。"瑞奇娜·西柏的故事想必都是大家非常感兴趣的，" 杰克逊说。几秒钟后，电视上出现了一幅瑞奇娜的图像，她看上去非常平静和沉着。"我的身体已经多次受到伤害了。"她说。

我还记得那天是劳动节的晚上，是个星期一，所以没有许多人在看电视新闻。但是我却非常关注新闻。因为将会播放的新闻，是关系到《琼斯母亲》杂志的事情，听着那些来自瑞奇娜的话，我完全肯定那就是我所期待的。

数月后，加利福尼亚法院将会受理西柏的案件，而结果判给《琼斯母亲》杂志社五万美金的法律费用。西柏非常不服输，并决定再次起诉来否定他的行为。我们打赢了官司，而且获得了很大的成功。我很遗憾这篇文章没有刊登在《乔治》杂志上，这会对杂志多么大力度的宣传机会呀！人们不断议论而且还赢得了合法的身份，最终证明了事情是真实的，没有什么比这更令同行们刮目相看的了。

我还要告诉小约翰不用出庭作证了。"真是值得庆贺，我对这个结果非常满意。"小约翰发自内心真诚地对我说。

在1997年11月的那期杂志上，我们刊登了一篇附有戴安娜王妃照片的文章"哀悼活动后的事情。"我们的文章中没有太多地涉及政治，但小约翰强烈地认为戴安娜王妃之死是件非常重大的事情，坦白地讲，也不可忽视地存在着非常有价值的商业信息。人们对她非常感兴趣，当然《乔治》杂志也要报道一些有关她的事情。

事实上，刊登这篇文章是个错误。一些文化出版物的宣传完全超过了我们杂志社对她的宣传力度，另外，王妃葬礼的图片也很不适合在美国的政治杂志上刊登。小约翰决定刊登一些有图片的文章来表示他对戴安娜王妃逝世的伤痛之情。这也是发自他内心的一种想法，也表明他正在考虑是否要把这个时期所有与她相关的名人都展示出来。

大概也是为了补充这篇附带图片的文章，在小约翰写给编辑的信件中，提到了另外一位吸引力不逊于戴安娜王妃之死的人。他说，那可真是一大损失。她就是特雷莎修女(Mother Teresa)。尽管他的信没有引起出版界的涟漪，但是却非常真诚和感人。2个月以前，令人遗憾的是媒体竟然没有大肆宣扬小约翰的信件，因为并不像小约翰其他的早期信件那样被其他人泄露出去，非常清楚地表明，小约翰自己掌握着，直到臻于完美并且时机成熟才展现在人们面前。

"当我写这个的时候，葬礼似乎应该快过去一个月了，自己的一些真情实感一泻而出，仿佛是雨后的种子一般，开始茁壮滋长。"

"有几个反对者正在对已经躺在棺木中的特雷莎修女进行调查，寻找她的错误，"小约翰写到，《名利场》杂志的热销专栏作家克里斯托弗·希钦斯(Christopher Hitchens)也把注意力集中在这位已故的修女身上。"怎样更好地展现这种独立思想来使之更加充分地融入到将来的神圣使命中呢？"

小约翰写道，大约在10年以前，我曾经访问过特雷莎修女孤儿院，她让我开车带着她去机场去取一集装箱别人赠送来的衣服。"修女的手非常粗厚，手指关节肿大，看上去仿佛是用树木块做成的。这与她的矮小身体相比较，非常的不协调……我记得，当时我在考虑，是否有东西一定会从她的手指间溜出呢？"

"我从来没有遇到过一位像她那样和蔼可亲、善良的人，她的许多的小动作都让我记忆犹新。我在她那里待了3天，让我第一次强烈地感觉到了天主教中上帝无处不在。"

小约翰又指出：人们却没有注意到她的消逝。对于这样一位可爱，美丽的名人的离去，周围的新闻媒体并没有进行大肆宣扬。"有多少人都记得戴安娜王妃去世的每个细节，但却完全不记得特雷莎修女的去世。"

同时，我也以悲哀的心情回忆着这封信件，那也是个有着预言性质的回忆。特雷莎修女和戴安娜王妃两个人对小约翰来说都是比较极端的人物，都是比较有影响力和诱惑力的女性。在这两者之间有着某些相似的而又互补的特征，不能彼此分开。小约翰想把两者融合在一起，发表在自己的杂志上。他不得不承认名人效应，但是他也从未怀疑过那种效应的重要性。

第十章

《乔治》瞄准的正反面人物

1. 忠实的人和伪善者

"我的天呀！你的长相可真英俊。"我的同事苏珊娜编辑脱口称赞着，她和小约翰正走在伯威克尔山谷旅馆的木制楼梯上。"我今天上午看到的第一件事情真是大开眼界呀！"

贝兹·米切尔和马特·伯恩，他俩正坐在走廊的椅子上，喝着咖啡。有时小约翰也会对苏珊娜说出的一些话无言以对。不过，我从没有责备过她。事实上，我很钦佩她的直率。她只是简单地表达所有的女职员对小约翰的感觉而已，因为其他的女职员从未敢当面赞扬小约翰的英俊。

在1997年11月份初，因为小约翰决定让大家都出来调节一下，于是我们都到伯威克尔来了。他知道自己的职员们都因为与那封"花花公子"的编辑信件，都非常疲惫了。我们中没有人欣赏公众对小约翰和《乔治》杂志的批评。于是小约翰想尽办法鼓励大家，要让大家重新发现工作在《乔治》杂志社的乐趣。

然而，事实上，小约翰并不是总对《乔治》杂志乐趣无穷，有时也要适当地逃避一些事情。在小约翰的内心里，他已经让自己的那封编辑信件弄得焦头烂额了。在身体方面,他把自己关在办公室中,办公室中空气污浊，容易导致幽闭恐怖症的小卧室，苍白的荧光灯。大多数的时间他都像一株没有浇水的发蔫植物一般。然后，他就开始不停地旅行。他去古巴采访菲德尔·卡斯特罗，但后来他的那篇文章没有刊登出版（因为卡斯特罗不同意录音）；他去越南旅行并采访越南的越共将军。

小约翰在旅途中通常要抽出几天去徒步旅行或者划船。在回来的路上小约翰经常会给我们带一些礼物：从华盛顿州的一个叫乔治的小镇带给我们一些衬衫；从英国带回来萨默塞特（美国马萨诸塞州的东南部一个城镇）的胡须油；从越南带回印着火车头图像而且还印着共产党字迹的红色小笔记本。我也永远不会忘记有一位保守党的议员来拜访小约翰，在他的周围坐着许多我们杂志的记者们，他们衣着整洁，每个人手中都拿着那个封面上印着越南共产党字样的红色本子，在上面不停地写着。那也很完美地证明了这位议员所怀疑的杂志是个宣扬自由的媒体。

当小约翰离开时，我们也都非常疲惫了，于是贝兹让大家继续研究接下来的出版工作。她的领导风格大家都不喜欢。她比较喜欢待在自己的办公室里吸烟，或者和罗斯把门关起来两人在一起想一些不太高明的主意。她如果想与我们其他的人沟通的时候，多数情况是通过发电子邮件或者她的助理向我们发放许多页的打印件和单行距的备忘录。可能贝兹意识到艾瑞克之所以失败就是因为他没有很好地利用自己的权利和注意一些潜藏的因素，她不希望那些错误

181

再发生在自己身上。但说句实话，如果我们不是看在小约翰那方面，我们也一定不会听从她的安排的。

在1997年期间，杂志本身已经存在许多相互矛盾的方面。一个最明显的出版问题就是我们的杂志许多方面已经偏离了初衷。我们对报摊的销售实施压力外，同时不断地调整名人的头像，不断出现在我们的杂志封面上，甚至有些与政治毫无联系的名人也被用上了——比如，超级性感美女珍妮·麦卡锡(Jenny McCarthy)，曾是《花花公子》杂志的封面女郎，还有一位叫帕米拉·安德森（Pamela Anderson）的美女也是《花花公子》杂志的封面女郎。读者们对小约翰、贝兹、马特、罗斯还有卡罗琳都提出了强烈的反对意见，也给我们编辑提出了许多爆炸性的批评。甚至使我们感到很受挫。他们暗示我们正在偏离《乔治》杂志的最初主旨，正渐渐地对这份杂志失去信心，甚至对政治已经非常厌烦。事实上，这种失败不是在表面上能看到的，而是在实质性方面的缺失。

《乔治》杂志近几个月来刊登的新文章只有那两篇，一个是吉拉·埃米尔的文章和小约翰的那篇关于花花公子的编辑信件。这两篇都没有为杂志创造很多利润，小约翰对这两篇文章都非常看好，然而事实上却暗淡无光，没有成功。与此同时，一些尖锐的政治报道不断地出现在杂志上。当小约翰向大家通报那期刊登《评论花花公子的编辑信件》文章的销售报表时，大家并不高兴。他告诉大家那期杂志在报摊卖了17万册，离我们的平均销售额差了70%。"白费工了！"小约翰在报表的空白处写着。这句玩笑真是很没有意思。

与此同时，小约翰仿佛是为了打破杂志的销售记录，又在想其他的办法，他把目光转向了自己的家族和家庭，他认为这种令人满意的方式可以吸引读者来购买杂志。他让我与他的堂兄威廉·肯尼迪史密斯谈谈，因为他正在组织一些博士们来解决土矿井的问题。可能这对《乔治》杂志来说是个非常不错的好题目（马特会为他们设计一些标识）。小约翰的堂弟博比·肯尼迪写了一篇冗长的文章谴责共和党大佬们制定的环境政策。我们《乔治》杂志社为征订客户举办了一个鸡尾酒会，在那里我与博比进行了简短的谈话。

在1997年12月份杂志上，小约翰把特德·肯尼迪的照片放在了一篇文章中，那篇文章的题目是"希尔的传说"，那件事情发生在我们前往伯威克尔休息之前。特德·肯尼迪的黑白照片是由著名的摄影师赫伯·瑞特拍摄的，照片也进行了大量的修饰，掩盖了他本人的沧桑年龄和由于过多地摄入酒精而造成的面部肌肉松弛和显眼的双下巴。当然，小约翰非常尊重他的叔叔特德。为什么不通过自己的杂志使他的叔叔形象更加光彩照人呢？最终，特德的照片刊登出来了，他看上去是那么英俊潇洒、健康和魅力十足。

《乔治》杂志的封面照片实在不容易获得。在11月份的第一个周日，我们穿着牛仔裤，羊毛衫和厚外套，大家聚集于由赫兹租赁来的市中心的车库中。我们同时推进去三辆搬运车，很快大家就开始设计起场景来，我们需要在乔治·华盛顿桥上建立起一坐西城高速公路，并且一直向北延伸，蜿蜒进入休斯顿河，向卡次山方向前进。

当我们大家来到伯威克尔山谷旅店的那天，天气出奇地冷。那家旅馆是坐落在纽约卢海滩钓桂鱼河的附近，简朴自然，占地面积很大。小约翰已经把整个旅馆都租下来。一层是会议厅，而且还带有用棋盘玩游戏的场地，比如寡头游戏，那游戏我孩子时代曾经玩过。惬意的餐厅里有各种水果和甜点。在地下室有乒乓球桌子和撞球桌，这些大家很快就投入到各种游戏中。楼上的寝室非常简朴自然，摆放着双人床，地上铺着阔叶木制作而成的地板，并且在桌子旁边都放着小垫子，但没有电视。在那里打电话非常困难，当我想打电话问候我的妻子晚安的时候，我不得不在地下室排队等候。

在小旅馆外的当地人，看起来非常自觉而有礼貌。我们的到来并没有打破那里的宁静，在那里生活我们中的大多数人不用刻意打扮。马特下楼就穿着黑色的短裤，没有穿衬衫，光着脚。伊尼阁·汤姆斯，那个英国人穿着浅褐色的灯芯绒裤子，白色的衬衫，红色编织绳做的拖鞋，每天都穿着颜色鲜艳的运动夹克。捷夫里每天都吸着雪茄，那对他来说非常重要，他穿的衣服制作非常普通，他穿着一件连衫裤，背着一个粗呢包，悠闲地在旅馆中进进出出。

除了我们办公室的人外，还有一些看起来像初中生样的聪明孩子们，来这里进行实地考察旅行。在接下来的四天中，我们将要在这里睡、吃和亲密地在一起玩。这让我感觉到仿佛幸运地进入了沃尔顿家族(the Waltons)一般。

"大家都站到这边来，"小约翰说。

在星期一的早上吃过早餐后。小约翰穿着系带的长靴，蓝色牛仔裤，长袖T恤，他正坐在会议厅前面的一个角落里。旅馆里大约50个人离开了，所以有很大的空间，大家坐在三个长桌子围成的U形桌子旁，愉快地喝着咖啡，沐浴着外面射进来的阳光。小约翰像个大学的教授在开研究会似的，来回地在我们面前缓缓地移动着，走来走去。

"我们公司的职员告诉我，现在与我们杂志竞争广告客户的其他四家杂志社是《名利场》《GQ》《时尚先生》和《男性周刊》。下面是这五家杂志均分广告的排序计算。"小约翰对大家说。

他开始用记号笔在白色的报告栏中写下了如下数字。

GQ——31.6%

《名利场》VF—— 30.3%

《男性周刊》MJ——14.3%

《乔治》 G——13.1%

《时尚》 E——10.1%

小约翰说，我们1998年的目标是超过《男性周刊》，位居第三名。我们也试图增加一些发行额。到目前为止，我们的月平均销售额是43万册。我们决定发起直投服务，希望在四年后能增长两倍的发行量。

我低声地吹了个口哨。如果我们有一百万的读者，就没有人再嘲笑小约翰了。

小约翰强调说，这些都是好消息。特别是如果我们坚持自己的杂志风格，不像其他杂志那样靠拉一些当地物品广告赞助，而是像那些陈列在橱窗中的衣服和科技产品那样展示给人们。我们应该比我们的竞争对手们更多一些重要的题目。最好我们的读者中男性和女性持平（当然，一些广告客户事实上并不喜欢这样，因为他们担心这样会减弱广告的吸引力。）《乔治》杂志是可以达到成功目的的政治杂志。非常明显，这都要归功于小约翰，但也不是全部，也有大家的努力在里面。《乔治》杂志唯一与其他杂志无法比的就是，有一些人通常不读政治性的杂志。

来自广告客户的坏消息称我们的杂志是反复无常的。他们不能总是讲述一些典型的乔治故事，当然我们也不能从我们所出版过的文章中判断出来。小约翰说："《乔治》杂志主要把人们的注意力集中在政治方面，于是让我们来讨论一下我们所写过的人吧。"

当小约翰在写字板上写下一些我们的建议时，我们已经汇总出一系列的词语来形容我们的人物，那些人也概括了我们《乔治》杂志的乐观精神。我们的英雄是"未来导向"，"意志坚决的梦想家"，他们也是一些"忠诚可信，敢于创新，引人注目和性格复杂"的人。他们都是"幸运者"。

这是我意识到我们大家真正在谈论的应该是小约翰，那些写照就像正穿着的一件旧毛衣一般舒适合身。

接着我们又归纳出一些我们的反面人物的特征。那些人是"伪善者、自大的人、自我崇拜的人、华而不实的人、堕落者、自我为中心者、爱说奉承话、自傲者、假冒者、杰出者、种族主义者还有男性至上主义者"，接着小约翰说，还要加上"不忠诚的人"。

小约翰看着写字板点着头。好吧，他说。我们已经列举了这些人的特征，现在我们来谈论主题吧。我们可以选择哪个作为我们杂志引人注目的叙述角度呢？

大家都情绪高涨，像个重新弹回的橡皮球一般，争着回答。小约翰不停地潦草地写着"陌生的同床者、无取胜希望者和取胜者的灾难。"

接着又写了另外一句:"升起的明星——陨落的明星／伊卡洛斯。"

在那里的四天,我拍了许多照片……我记得那里夜空中的星星非常的明亮。在纽约城里,你能经常看到名人,但是却看不到明亮的星星。我也清晰地记得那里的凉爽,早晨把脚伸到床下,在光滑的木制地板上来回晃动着,触摸着地板的光滑细腻。

我记得当时小约翰每天很早起床到地下室去做瑜伽。

我记得进餐时紧张的气氛,像正在油炸的食物中冒出的缕缕烟雾,使气氛沉闷,只是因为每个人都想坐在小约翰身边,但是每个人又都不想让别人看出来。

我记得那天,因为正在竞选纽约市长,然而我们却错过了,于是小约翰就买了一些缺席者的投票。

我还记得与小约翰一起喝着啤酒共同讨论着纽约巨人。他支持戴夫·布朗,这个橄榄球队中可怜的四分卫,因为纽约的体育新闻记者们都认为他是个没用的人。我同意体育新闻记者们的观点。布朗是个没用的人至少他应该把球传好。但是小约翰却无法忍受人们对他失败传球所进行的诋毁。正如他喜欢纽约尼克斯队的主力帕特里克·尤因一样,也是同样的原因。

我记得小约翰雇了位做杂事的人,那人叫艾菲·皮内荷。经常开着小约翰家里的轿车把"星期五"带来。当"星期五"一看到小约翰时,经常会从距离他有一百码的草地上飞奔跑向它的主人怀里,它的速度非常快,像刚刚发射出膛的炮弹。

我还记得,一天周一的下午,我们杂志社里的大多数人进行的那次长途而又陌生的远足。

有一天中午,吃过了午餐,小约翰问大家是否有人想要出去散步,在那个小旅馆周围,有许多人类足迹踏过那片不着边际的森林和山坡。我们中大约十二个人,在下午大约三点钟出发,踏上了小旅馆后面的那条铺满落叶通向山顶的小路。那天下午,天空中云朵是那么低,仿佛天空与地面可以接连在一起。我们这些快乐的人们像一群陌生,失去控制的天使一般攀爬着山坡。阵阵微风吹过,树枝随风摇摆,仿佛整座山也在前后晃动。树叶已经从树上落下,使整个乡下的风光显得有些萧瑟,但广阔的草地仍然那么碧绿清脆。

小约翰脚上穿着靴子,下身穿着长裤子,一件蓝色的运动衫,头上戴着傻瓜帽,他走在前面带路。"星期五"在他身旁跑着,我们这些人紧紧地跟随着他;小约翰步伐轻盈。大约走了半英里远,我们开始进入丛林中时大家渐渐分开了。我还得庆幸自己长了双长腿,我和小约翰走在前面,其他的人被我们拉下大约二三十码远。我们边走边聊。他非常放松和豪爽;我从未看到过他那时是那么的自在,我们沿着秋天的山坡攀爬着,他懂得如何在大自然和家中为自己创造轻松愉悦的氛围。

我们谈论着周围的美丽景象,是否有人愿意生活在这样一个荒野中,还是愿意享受自己满意的职业生涯。我提到了生活在佛蒙特州的剧作家戴维·麦米特,小约翰表扬了定居在纽约的小说家威廉·肯尼迪。(这两个人都为我们杂志写作。)

我们都赞同一个人如果生活在乡下会激发创作的灵感,小约翰说他也梦想着有时间可以离开快节奏和喧嚣的纽约市,找个安静的地方定居下来。但不要离城市太远,而且还有足够安静可以避开那些喧嚣。

小约翰可以居住在乡下吗?我真是很难想象。我从美国康涅狄格的一个郊区长大。那也很令人厌烦。郊区住着的都是一些普通的人,过着普通的生活,就像我一样。

"小约翰,我不清楚会怎样。除了曼哈顿,你在任何地方我都很难拍摄到你的生活画面。"我说。

小约翰回答说:"可能,但是有时我想那一定非常美好,在乡下有一大块地,养许多孩子和狗。"

那一刻,我不由自主地笑了。这让我想起了曾经讲过的那个盖瑞·金斯堡,就是小约翰的那个古老德国牧羊人萨姆的故事,青春期的小约翰脾气很坏,最后小约翰的母亲把他安顿美国特勤局在乡下的一个地方,格瑞也说过"我咬过每个接触的人,但小约翰除外。"

"要是你离开城市,你会生活在哪里呢?"我问他。

小约翰回答,可能会去格林威治,因为那里是卡罗琳的家乡,她非常喜欢那里,离她老家也非常近。或者可能去休斯顿河谷的某个地方。他幻想着每天外出都划船。

"可能现在应该想想学开直升机的事情了,"我暗示着说。

小约翰笑了。"我必须首先学会开飞机。"

"你是否问过卡罗琳,她对离开这座城市怎么考虑的?"我问他。

"她也完全赞同"他快速地回答。"她认为在城市中养孩子很累,也会带来无穷的烦恼。"

"像她那样吗?"

"嗯，哎。"

"哦，他们会吗？"

他曾向卡罗琳保证过，他儿童时代的可怕事情不会再发生在自己的孩子身上，孩子永远不会感到危险；让他过自由自在的正常童年。

"那么卡罗琳怎么说呢？"我问。

"她说，这事情说起来很容易，我会让美国特勤局来保护我。"

"她是这么认为的。"

小约翰给我的感觉是，他从来没有那种需要"保护"的感觉，他也从未感觉到处于危险之中。

"哦，美国特勤局的人总是无处不在，对吧？"

"对的。"

"所以你总是处于保护之中对吗？"

小约翰点头。"对的。"

"那么你怎么会感觉从未处于保护之中一样呢？因为什么事情也没有发生，所以你不知道，难道不是吗？"

我们边走着，小约翰边思考着，干树叶在我们的脚下发出嘎吱嘎吱的破碎声音。我们意识到小旅馆离我们已经很远了。

"可能也不那么做，可能也不那么做"小约翰说。

他继续说，总之，他离开城市不可能很快。他总要评估自己的状态。更何况他的阁楼，他有的两套房子是不可能卖掉的。在海恩马斯港口的家还有他母亲留下的玛撒葡萄园。

"我理解你对海恩马斯港口的房子的感情，如果你一定要做决定的话，可以考虑是否卖掉你母亲的那所房子，难道不是吗？"

我不那么认为，小约翰面带微笑地说。我想人们是不会理解的。

"哦，你是说这两所房子对你来说有着不同的意义吗？我的意思是说，你去不同的房子是为了不同的原因吗？"

小约翰仔细考虑着。"海恩马斯港口的家，那里更像我父亲的家。周围有许多人，非常热闹。而我母亲的家更像我母亲的性格。美丽而独立。"他的话使我格外吃惊。"那里非常美丽。"他说着。

快到四点时，有两个人让我们停下来，于是我们坐在草地上等待着赶来的其他人。气温降低了几度，起风了，太阳已经落山。看来天气不是太好，夜晚也会出现其他的坏天气，冬天来临前的白天时间似乎很短，在几乎还没有真正过完白天，夜幕就开始降临了。

我马上按下快门，拍了几张照片。有可能那种黑白交接的天气景象，你可以在二十世纪九十年代的相册封面上看到。我的九位同事，五位女士，四位男士，都穿了很多衣服，满脸滑稽地笑着，就像快乐的孩子一样，他们中有的人站在草地上，有的人坐在草地上，树木的影子在黄昏阳光的映照下，可以看见树的影子，天空中的太阳周围聚集了许多晚霞。他们的脸上都带着无忧无虑的笑容，就像一些理想主义者找到了他们梦寐以求的地方，在那里他们可以敞开心扉互相交流。在离大家不远的地方，小约翰正跪在草地上，紧紧地拉着"星期五"的前腿，与他的上身保持一段距离，正在亲吻它的额头。

小约翰想继续前进，所以大家动身先前面更高处攀爬。乌鸦在我们头顶上飞翔，我们可能离小旅馆大概有两英里了，我们仍然沿着蜿蜒的山路向更远处走去。我们又向北走了大约十五分钟，于是大家都建议应该是回去的时候了。如果我们按照原路回来的话，我们大概要花费一个小时，而且太阳马上要落山了，恐怕不到一个小时天就黑了。

小约翰像个橄榄球四分卫一样，跪下一条腿，用手指在地上的泥土上画着。"我们位于这里，"他说，在六点钟他在地上的一个圈了画了个×。"那里是我们要回到的地点。"他又画了另外一个×，是三点钟出发的地方。

"我们往这边走，"小约翰说，他指向山脊。在山脊的背面，那里可以一目了然地看到一片空旷地，而且小旅馆就在那边。如果我们朝那个方向爬，我们回家的路途会非常近。

我认为那不正确。问题是山脊在西边，就是太阳将要落山的地方。我们的小旅馆应该在东边。小约翰想要带我们走错180度，方向完全相反。

我本想阻止他，但是我却犹豫了。难道是我错了吗？要是我的方向感错误了呢？毕竟小约翰是经常进行户外运动的人。如果我认为是对的，恐怕也没有人愿意跟我一起走。

真是见鬼，小约翰竟然领我们向太阳落山的方向走。我们又是在那里进入了不可救药地迷失方向状态中了呢？

我们又走了几百码，站在了一个非常长的山脊上，然而向下面望去……却是一片森林。没有空旷地，也没有小旅馆。我们能看到的是岩石上的橡树、枫树还有白桦树，树叶覆盖着山上的地面。

小约翰领着大家向斜坡走去。我们跟着他前行，抓着一些小树枝来维持后倾的身体，并防止脚下光滑的树叶把自己摔倒。有人不小心被岩石磕破了膝盖，非常疼痛，我们就停下来休息等着他把伤口包扎好。当我们走到平地时，我们就进入了树林中，我们的周围有许多的小树和数枝，我们边走边推开密密的树枝，轻轻地放手，防止枝条抽打到我们每个人后面人的眼睛。

天已经几乎黑了，影子也变得长了，直到他们开始连接在一起。在大家乏味的行走中，几乎都不讲话了。我们都非常疲劳，而且疲惫中带着焦虑和恐慌。我感觉有些冷，拉上了夹克衫的拉链。我走在小约翰的后面，看不清他的脸，但我能从他的步伐中看出他正在环顾四周，寻找树林中是否有其他的路，他也不清楚该往哪里走。

我知道我们已经完全迷路了，我也开始考虑起来，想象着在天完全黑了的情况下，搜寻队要花费多长时间才能找到我们。我们也开始感觉阵阵寒冷。

2.玩《致命游戏》

不到5分钟，我们就走到了一条笔直的小路上。真是太幸运了。我们很快就穿过了茂密的树林，接下来我们又进入了一个倾斜的斜坡，在我们眼前许多树木已经被分开，有一条人工开出的五十米宽的路。

大家没有说一句话，甚至也没有开玩笑打破沉寂的气氛。没有人想提醒小约翰我们曾经迷路了。可能是大家没有人愿意承认。我离他很近，可以看清楚他的表情，当他看到大家有希望走出去时，他看上去似乎心头的一块石头总算落地了。

我们继续向前走。也可能是我们需要从这种紧张的气氛中解脱出来，小约翰和我聊起了电影。我告诉他，不久前我看过的一场电影，当时那家电影图片制作室希望他们的电影画面可以刊登在我们的杂志封面上，但却不适合我们的杂志。电影的名字叫《致命的游戏》（又名《生日历险》）。

小约翰的头感觉有些不舒服地来回摇了摇。他说："真的吗？我知道那部电影。"

小约翰解释说，当他和达丽尔·汉纳在一起时，她曾怂恿他读一读那个她比较欣赏的电影剧本。达丽尔·汉纳告诉小约翰，他"必需"读那个《致命的游戏》（The Game）电影剧本，于是他读了。

在电影中，迈克·道格拉斯〔Michael Douglas〕扮演一位非常富有的银行家。他英俊、万贯家财、衣着华丽而且自信。然而，当他还是个孩子时，就一直被他自己亲眼所见的悲剧折磨着。在他的头脑中不断地重复着他父亲自杀的场面，他父亲从他们家大厦的顶层跳下，摔在了公路的车道上。他父亲全身摔破，血肉模糊。电影使用了倒叙手法，很生动，也像个老电影。道格拉斯问他家的女仆，"我的父亲到底怎么了？"女仆问他为什么想知道。道格拉斯回答，"他对我的影响非常大呀！"

在道格拉斯的40岁生日那天，肖恩·潘（Sean Penn）扮演道格拉斯的弟弟，给了道格拉斯一份特殊的礼物——生命游戏。人一旦玩上这种游戏，玩者不知道游戏什么时间开始，也不知道怎么赢，也不知道规则是什么，甚至不知道是在和谁玩。这个游戏由一家神秘的公司制作，这款游戏会对道格拉斯进行一系列的心理和身体方面的测试。

自从游戏一开始，道格拉斯很快就发现自己的生活进入了一片糟糕的状态中。他居住的家被摧毁了。他的银行账单被盗。他无可救药地被一个美丽而神秘的金发女郎吸引着，他没有完全把握相信她。一天夜里，当他坐在出租车的后座上，而出租车司机却莫名其妙地从车里跳了出去。出租车一头扎进旧金山海湾，道格拉斯差一点儿就被冰冷的污水淹死。

这个世界上没有规则可讲，彼此孤立，彼此不信任，交往也少，道格拉斯很自然地想到了以前所有接受的事实——让他想起了父亲的死亡，有价值的工作以及自己未来的选择。很快他停止否认白日梦，他要靠自己的双手来改变一切，他拼命地工作。他拼命地赚钱，他也曾因为需要钱而被迫卖掉他最宝贵的传家宝——他父亲的一块金表。

道格拉斯最后彻底失望，从一座摩天大楼上跳下，使电影达到了高潮。他垂直地向地面落下，自己知道几秒钟后就死掉了。然而这些都是一个思维游戏。那家公司构建了非常巨大幻想计划，最后他获救了，并从此解脱了自己的心灵阴影。在道格拉斯的生日聚会上，他看到了所有参加这个挽救计划的人们，他的弟弟西恩潘扮演的人。那简直就是在天堂的团聚，也使道格拉斯获得了新生。因为只有重新创造一次他父亲死的那种场面，他才有可能驱逐掉跟随自己多年的心理恐惧。最后，他终于可以享受自己周围友好关系所建立起来的美好的人生了。

"你认为这个电影怎么样？"小约翰问我。

我回答,我不喜欢。我认为这个电影在有些方面是超现实主义的,并且不可信。假如真的有这件事,也没有人玩那种游戏。"假如人从摩天大楼顶上跳出去,还有活着的可能吗?"

小约翰停了下来,转身看着我。"你不是开玩笑吗?"他回答。"那部电影也是我的生活写照。"

他停了下来,仿佛好像他已经说得太多了。几分钟后,我们穿过树林,回到了那所散发着温暖的橘黄色灯光的小旅馆。

3. 一个十足合法的政客

我们在星期四回到了曼哈顿,也就是11月6日,我们要出席我们杂志的第二个年会,我们杂志社把这次年会订在了一个新开张、生意兴隆的饭店,那家饭店叫"亚洲的古巴"。这是个盛大的聚会,来的人非常多。《好色客》杂志的拉里·弗莱恩也在那里,最近我们的杂志刊登了一篇关于电影《人们和拉里·弗莱恩》的故事。地产大亨特朗普(Donald Trump)也来了,他被两个穿着极炫目的衣服吸引异性的模特簇拥着,那两个模特的衣服薄如蝉翼,让许多男人看了不免要多停留一下目光。女演员唐娜·莱斯(Donna Rice),脱口秀主持人康纳欧·布赖恩(Conan O'Brien),歌唱家谢里尔·克罗(Sheryl Crow),克林顿手下政治顾问摩里斯(Dick Morris),克林顿第一任总统期间的一位亲信助手乔治·斯特凡诺普洛斯(George Stephanopoulos)还有阿尔·夏普顿(Reverend Al Sharpton)议员都出席了。小约翰与夏普顿合影留念,夏普顿把自己那肥大的斗篷折叠起来，用一个黄色的带子系起来，放进蓝色的衣服袋中。

会议结束一周后，小约翰决定把那张夏普顿的照片放在编辑信件页里，刊登发表。

我对他说，别那么做。

通常我不会对小约翰的编辑信件专栏的内容有太多置疑，但是自从花花公子那期失败后，我就决定应该适当说出我的想法，尽管我有时会认为他可能不会接受我的建议，但我总要尽力试试，看是否可以劝阻他的决定。

夏普顿是个自大而又爱好吹牛的人。我补充说。他也是个反对白人种族主义者，我们的读者不喜欢看到你和他在一起的照片。当然，如果你执意要那么做的话，我也没办法，这只是我的看法而已。

最后小约翰没有听我的。夏普顿是个十足合法的政客，他正在与鲁迪·朱利亚尼（Rudy Giuliani）竞选市长，小约翰争辩说。夏普顿的那些观点并说明不了什么，更何况其他的报纸媒体不停地刊登他的消息。

于是我们谈话结束了，小约翰把那照片刊登在了1998年1月《乔治》杂志的"致编辑信件"中。

在12月的第三周，小约翰把我们召集到他的办公室，给我们分发一年一度的圣诞礼物。每到那时，他和卡罗琳都会为职员们选择精致的礼物——给保罗的护腕，给亨利的丝绸领带，给男士吸烟者的赫耳墨斯制造的烟灰缸。我收到了一个来自纽约珠宝店的礼物，盒子上面带着未启封的银色文字。小约翰每年都要花上千美金为他的职员购买礼物。

他也会给已经退休的巨人队的四分位菲尔·森姆斯(Phil Simms)寄去一些小卡片，菲尔·森姆斯曾经为球队创下两个最好的球，但却没有得到人们更多的尊重。他在卡片上写着："你可能不会再踢那么好的球了，但是如果你把此卡片挂的时间长一些，你的梦想就会再次实现。"

我感觉到很受鼓舞，我乘坐火车去康涅狄格与我的家人共度圣诞节。小约翰则利用休息时间去佛罗里达的维罗海滩开始上飞行课。

第十一章
全美谈论莫妮卡·莱温斯基

1．"好色总统"的儿子一言不发

经过了那令人头晕目眩的 12 月后，我终于在新年的 1 月份恢复到了以前的清醒状态，过去的一年终于结束了。我讨厌的夏普顿和小约翰合影的照片已被我抛到了脑后。我不再去想那些不愉快的事情了。很快，我们的好运气也来了。对《乔治》杂志和小约翰来说，1998 年将会是一个非同寻常的一年。

我的这种乐观的感觉一直持续到有一天上午读报纸时发现迈克尔·肯尼迪去世的消息。当迈克尔·肯尼迪在美国科罗拉多州度假期间，踢足球的时候不小心撞在了树上。

小约翰暂停了他的飞机课程，去参加迈克尔·肯尼迪的葬礼。当他回到办公室时，穿得像个拳击手，浑身圆圆的，看上去很疲惫，并努力挣扎着站立着。小约翰很无心地戳到了迈克尔的伤疤，而现在迈克尔却去世了，小约翰永远也没有机会来弥补自己对他所造成的创伤了。乔离开了政治界，而迈克尔却死掉了——这些难道都是小约翰的诅咒吗？

我问他是否能接受这样的打击。

他回答:"这是我所参加的最痛苦的葬礼了。"

可能是迈克尔的去世使小约翰的情绪很不稳定,急躁不安,在我们接下来的编辑会议上,他经常对我们这些职员发脾气:"这篇文章缺乏创意,写法不够热烈,故事内容毫无吸引力。"我们也不得不再去做得更好。针对那些暴露丑闻的文章的细节需要提供一些真凭实据,文章中需要加入美国的微软公司和投资机构应该建立反垄断的公正部门的一些细节,以及城市的腐败等都要有所体现。那些内容都是一些重要的素材:政府那么做必定会失信于民,也辜负了人们对他们的信任。小约翰想要《乔治》杂志成为一个更加严肃的杂志。

小约翰越是想刊登报道一些有关他所工作过的美国内阁机构内的一些极其腐败内幕和一些正义的美德事情,他就不可能避免地谈到关于总统的性丑闻这个敏感话题。《乔治》杂志得到一个非常重大的文章选题,那将会使我们的杂志得到意想不到的好结果,也是小约翰从未碰到过的内容。因为整个国家都在谈论莫妮卡·莱温斯基(Monica Lewinsky)。

在1月17日,星期六,国际专栏作家麦特·德拉吉(Matt Drudge)在自己的网站上贴出了这则关于美国总统和实习生的特大新闻。在周一,小约翰就召集所有的编辑到他的办公室开会。我和贝兹、伊诺格、苏珊和杰夫里对此事都非常兴奋。比尔·克林顿刚刚打破了媒体的蜂巢,甚至我们还没有来得及刊登这个故事的时候,电视和报纸就直接报道了。我们也随着其他人的嗡嗡声。

当我的同事们都在为此事感到高兴的时候，大家互相讨论，如果《乔治》杂志能够刊登那个故事一定非常体面，每个人都显得很兴奋。但是只有一个人除外。小约翰很少说话。他坐在椅子里看上去有些紧张和不安，并不时地望向窗外。这是个不可逃避的讽刺：新闻界终于搜寻直至找到了这位总统不忠实的一面，这个自认为是好色总统儿子人的杂志也正在挤入那群人中。

那天下午我们有七篇文章供选刊登。贝兹提议请著名的小说家达西·史坦克（Darcey Steinke）来写一篇莫妮卡·莱温斯基的文章。美国著名的女性主义作家诺米·吴尔夫也正在为我们《乔治》杂志筹建一个政治文化方面的文章，她会写一篇在工场中遭到性暴力经过的文章。小约翰最后选择采访民主党总统候选人盖里·赫特。盖里·赫特的政治生涯之所以被终止，是因为被宣称曾与女秘书通奸10年，最后丧失了候选人资格。我的工作就是采访克林顿总统的密友弗农·乔丹（Vernon Jordan），因为他在工作中也经常帮助莫妮卡·莱温斯基。我选的执笔人也是华盛顿的新起之星。他是时事政论杂志《新共和国》(The New Republic) 杂志的全职作家。他曾经为我写过另外两个故事。那两个故事写得也非常好。这个作家非常有能力挖掘出最好的名人佚事。他的名字是斯蒂芬·格拉斯，他将会不断地投稿给小约翰的杂志，当然他也是我的写手。

刊登克林顿的丑闻不仅会为我们的杂志注入令人兴奋的强心剂，而且也是一个非常大的题目，会让我们的杂志社获得丰厚的利润。在20世纪90年代，媒体正像一棵长藤般，不断地向上蓬勃发展着，比如电视以及新加入的互联网络等，都提供了很好的传播平台。报业巨头们需要满足那些昂贵的网站和无数的电视节目的需求，因为这些媒体在大量地投入金钱建设他们的分支机构，这些产业也在快速地增长和扩大，像通用电气公司和美国在线这些大公司也加入了投资的行列。不过，也有一些小的平台不会花费很大的资金投入到人们所称的"满足胃口"上。

所有报道比尔·克林顿过错的新闻都认为这是对历史的愚弄，他竟然与实习生有染。与其他形式的娱乐相比较，政治是不值钱的产业，而现在克林顿却弥补了这方面内容的鸿沟，很快吸引了人们的关注。在1998年，对总统丑闻的宣扬不仅仅是因为他与那位崇拜他的女人的倒霉关系，而且还通过自我证明的方式出现在新闻界的舞台上，这也极大地丰富了始作俑者们使自己的领导者备受人注目。德怀特·D.艾森豪威尔曾经警告过"军工联合体"（military-industrial Complex）坚固不可摧，但是克林顿却遭到国家刚刚萌芽的政治娱乐群体的攻击。

自从《乔治》杂志报道此事后，整个事件就被更加广泛地宣传开来，把政治当成了娱乐，没有任何歉意，而是像病毒一样传播着。喜剧演员比尔·马赫（Bill Maher）的深夜脱口秀节目《政治的错误》很受人们的欢迎，这个节目会邀请来许多演员、摇滚明星和性感明星，有时候也会请来政客，大家一起讨论当天的新闻。著名导演迈克尔·尼古拉斯正在拍摄一场热门电影《原色》，这部电影是由全美畅销小说家卓·克来恩的政治题材的小说改编的。当然，下面这些也是电视一直追踪报道的内容——硬式棒球、里维拉的生活、克莱斯勒汽车、对等时间、华盛顿的新闻和变性男孩等。又有多少记者可以在比尔·克林顿的生活方面花费更多时间呢？

《乔治》杂志是创造那种过热气氛的一部分。明确地讲，我们的杂志是第一个敢冒险致力于这种主张的杂志，那就是政治与娱乐是无法分开的。正如小约翰痛苦承认的那样，不巧的是莫妮卡·莱温斯基曾想到《乔治》杂志实习来着。

小约翰总是很强调看重政治人物的戏剧性变化。我们的杂志内容应该像 ABC 的世界体育节目那样充满胜利的喜悦、失败的痛苦、荡气回肠和耐人回味等。相应地，《乔治》杂志不得不深入挖掘政治腐败的一面。如果我们成功的话，就得要曝光总统的性生活。小约翰从未想过会发生这种事情，如果他知道的话，也很难会刊登在《乔治》杂志上。

2．华丽宫殿中的性娱乐

关于性丑闻的那篇文章，我们杂志的讨论从1月份一直到3月份中旬才定下来出版。题目叫"华丽宫殿中的性"封面醒目，我们的收益不错。达西斯丁克画了一幅莫妮卡·莱温斯基的技巧画，作为困惑和敏感女孩的形象出现。这篇文章为这位女孩投入了深切的同情，小约翰采访盖瑞·哈特后，判断出总统先生正在进入到那种遭受着无可比拟的疑惑状态中。另外刊登的故事还有史蒂芬·盖勒斯的评论文章《关于弗农·乔丹》，"弗农·乔丹是华盛顿最聪明的人，他与总统先生谈论性时，不会有其他人听见，"盖勒斯写到。

"总统先生与弗农·乔丹有什么共同之处吗?"一个匿名的资料显示。"他们两人都像小女人。"在盖勒斯的文章中出现相当多的匿名材料。

自从这个故事刊登后,小约翰感觉很不自在。我认为,一方面是因为小约翰在法律学校读书时,曾经写信给乔丹问他一些关于如何选择职业的事情。还有更重要的方面,这篇文章看上去好像是他的父亲写的。事实上,这看起来更像是他父亲刚刚写完的。甚至在我们准备乔丹的文章时,小约翰曾经为调查记者赫许写的那本《卡美乐的阴暗面》(The Dark Side of Camelot)一书大发雷霆,书中不停地从侧面表达肯尼迪总统的性生活,同时还补充了一些庸俗的假证据(很多问题),都是来自一些不着边际的小报消息。当小约翰看到这本书的封面时,很快地扫了一眼,然后生气地使劲把书一扔。

小约翰知道弗农·乔丹是个行为极其放荡的人。但他也为描述乔丹的性格而感到非常恐惧,他讽刺地说出"性工具"这个词,小约翰认为那是对性的呼唤,也是乔丹显示一个男人的自信和诱人魅力的一部分。

于是,我附着了一句话标明小约翰关注并进入了故事之中。句子的内容是,"所有的记录表明,乔丹是个有魅力的男人,聪明睿智,女人和男人们都对他非常感兴趣。"这是个笨拙的句子。你能够认识到其中的内涵。讽刺地说,也帮助建立了这篇文章的可信度,从而引发人们谈论性方面话题的兴趣。"我总是穿着周围印着乔丹画像的乳罩。与此同时,他也仿佛正在凝视着我的乳头。"有人谣传说一位不出名的华盛顿女人悲哀地说着。

"你确认吗？当我开始要刊登文章时，小约翰问我，"那也会是个麻烦。"

情况甚至变得更加糟糕了，当艺术部门发现了关于我们正在谈论的那幅画——在他一次参加聚会上，人们看到在他的手腕上有两个美丽的电影明星。一位是女演员法米克·詹森，另一位是正在微笑地端着酒杯的达丽尔·汉纳。

我很快把照片拿给小约翰看。"你有这种问题吗？那一定是很不错的故事，但是……"

小约翰看了一秒后用怜惜的口气说，"如果很有效果，我们也用。"

文章中所有好色的细节都是摘自全国的报纸。关于性方面的文章总是能吸引人们关注，那些是否也出现在《国家询问报》或者《乔治》杂志中呢？

乔丹并没有在舆论上进行大肆评论。至少，自从史蒂芬·格拉斯的文章公开发表后，没有看到乔丹的任何反应。

在4月25日，我们又去首府参加白宫特派员安排的又一次晚餐。自从1996年第一次参加过那次后，晚餐时的情景仿佛还非常清楚地闪现在我的面前，有许多名人都来参加了，像安妮·海切和埃伦·德吉尼尔斯，有记者和摄影师参加更加显示出政治色彩来。在西尔大厅有一个绳索，大约一百米长，那里是十七年前约翰·欣克利（John Hinckley）刺杀美国前总统罗纳德·里根（Ronald Reagan）的地方，现在用这条绳子围着，用来限制狂热者们。也防止他们看到明星步入大厅时,过于热情地呼喊和拥挤。莎朗·斯通!蒂姆·拉瑟特!萨尔玛·哈耶克!保罗·琼斯!我也很高兴地看到卡罗琳参加活动时流露出的愉悦表情。

小约翰姗姗来迟,他在晚餐刚要开始的时候到了。当比尔·克林顿向公众进行一年一度的致辞的时候,小约翰的表情略带惊讶地坐着。明天克林顿会如何理解即将发生的那个爆炸性的笑话呢?今天到场的人也会去打听他的性生活,那也超出了小约翰的理解。

吃完晚餐,我们《乔治》杂志的所有职员拥着我们的老板穿过那群伸长脖子呆呆地看着的人们,躲过摄影师们的追赶,顺利地通过了宾馆大门。当我们刚要进入街区的时候,一个男人赶上了我们。他高个头,一头脏乱的头发,衬衫没有系扣子,衬衫的一侧翻着,露出他的胸膛,他的右手中好像在摇晃着什么东西。

那一刻很紧张。人们很少追赶小约翰。尽管有时摄影师会那么做——但是,这个家伙的手中拿的是什么呢,那不是照相机。

当他追赶上我们时,我看清楚了他手中拿的是什么东西——那是一本折了书角的用小约翰的照片做封面的《时尚》杂志。"嗨,小约翰·肯尼迪!能给我签个名吗?"他喊着。

小约翰仿佛没有看到一样。"抱歉,我不签。"小约翰回答。

那个男人把杂志猛力扔向小约翰,并在我们后面追了一个街区。"真是个不给情面的人,"他抱怨着,也很气愤。"我只是想要一个他的亲手签名。那就是我想要的。一个小签名。你有什么了不起的吗?"

小约翰大步地向前走着,目不转睛地注视着前方,我们中的几个人阻止了那个想继续追赶的人。那个人看着我们，仿佛想要尽力从我们挡住的路上通过，最终，他彻底失望了，生气地拿着杂志朝着小约翰的方向晃动。

"妈的，真他妈的把自己当人了，有什么了不起吗？"

在几周后的一个星期一上午，当我走进办公室的时候，看到电话正在闪着红灯，响个不停。"我已经从《新共和国》杂志辞职了"我听到史蒂芬·格拉斯的声音。"我会离开华盛顿一段时间。"他的声音听起来有些恐慌。

我猛地一拽电话，心里一沉，对格拉斯喊着，究竟发生了什么？

他说自己为《新共和国》杂志写的文章故事出了问题，他犯了错误。他告诉我，执行主编把他给解雇了。

"仅仅是犯了错误吗？"我问他。每个人都会犯错误。我为他的不幸感到遗憾，往往事情都有不顺利的时候。

"是的，"他说，"我真的无法再谈论了。"

"别灰心，你会好起来的，随时给我打电话。"我对他说。

但是，格拉斯却是在对我撒谎，当然并不仅仅是在那刻。在接下来的几天，我了解到了一系列由格拉斯所捏造的事端。他运用了许多作家都非常羡慕的想象力手法为《新共和国》杂志和其他杂志创造了一些事实、素材和轶事。他因写了一篇关于一名黑客高手侵入一家名家 Jukt Micronics 公司而名声大噪的。一位名叫亚当·佩恩博格的科技记者则认为这篇文章有问题，希望格拉斯能拿出一些证明澄清的材料，但格拉斯没有提供这家公司的详细资料，也没有找到黑客本人——因为这些根本就不存在。

格拉斯的谎言使我很受打击。我曾和他谈了很久，也提出了自己的观点，试图让这位本性并不太差的人成为一名出色的记者。然而，他却抓住了我的弱点，玩起空虚的行为来了，一定是他觉得愚弄我很有意思。就像赫尔曼·梅尔维尔（Herman Melville）所著的《自信的人》中的男主角一样：在他的受害人面前，他已经形成了对自己的信任，并赢得了别人对他的信任，然后再辜负他们，让他们在顷刻之间醒悟。格拉斯也知道我在不顾一切，挖空心思地寻找丑闻，他自己送上门来的正是我所要的。

尽管我的灵魂仍然在寻找着，期待着能够得到机会。很快又出现了乔丹的故事问题。许多的观点都认为格拉斯的文章都是虚构的不真实的，谁又会相信他的文章呢？我审视着他曾提供给我们的事实核实备份材料。格拉斯捏造了多少不真实的事情？真是难以令人相信。我扫描了他曾送给我们的数据核实材料。有个匿名的材料，他曾称是乔治·斯泰弗纳普卢斯的文章，然后马上打电话给我。我说，"我没有权利问你这个问题，如果你不想告诉我，我也能够理解。但是史蒂芬·格拉斯说是你提供给他有关弗农·乔丹的故事。他曾经采访过你吗？"

"没有，"斯特凡·诺普洛斯回答说，"他从来没给我打过电话。"

事情就是那样。一旦我们流露出我们的信任表情，就有可能被骗子们利用。乔丹的故事文章就是一个前车之鉴。歪曲事实，完全是在撒谎。我们除了能做大量的修改外，没有其他的办法了。

小约翰也被弄得一团糟，在6月3日的夜里11点钟，他打电话给我。因为那天下午乔丹曾经打电话来解释那个故事。"我们已经几周没有听到他的消息了，听说他今天打电话来了，究竟那个故事中出了什么问题？"小约翰叹息地说。

"很难确切地知道出了什么问题，"我回答着，声音很小。妮萨正在我旁边睡得正香，她的头深深地埋在枕头里。

我告诉小约翰，我只有一次机会可以与格拉斯联系上，就是在他父母伊利诺斯州的家里。"我现在真是很糟糕，"格拉斯曾经说过，"我的父母亲正在担心我会弄出些事端来……有人总跟踪我。我现在不能和你谈话了。"

当他有能力谈话的时候，我回复说，关于对正确与错误的判断，我感激他的帮助。我把愤怒抛到脑后。格拉斯在暗示我他试图自杀吗？真的吗？还是又一场骗局，或是寻求解脱的手段呢？我已经对他充满恨意，所以不由自主地猜想着各种可能性。

小约翰虽然听进去了所有的信息，但没有提出任何质疑。那个记者的那种小伎俩是打不倒小约翰的。"我想，我应该亲自向乔丹道歉，而不是出于职业角度。"

"你不用太担心，我们没有出版那个故事，因为我们不喜欢乔丹。仅仅是从商业角度考虑而已。"

更何况，如果说需要道歉的话，也不需要小约翰出面呀。我不仅是格拉斯的责任编辑，而且他还是我推荐的。这件事情都是我的错。

小约翰说，卡罗琳同意他不进行道歉。她认为如果小约翰进行文字上的道歉或任何一种亲手写的道歉信都会使事情变得更加复杂。

"事实上，我并不完全认同。"我又不得不谨慎——这不是与卡罗琳发生矛盾的时候。"你没必要说'我道歉'那是个人的角度来说的。但可以说些这样的词'我们为出现这样的错误而感到难过'——那也是记者们经常说的一句。"

第二天，小约翰忽视我和卡罗琳的意见，直接给乔丹写了封道歉信。正像他的母亲做的那样——谦逊有礼，这是两个贵族之间的交流风格，秘密地表达，外界无法了解都谈了些什么。

在1998年7月的编辑信件中，小约翰也注明了那次错误。"作为主编，我应该为杂志的内容负全部的责任。无论是在杂志成功的时刻还是在杂志处于低迷的时候，我都要为杂志负责。"

那也是他父亲所给他做的榜样：为自己的过错负责，才会更加受到人们的爱戴。肯尼迪曾经在事态更为严峻的猪湾事件中也遇到过这样的情况，道理是一样的。后来格拉斯曾投稿给其他杂志，如《滚石》和《哈泼杂志》杂志等，那些杂志的编辑从小约翰的坦白可以了解到格拉斯，没有人再相信他了。一个新闻工作者一次虚假的行为要比那些战场上的逃兵还要被人看低。

当乔丹收到小约翰的信件后，他马上公布于众——或者是让某些人公布的，可能是华盛顿邮报的著名媒体记者豪伊·克兹。在6月份的头版头条上刊登着："《乔治》杂志的致歉信件。"克兹写着，"小约翰并不是每天都为刊登在《乔治》杂志上的文章深感懊悔的……"

小约翰为此非常难堪，他没有想到自己的信件竟然会被公开。乔丹做事非常不讲情面，给小约翰上了生动的一课。在华盛顿的政府人员中，像小约翰母亲的那种注重礼仪的人已经微乎其微了。那些人考虑过多的事情就是伤害对方。

处理完华盛顿事件后，小约翰需要做一个肯尼迪家人。因为那就是华盛顿人对待他的方式。

3．实现开飞机的梦想

小约翰参加了迈克尔·肯尼迪的葬礼后，又重新去上他的学开飞机课了，经过一个月的实践学习后，他回来坐在桌子旁，看着各种制表，教科书，全身心投入到为拿到飞行执照而要进行的考试中。他为准备飞行考试努力勤奋地学习着，那种刻苦是我从来没有看到过的。过去，他也从来没有用过自己那无所不能的电脑。他用左手潦草地写在草稿纸上，然后让罗斯打印出来。（小约翰的拼写龙飞凤舞，需要详细地琢磨，而且字迹时轻时重。）他在网上寻找天气预报和地图时，偶然收到了一封来自美国在线的电子邮件，发件人的地址是 JKGeo@aol.com。在 5 月初，他取得了小型飞机的驾驶执照。

当《今日美国》采访他时，小约翰非常得意地回答关于飞行的事情，关于最近《乔治》杂志刊登的政治文章目录，也是我们在出版界有所展现的开始。"只有一个人，我到哪里她就可以跟随我到哪里，她每天与我朝夕相处，那是我的妻子，"小约翰说，"第二是，她跟随我是合法的。"而现在，"无论什么时候我们想逃离，我们都能开着飞机离开了。"

小约翰像个自我夸耀的孩子一样，热情激动。他喜欢谈论带着编辑去飞行的设想，无论什么时候他在走廊碰到谁，都激动地对那人说，他会带那个人去飞行。自从他买了第一架飞机后，那飞机有四个座位，他问我是否愿意和他乘飞机看美丽的风景，那种方式就像一位新当爸爸的人在看自己孩子的照片，那么欣喜和激动。在我作出回答之前，他正在美国在线服务公司和飞机网站注册。几分钟后，我离开了，他的目光仍然自豪地注视着自己的飞机。

有些职员也在考虑是否接受小约翰的热情邀请，同时也在犹豫那是否超出了职责。那年的夏天刚刚过去，小约翰邀请另外一位职员一起去飞行。那位职员叫利尔，对于是否接受小约翰的邀请，她不知道该如何答复，于是她来征求盖瑞的意见。"那有什么好害怕的呢？"盖瑞揶揄她说道："你或许会安全地回来，或者会与小约翰·肯尼迪死在一起。"

我的同事后来决定与小约翰一起飞行。他们两人在接近黄昏时分起飞的，飞行得很不错，平安地沿着新英格兰海岸线飞行。但是等飞到新泽西机场上空时，小约翰有些紧张，天空开始渐渐黑了，地面上亮起来如同万花筒般的灯光，令人眼花缭乱。我们的那位同事，指着一条蓝线似的地方，告诉他那里可能是飞机场的跑道，然而小约翰却不那么认为，他坚持说那是高速公路。于是他们只能按照小约翰的想法继续前进，这时，广播中传来空中调度员的声音，他警告小约翰他已经飞过了飞机跑道。小约翰马上把飞机倾斜转弯掉转头往回飞，并平安地着陆了。

小约翰费力地把飞机停好后，转过头来对坐在他身边的乘客道歉。他向她表示说，第一次飞行他做的就不太好，为此他很不好意思。

4. 媒体对克林顿做的事情与 30 年前对肯尼迪家族做的一模一样

如果让小约翰在公众和新闻出版两者做选择，他一定会选择公众。他知道美国人已经创造了一个关于椭圆形办公室里性丑闻的报道。但他也希望人们能把这种情节与比尔·克林顿的职责分开，而不是只为报道才进行大肆宣传。

小约翰在接受对《今日美国》杂志的采访时，曾经谈到了克林顿丑闻事件。"那只是人们在关注他们的领导人究竟做了什么事情，这是一种普遍反应，人们并不是把领导人管理政府的能力与他的私生活真正地混在一起。"他如是说。

那年夏天的一天，小约翰走进我的办公室，指着《时代》报上头版刊登的文章对我说："克林顿与莱温斯基的那些事情就像在国外旅行一样，尽管在白宫中许多人对总统先生的解释不满意，但也没办法。"这是文章中说的。小约翰用手指戳着报纸说，"总统先生难道一定要到这种报纸上去进行公正吗？"

他对那种观点从来没有犹豫过。在几周后的编辑会议上，当小约翰听到自己的职员对总统先生进行批评时，他变得非常愤怒。我们正处于准备年末的最后一期杂志阶段，并要列出 1998 年里政治界发生的"最好的和最坏的事件"，当然，比尔·克林顿也是我们所罗列的"名声不是太好的政客"之一。

小约翰开始的时候一声不发，我在怀疑他是否关注此事，但突然之间他就大发脾气起来。公众们并不关心丑闻是否正确，他宣布。如果是比尔·克林顿愚弄了莫妮卡·莱温斯基又会怎样？总统工作非常努力。我们谁有资格正确地判断他呢？小约翰声明，我们的总统仅仅是"热爱生命"而已。

房间中一片寂静。

贝兹尽力想转换话题，她说一个自由的媒体对克林顿总统签署的加大福利保障的议案非常生气。

"贝兹，那是幼稚的行为，"小约翰很快反击说，于是贝兹像被突然打了一巴掌一般，把想要说的话咽了下去。我们其他人也同样震惊。这么严肃的态度我们还是第一次看到，特别是这么不给贝兹面子，我们也是第一次看到。

小约翰继续说，他对此事持有不同的看法，因为"现在媒体正在对克林顿所做的事情与30年前媒体对他的家人所做的一模一样。"评论一位总统的私生活是错误的。按照那个标准，小约翰说，如果那样评估的话，富兰克林·德兰诺·罗斯福也应该是我们《乔治》杂志评出的"名声不是太好的政客"。"我的父亲也是之一"他宣布说。

我记得当时每个人都没有再说什么话。

也许小约翰对总统的丑闻感到很气愤，同时这也迫使他按照政治事件的真实情况来衡量，冷静地处理。为了使《乔治》杂志也成为嗡嗡炒作的媒体，他也会让手下的职员去追踪一些丑闻。但是他会提供人们那只是一种仅供选择的参考而已。他为政府的主张提出了三个原则：关于政客们的过失要实事求是，歌颂奉献精神，深入市民的生活与他们共同分享。

小约翰在美国在线聊天节目中说，"关于丑闻，那已经证明是美国人正在关注的重要一事,那不是人们不承认会永无休止地说下去,那是关系政治的一种表现。他们意识到很有成就感。他们想让自己的总统更加有所作为。他们尊重我们的政府机构,他们也不会总是进行宣传。他们也意识到了公众生活中人们的期望,并期待着能够实现。"

在1998年期间,小约翰详细叙述了这种爱国主义的现实哲学观点,文章刊登在《乔治》杂志上,也代表了公众们的心声。很少有人关注小约翰的理论话语,因为这些没有涉及小约翰的个人生活,上面也没有他的醒目新照片。但是小约翰的文章却具有领导者的风范,暗示着他正在变成一位领导者。你可能会说,他正在搭建自己的讲台。

在1998年3月份那期杂志的编辑信件中,《乔治》杂志刊登了有关小约翰的文章中所提及的观点。这期杂志与近期刚刚放映的两部关于政治和性的电影非常相符,电影的名字叫《风起云涌》(Primary Colors)和《摇尾狗》(Wag the Dog)。这两个片子都是描写总统为了掩盖自己与女实习生之间的桃色恋情,试图通过捏造一场虚假的战争来转移媒体的注意力。小约翰写到,那些电影与发生在华盛顿的事件非常相似。"通过电影来传播消息,这最明显了:把一个人不受约束的性欲与他的政治生涯结合在一起,那可真是地狱般折磨人的一种方式。"他的语气坚决,可以看出小约翰对这种痛苦的政治生涯的同情。

一个月后,当然是"宫殿性欲"已经刊登在了我们的杂志上,引起了很大的性丑闻的轰动。与此同时,哈佛大学商学院的名人之一的汤姆·汉克斯的照片刊登在了我们的杂志封面上。在给编辑的信件中,小约翰承认自己很痛恨把莱温斯基的故事刊登在自己的杂志上。"最近几个月,美国的政治明显自相矛盾:这也使我们能够知道什么是最好的,什么是最坏的。当然,在这期杂志中,我们努力提供给大家一点儿关于这两个人的事情,也是从侧面来看待发生在华盛顿的性丑闻事件,就像暗示阿波罗号宇宙飞船的成功进程一样……"

这个月,《乔治》杂志将会刊登"名声不是太好的政客"吗?小约翰掌管着杂志,想进行挑选,但似乎又有顾虑。他所提出的高难度的项目难道仅仅是提供了两者的互补性吗?难道从他的父亲的行政部门就开始这么操作了吗?小约翰清楚地勉强提到他父亲是新一代人的典范,但那确是在玩火,像走在刀刃上那么艰难。

那期杂志出版后,小约翰从他父亲的机构里得到了另外一个非常令人振奋的故事。3月9日,在《时代杂志》庆祝自己杂志成立第75周年的活动上,小约翰向自己父亲约翰·肯尼迪总统时代的国防部秘书罗伯特·南马拉敬酒,他作为越南战争的缔造者长期受到人们的诽谤。

罗伯特说:"我为国家努力做到:忠于职守、正直无私、勇于献身,"小约翰说,"离开了那种特定的生活后,他仍然保持着那些原则,尽管有时候选择起来比较费劲。"

"多年后,罗伯特很少再露面。他完全履行自己的诺言,并且承认自己是错误的,从他所接受的招待来看,我也在考虑人民的公仆需要足够的勇敢,做好榜样和表率。"

"所以，今晚我想敬酒给他，我这一生都非常了解他，不是作为一个痛苦的回忆，而是作为男人，我们永远要记住，我要感谢他那天晚上教给我的许多东西，关于如何在逆境中维护自己的尊严，在艰难困苦中如何坚持自己的职责，锻炼自己的毅力。"

我不得不确信小约翰受到南马拉的很大鼓励。他本打算去向他道歉，没想到却与他在一起谈了很长时间。但是我认为，在满屋子坐满了美国的艺术家和知识分子的情况下，当着那么多人的面，那实在是需要非凡的勇气讲出来的，他就是受到许多人蔑视而有些惭愧的南马拉先生。

为了在8月份刊登的杂志照片中插入一篇关于美国英雄的散文，小约翰向大家下达命令。"为了使内容更加丰富，我选择一些曾经的失败者们，当然他们最终成功了——当然，你们猜猜——很好的机会。"他写了封电子邮件抄送给所有职员。

内容如下：

赫·小约翰·L·路易斯(Hon. John L.Lewis)

著名棒球教练约吉．贝拉(Yogi Berra)

佛蒙特州联邦众议员伯纳德．桑德斯(Bernie Sanders)

诺曼·梅勒（Norman Maile）——他的文学敏感性曾不被读者们看好

亚瑟王（Arthur Imperatore）

丹尼斯·瑞维拉（Dennis Rivera）

莫杰思·布瓦吉斯（Mugsy Bogues）

安东尼·路易斯——有着诺曼人的共同特点

贝蒂·傅瑞丹（Betty Friedan）

黑人罗德尼·金（Rodney King）

理查德.尤维尔（Richard Jewell ）

前参谋长联席会议主席沙里卡什维利（ Gen．John M. Shalikashvili）

美国国务卿奥尔布莱特（Madeleine Albright）

苏珊·麦克多格（Susan McDougal）[1]

小约翰可能是唯一一位毫不费力地从竞选官员那里得到一些官方的资料的美国人。"很光荣。"从老传统来看，他也认为这是很光荣且自豪的事情。

与此相反，小约翰没有提及的那些所谓的忠诚人物们开始反驳这个提议，小约翰又有了新的麻烦。与此同时，一位NBC白宫的通讯记者克莱尔·歇普曼，他也是我曾请过的一个专栏作家，正在写一篇关于乔治·斯特凡诺普洛斯的文章。这篇文章主要是关于斯特凡诺普洛斯与克林顿总统断交的内幕，斯特凡诺普洛斯写了一本关于自己的前任老板的书。为什么斯特凡诺普洛斯写那本书呢？他为什么要背叛自己的总统呢？

在3月1日，歇普曼完成了草稿。我把草稿给小约翰看。在编

---

[1] 小约翰的名单中包括，在权利保护期间，曾遭遇毒打的乔治亚州议员、以前的纽约佬、来自越南的共产党、拳击能手、作家、在曼哈顿岛和新泽西的开发者、医院工作人员、小约翰的朋友、篮球运动员、纽约时代的专栏作家、第一个改革者、女性主义作者和旧金山警署里的牺牲者；在1996年奥林匹克运动会期间，因为守卫员的失职引发的爆炸；参谋首长联席会议的主席、国务卿、克林顿的朋友被关进监狱，但克林顿却拒绝给他的无党派律师肯尼思· 斯坦提供任何证据。

辑过程中，小约翰通常是不看任何文章稿件的，但是我非常清楚他对这篇文章十分感兴趣。小约翰写了下面这些建议，还给了我那些稿件。

比尔·克林顿怎么会为乔治·斯特凡诺普洛斯的不幸负责呢？有些人没太注重问题的忠实性。文章看上去有些轻率。难道《乔治》杂志真的不知道该如何为此书发生争议吗？如果那是真的，那么别人又会如何评论《乔治》杂志呢？其他地方的人们也会同样地评论。

5. 克林顿"宫殿性欲"事件的原因

歇普曼的故事在 5 月份刊登后，这个题目再一次被拿到我们的编辑会议上讨论。"这个家伙把什么事情都归咎于克林顿，难道说现在他写个故事来告诉大家所有真相吗？"

"真是个卑鄙的家伙，"伊尼格·托马斯说。

"那样说他有些过分，难道他自己不能决定都要写什么吗？"我说。

我们避开种族，讨论一下忠诚的本质特性，我们正在进行仔细推敲其实也是一次充满冲突的交流——我们与小约翰的友好关系，使大家谨慎行事，不会随意发表自己的看法。我想，不知道是什么原因，如果是在其他杂志社里，这种情况早就已经沸沸扬扬，争论不休了。

小约翰把话题转到了克林顿的新闻代言人迪迪·迈尔斯（Dee

Dee Myers）身上，先说明一下，他也是个不忠诚的人。

"那人是真的很不忠诚，"我说，"克林顿对待迪克·莫里斯（Dick Morris）非常好，所有的事情都让他帮着参谋，而现在却也站出来与他对立。"可是，难道说莫里斯和乔治·斯特凡诺普洛斯是同出一辙吗？克林顿非常信任两位老部下，而他们却说出一些与克林顿对立的话语。

"他们都是卑鄙的家伙！"伊尼格重复说，"你们别向那些人学习。"

可能是吧，小约翰沉思着，关于克林顿的一些事情一部分原因是由于不忠诚造成的，或者也是自己在选择助手时的一种失误吧。小约翰补充说，从另一个角度来看，克林顿身边的哈罗德·伊克斯（Harold Ickes）就不会泄露任何一句话，可能永远都不会。他是非常值得人敬佩的，当然这种人也是非常少的。一个没有这些方面预见和判断的人，怎么能进入政界呢？

我提议到，可能忠诚只是人们性格中的一部分，每个人都拥有，但不一定能坚持。

"是的，可能，但是斯特凡诺普洛斯真不该还没有等到克林顿离开白宫就这么干，总统有权利期望结果会更好。"

当小约翰对莱温斯基性丑闻事件持矛盾心理之时，我们这些职员们却出了问题。自从我们在《乔治》杂志上刊登了莱温斯基性丑闻的文章之后，大家都失去了动力，并且我们杂志的一些内容也失去了读者的关注。这个故事已经使我们和小约翰产生了分歧，同时杂志也处于瘫痪的边缘。我们知道一些人类的戏剧因素对《乔治》杂志是非常适合的，但是我们的老板却不赞成，我们犹豫并担心杂志中的故事很枯燥乏味。不可避免地，我们这一年来所刊登的重大事件都是缺乏激情的。发行最少的是8月份的那期杂志，我们把知名度不高的查理兹·赛隆（Charlize Theron）的照片放在封面上。她与政治毫无关系，小约翰也知道这一点。我知道他为什么会选择这位不出名的演员照片做我们的封面。小约翰已经厌烦了。

每天上午《纽约邮报》上都有个专题"在报摊上"，那上面会对一些杂志的销售情况进行评估。关于我们8月份的那期杂志上面这样评论，"《乔治》杂志不需要再印刷了。"关于杂志的发行，《邮报》说的不是完全错误。在小约翰的许可下，贝兹写了两页的长信，责备《纽约邮报》的说法。信中宣布：请立即停止对我们在"在报摊上"的那种评判，那确实是比较糟糕的对我们的否定和中伤。杂志应该由那些购买的人们来评定是好还是坏而不是报纸对我们进行评判。如果读者没有发表任何观点，所以你们（这份报纸）也不要找麻烦。

在1998年初，经济新闻正在蓬勃发展，很有前途。小约翰给我们每人一个备忘录，向我们宣布《乔治》杂志1月份的发行量已经超过了《Esquire》杂志。我们都为此感到高兴。在1997年末的那期杂志发行会上，《Esquire》杂志刊登了一篇对《乔治》杂志人员污秽讽刺的文章，还配有图片，他们从网上找到一些裸体照片，仿佛是在展示一本相册一般。大多数情况下，小约翰都能够接受优雅的幽默嘲弄，但《Esquire》杂志的拙劣模仿却让人大跌眼镜。小约翰给大家的备忘录上画了一支箭指向这些文字"哎呀！裸体不管用。"

1月份的事件确实是件意外的事件，而我们内部的矛盾依旧在加强。1月末，出版人艾里诺·卡莫迪离开了杂志。她与小约翰的关系已经形成了小约翰与卡罗琳之间的一道隔阂。可能我最终意识到小约翰的生活是如此多变，也为我敲响了警钟。我不知道是哪里来的动力，到了应该与妮萨结婚的时候了，我们要永远地待在一起。无论我与妮萨有多么大的冲突，我们都彼此永久地黏在一起。我也笃信我们的爱情会长久。

在10月的一个周末，我们去"鱼岛"旅行，那是位于（美国）康涅狄格海岸上的一个小岛。星期六下午，我们穿过了位于岛屿南侧的野生动植保护区。那天的天气非常暖和。快乐的人们走在如帐篷般绿树的枝叶覆盖的道路上，带着咸的气息的微风从大海那边吹来，沁人心脾。我能听到几百米以外海岸传来的海浪拍打岸边的声音。

在一条狭窄，点缀着石头的小路上，我们可以俯瞰海浪拍打着南布罗克岛屿，我跪下，准备向妮萨求婚，但当我看到她满眼充满了泪水时，我一句话也说不出了。

第十二章
政治太重要了，不能任由政治家支配

1. 更换执行主编

1999年1月7日，星期四，小约翰走进办公室，同时关上了门。他的眼睛红红的，气喘吁吁，颓废地坐在我对面的椅子上，把头埋在膝盖之间。

他在那里坐了一分钟，可能是两分钟，一直没有动一下。他的两眼直直地盯着地面上那灰白色的工业材料制作的地毯，一句话也不说。因为没有人先打破那种沉寂气氛，所以办公室里寂静无声，我们都很尴尬。大约在6点钟，其他的多数职员都已经离开了。透过窗户，我可以清晰地看到像钢铁昆虫一样的汽车，正在41层楼下面的第8大道上缓慢移动。新泽西公寓塔楼射出的白色灯光照亮了哈德逊河，那些正将要降落在内瓦克机场、拉瓜迪亚机场和肯尼迪机场的飞机，不停地闪耀着红色的信号灯。

小约翰仍然一言不发。

我认为他想要开除我，可为什么呢？

我在椅子里深深地吸了口气，把腰板坐得笔直。就像每次坐过山车都有钟点一样,也许这次旅行也将结束了。从某些方面来说,这也是一种解脱。

"小约翰,你如果有话请直说吧,"我首先打破了沉默。

昨天上午,《邮报》上刊登了一则令我们办公室震惊的消息。那则消息用大字标题宣布"小约翰正在寻找第二号人物,"媒体记者基恩·凯利报道了小约翰正在给《乔治》杂志寻找一个得心应手的好编辑,使杂志向新的水平迈进……"打给他的电话和杂志负责人的电话都没有人接。"

我们的门像捕鼠器一样,一遇到外物马上关上了。我们这些编辑把没有看完的稿件放在一边,把注意力转移到《邮报》上刊登的内容上,尽可能地搜索并想证实那是否真实可信。这个故事暗示着我们内部职员的工作存在着一个必然的变动。关于使《乔治》杂志更进一步发展的那行文字,也是泄露出杂志正处于困境,以及小约翰和阿歇特集团之间进行无休止的徒劳争吵。当然,他们的争吵主要不是对一个失败编辑的批评,而是想要使杂志如何发展得更好。

这篇报道是真的吗?我们不清楚。但因为这篇文章谨慎的措辞,我们都怀疑这篇报道是阿歇特集团的某些人写的,这似乎是某些人想在没必要伤害《乔治》杂志的情况下,解雇掉贝兹。

他自己的出版公司确实要欺骗小约翰吗?甚至以杂志商业难以琢磨的标准来考虑,也许有些恶毒,但确实可能,大卫·派克(或秉承他的思想的某些人)成为一个直接怀疑的对象。派克是一个极度利己的高明商人。阿歇特集团中传说他已经厌倦了总让小约翰抢风头,再加上《乔治》杂志不赢利也是原因之一。

无论是谁泄露的这则报道，他希望迫使小约翰作出明智的选择。如果这则报道是真的，那么小约翰已经向基恩·凯利证实过了。即使小约翰打算解雇贝兹，他也不会想到以其他人的观点来发布这则新闻。他当然不会通过《纽约时报》来表达即将解雇贝兹，因为人们已经渐渐不再喜欢这类的文章。

当然，如果报道的消息不是真实的情况，小约翰可能只是随便简单说说而已。然而即使他表示激烈地否认，各种中伤也仍然会指向贝兹，像一群嗡嗡作响的蚊子一般，恶劣地伤害着她的名声。这可能都会使她的创造力、信誉和对工作的热情减弱。

因此我们关上门后，开始讨论报道的最后一行，"打给小约翰和他们杂志社里其他职员的电话都没有人接听。"因为贝兹没有说过任何对贝兹不利的话。如果小约翰事先知道的话，他一定会阻止这则报道被刊登出来。除非……

除非小约翰没有接到电话。如果按照罗斯所说，也不排除那种可能性。小约翰和他的教练正在驾驶着他的飞机进行越野飞行。如果电话打来时，他正在空中飞行，那么在基恩·凯利要求的期限内，他不可能回电话。

我们相信那是真实的。因为如果罗斯已经与小约翰通过电话，而他没有回复《邮报》，那么那则报道就全部是真实的情况，小约翰已经处于不利的地位，他的情况也是非常令人身心疲惫的。尽管有时贝兹和我在对一些编辑素材看法不同，但我还是不愿意看到那些羞辱她的报道，也不希望她受到那种对待。

那个星期三，贝兹一来到杂志社，她就躲进办公室里，房门紧

225

闭。有几次她走到走廊中，但都像个受了惊吓的蜂鸟一般。她看上去无精打采，情绪低落，行动谨慎。我们都感觉到了那种无奈和惊悸，我们也清楚地知道大家都无法帮助她。罗斯对大家说，小约翰正在回来的路上。但是第二天小约翰仍然还在路上，而且他也没有在路上打电话回来，——至少不像罗斯所说的那样——贝兹的不安也日益强烈，这些情况大家都看在眼中。

一些人对贝兹的颠覆和污蔑，可能是对权利游戏方面最大的颠覆。小约翰一直认为他的敌人只是针对自己。我也从没有考虑到有人会通过封杀他的一个职员来反对他。我们都感觉到自己也非常容易受到攻击，因为如果小约翰无法保护贝兹的话，我们中也没有一个人是安全的。同样的事情也会发生在我们的身上。

也许那就是我们需要了解的一个事实——无论我们感觉与小约翰有多么亲近，我们都是可以当作牺牲品的人。小约翰有权利那么做，我们都为他工作，我们只是对小约翰来说有用，那之外忠诚是无关紧要的。正如艾瑞克·艾瑟瑞奇所了解的那样，接下来同样的事情也会发生在我们的身上，我们中也会有人是第二个牺牲品，我们也可能会被解雇开除。

我们否认那种推断是没有必要的，但是又无法接受。如果我们所做的事情可以保护小约翰，只是交易的一部分，他可以得到好处吗？或者我们真的仅仅是被他利用的人，在我们不明白真相的情况下，白白地当了他的牺牲品吗？

当小约翰在星期四下午很晚回来后，他一头扎进贝兹的办公室，待在她的办公室中很长时间。直到他来到我的办公室，并随手把门关上。其他时间他一直待在贝兹那里，与她谈话。

"小约翰，您如果有话尽管直说吧，"我说。他像只刚刚从水中捞上来的狗一样，不停地点着头，他慢慢地控制着自己的情绪，在椅子中坐直身体，然后抬起头来，他尽力使自己保持镇定。

他用无力疲惫的语气对我说："贝兹离开我们《乔治》杂志了，你是新的执行编辑了。"

我真希望自己能回忆起当时的反应，但我实在想不起来了。我只是记得自己没有任何兴奋的感觉。谁还希望从一个看起来心都快碎了的男人那里获得提升呢？

"小约翰，发生了什么事情？"我问。

他谨慎地搜索着词语来回答我，他说贝兹已经陷入了一场风波之中，他已经与阿歇特集团协商了《乔治》杂志人事变动的事情。阿歇特集团已经解除了一些小约翰坚持保留的权利，当小约翰发现时，他想尽力恢复那些权利，但那可能会使整个合作交易变得复杂，也可能使交易停止。

小约翰说《邮报》的报道是大卫·派克的报复。大卫想表现出自己对小约翰的强烈不满，他也希望让贝兹离开，真是一箭双雕。

"如果你是被迫将这个工作交给我，我只是担当暂时的职位，那么我告诉你，我不想接受这个工作。"我说。

小约翰摇了摇头说："不，你的名字在很久以前就被董事会多次提过了。显然，我只是已经……在不同的时间告诉你而已。"他苦涩地笑了笑。

"不要担心正在发生的事情,《邮报》上的那篇文章……只是生意,只是生意。"他继续说着。

他的声音听起来似乎正在试图提醒自己那是事实,或者使自己相信那是事实。

小约翰告诉我,在他明天宣布任命之前,不要向其他人泄露任何关于提升的事情。因为届时他会告诉杂志社里的职员,由于"创作理念不同"贝兹决定离开了。小约翰说,他相信我以及我在《乔治》杂志社中所表现出来的判断力,但是小约翰现在不会过分强调它的重要性。小约翰说,他就是这样的人,先要了解和确认我的想法后,他才能知道怎么做,这对他非常重要。

小约翰说:"我们明天再进一步谈谈吧,我不得不回家了。"

我为小约翰·肯尼迪工作了三年零七个月后,我成为他的杂志社的执行总编了。我凭借这种方式被提升,实在不是我希望得到的结果。但是,我从菲尔·西蒙的话中得到了安慰。"只要你逗留了足够长的时间……"

不知道什么原因,我留了下来。虽然我不是特别希望这样,这次人事变动很大,最初的八名编辑中,只有我和小约翰留下了。

2. 理想的工作和梦寐以求的女人

星期五上午,贝兹没有来办公室。小约翰召集所有的职员开会,宣布人员变动。这让我想起了当小约翰宣布解雇艾瑞克时的情景,大家目瞪口呆。但对于贝兹的离去,大家并没有感觉到震惊,没有人理解为什么她会离开,个个表情难看。

接下来几天,我要面对旋风似的采访,共进午餐,打登广告电话,已经分不清是黑天还是白天,经常工作到深夜,甚至有时候忙到天亮。我非常疲倦。有时候,我随便穿件衣服就去上班了。当小约翰赶到时,他会用流利的爱尔兰口音取笑我:"又穿黑色衣服了,对吗,里查?"

当我回到家时,妮萨与我坐在床上,听着希望乐队演奏的音乐,计划着我们的婚礼。我们打算在9月上旬举行婚礼,地点是在远离曼哈顿的一个典雅小镇——豪特州的斯托镇。婚礼仪式将在那里的中心大街一座简朴的新英格兰式小礼堂中进行。接下来的招待会,我们打算在美丽的曼斯菲尔德山附近一座风景如画的山顶庄园举行。我们计划在休息时间举行婚礼,我对这一点都不太在意,那是应该的。我是个幸运的男人,无论如何我获得了理想的工作和我梦寐以求的女人。妮萨也已经在有线电视新闻网的公关部门获得了一个新职位。她也能够理解我需要花费时间在工作方面,她也知道我已经为这个好机会多么努力地工作。我希望给妮萨一个美好的婚礼,像小约翰和卡罗琳的婚礼一样。尽管我们没有能力举办那么隆重的婚礼,但是她应该得到那样的婚礼才对。

贝兹的离开和我的升职已经引发了出版界对《乔治》杂志的关注,人们似乎已经注意到我们杂志社脆弱的经济状况,以及小约翰已验明了多少个编辑的能力。我是否能够满足他的需要,达到令人满意的结果呢?大多数的记者们都认为我不能成功。"如果没有小约翰在,这份杂志还能存在吗?"一位评论员讽刺地说。一些评论家已说了多年这种话了。此外,小约翰也一直待在那里,所以这些观点毫无意义。

总之，许多工作需要去做。我决定为了鼓舞士气，从来不关自己办公室的门，并且经常在走廊上走动，每周都进行一次编辑会议。我清掉一切与《乔治》杂志的文化和政治因素无关的内容，例如贝兹所热衷的占星术专栏。我甚至与曾经威胁过《乔治》杂志生存的新闻业中的克星基恩·凯利在加拉格酒店共进午餐，他尽力想挖掘关于小约翰的新闻，而我则尽力将事情搅乱，把他的注意力引到其他方面。我如何阻止这个循规蹈矩的小报记者的疯狂行为呢？事实上，他谈到《乔治》杂志，似乎只是认为这个杂志是个肥皂剧而已。是这样吗？它确实是肥皂剧。

小约翰很快从萎靡不振的低落情绪中恢复过来。最终，贝兹的离开对他来说也是一种解脱。经过了几个月的犹豫不决后，我有分寸与他谈论事情，知道什么时间可以发言，什么时间应该停止谈话走开。我在准备艾莲娜·蒙戴尔的人物概评，她作为前副总统瓦尔特·蒙戴尔的野蛮女儿，在1995年之后，小约翰从来没有发表过这样一篇文章，那是关于一个政治家子女的私人报道。在1999年，这篇报道吸引了许多读者群。小约翰知道之后，欣然采纳了这种报道形式。

小约翰还告诉我一个正在国家卫生研究院治疗的著名政治家的岳母。他认为那个政治家之所以让报社知道他去医院看望岳母，那是因为他正在利用那个女人的病来获得政治利益。小约翰说，那位政客很少去看他岳母。

正如你所预料的一样，小约翰对于这个照料有病的岳母的事情非常敏感。他不喜欢那个男人在这个问题上的处理方式。当我问他是否正在考虑这个报道时,他回答说:"是的,我一直在考虑那件事情。"他用手指在办公桌上嗒嗒地敲击着,想了一会,然后说:"你知道,让我们把那个故事省略吧!"

他解释说,他知道这个消息是因为他表兄安东尼·拉济维乌也在同一家医院治疗癌症。这个故事可能有许多内容涉及个人隐私,不适合发表——如果我们发表了,我获得这个故事的途径很容易找到的。泰德·肯尼迪利用他的影响力才使安东尼到那个治疗小组,小约翰害怕引起人们注意安东尼的存在。安东尼·拉济维乌像小约翰的亲兄弟一样。他是小约翰婚礼的男傧相,而小约翰也是他婚礼上的男傧相。小约翰最不愿意做的事情就是危及安东尼。

虽然在其他方面,小约翰的家庭和他在《乔治》的工作仍然保持着模糊不清的界限。那年春天,他写了一篇编辑通讯,赞扬议员约翰·麦肯和罗斯·费高德提出了竞选金融修正案。他还通过哈佛大学肯尼迪学院授予他们年度精神表现人物奖。那就是一种为每个涉及的人发挥作用的肯尼迪家族——这些都是《乔治》杂志的协同作用。

同时,那些奖项唤起了小约翰对父亲的记忆。一天,我与副编辑马修·萨尔一起走进办公室时,发现小约翰正坐在那台贝兹留下的电视前面(它是贝兹从艾瑞克那里获得的)。小约翰正在看他父亲发表演讲的黑白录像带。《今日秀》(Today Show)正在播放一期关于精神表现人物奖的节目。创作人员将这个录像放到一起。小约翰观看时,全神贯注的表情,好像他正在努力吸取他父亲说的每一个词，我当时还以为小约翰观看他父亲的演讲时，一旦有人进入房间，就会迅速关掉电视，而他没有那样做，他却邀请我们一起观看。我们三个人一言不发地坐着听约翰·肯尼迪总统的演讲，一直看了很长时间。

3. 希拉里竞选议员

在我担任《乔治》杂志的执行总编的开始几个月期间，我的运气一直很不错：随着莱温斯基丑闻的最终结束，政治记者们又开始写其他的政治新闻了。在1999年春天，最多报道的是迫在眉睫的2000年纽约议会竞选，甚至超过了即将到来的总统大选。资深议员丹尼尔·帕特里克·莫尼汉即将退休。希拉里·克林顿最近经常参观纽约。她将参加议员竞选吗？大家都非常关注，并猜测着。

小约翰和我讨论了可能性。小约翰坚持认为希拉里·克林顿会参选，因为她已经做了在宣布成为候选人之前需要做的所有事情。我不相信一个曾经受过如此政治压力的女人会再一次投身到那个特殊的熔炉之中。然而，小约翰却非常坚持自己的看法，他与我打赌100美金，坚信希拉里会参加竞选。我无法确认自己是否能赢——因为小约翰的政治直觉很少错，但是如果与小约翰打赌可以使他坚持今天这个报道，我很高兴地输掉这些钱。

我不需要担心，小约翰更加关心希拉里的政治策略了。小约翰有些气愤了，他认为希拉里偷偷地竞选议员贬低了第一夫人的身份，而她坚持涉足纽约政界是为白宫的职责所迫。她正在用党派活动来败坏一项无党派的工作。

我已经重新布置了贝兹的办公室,这个办公室与小约翰的办公室只有一墙之隔。一天上午,他对发表在《时代》杂志上的一篇关于希拉里去纽约伯汉顿旅行的文章大发雷霆。他说:"你能相信这些文章吗?从什么时候开始第一夫人必须去宾厄姆顿(美国纽约州中南部城市)旅行吗?"

我没有评论那件事,"小约翰,担心什么?"

"我想对这件事情发表一些自己的看法。"小约翰说。

他特别想写一篇《纽约时报》的社评来抨击那些宣传希拉里"滥用"职权的说法。

我建议他无论想阐述什么观点都应该在自己的杂志上发表,《乔治》杂志需要关注,如果小约翰批评那些攻击希拉里·克林顿的人,那么他的评论将会引起公众的大肆议论,有谁能够比杰奎琳·鲍威尔·肯尼迪的儿子的发言,能够对第一夫人的角色产生更多的影响呢?

人们的广泛议论可以帮助《乔治》杂志,因为杂志将发布重大新闻,而不是像小报的小标题新闻那样,可以吸引人们的眼球,小约翰的话也会产生巨大的政治影响力。

不过,从另一方面来看,攻击希拉里可能会破坏杂志。如果第一夫人参加竞选,她可能与纽约市长鲁迪·朱利安尼成为竞争对手。这将是 2000 年最令人激动的竞选活动。如果小约翰严厉地批评她,在 2000 年,希拉里将不会回复我们的电话,如果换成是你,会以此为赌注吗?

经过了反复的权衡后，小约翰选择了保持和睦相处的方式。他不想危及《乔治》杂志用希拉里竞选作为杂志的封面。那个选择对小约翰来说，代表了一个平静的分水岭。4年前，小约翰从来没有将《乔治》杂志的利益放在他个人激情的前面过。从那以后，小约翰把他的观点与《乔治》杂志的需求看作两个不同的方面。有时它们交织在一起时，有时也会像这件事情一样，互相存在矛盾和冲突。

现在，他相信他的未来已经不可避免地与《乔治》杂志联系在了一起。如果可以证明杂志取得了长期成功，那么小约翰可以带着胜利的经历进入到他生命的下一个阶段。如果《乔治》杂志失败了，那么他将是一位失业的编辑，也是一位失业的律师，可能小约翰会怀疑自己是否有能力去做大事儿。

因此，《乔治》杂志不确定的未来使他心情沉重。像杂志创刊之初经历的情况一样，小约翰又开始在清晨5点钟就醒来。他在为杂志和自己的未来而焦虑。那年春天的一天，他对加里·金斯堡说，"如果《乔治》杂志失败了，那么我就是一个失败的人。"

4．小约翰是否参加竞选

3月2日，星期二上午，我和小约翰正在时髦的麦迪逊大街上的"色尔克"餐馆宴会厅外的楼梯间里。小约翰穿了件保守的海军服装，一个白色的方巾整齐地叠放在他胸前的衣袋里，他正坐在台阶上用万宝龙牌钢笔润色他的声明，删除一些词语，并且在空白处匆忙地写着需要修改的词语。在门外，一群记者迫不及待地等着小约翰的出现。我们雇佣的模仿乔治·华盛顿的演员也混在拥挤的人群中，看来不能再请更多的人了。

在小约翰后面的房间中，是另一种混乱，政治评论员在谈论推测小约翰也可能参加纽约议员竞选。那年春天，有大量关于小约翰要参加竞选的消息。现在，他已经创办《乔治》4年了。难道不是该放弃这个有趣却浪费时间的闲事了吗？他可以简单地关闭《乔治》杂志，他也可以将杂志社卖给有经验的人。毕竟，没有人真的期望一份政治杂志赢利。

小约翰想刺穿这个实验气球而宣布一些实际上只是美丽的小土豆一样的事情：我们已经雇佣前纽约的议员阿尔·雅玛托写了一个专栏。这个消息通常值得在报纸上写几行。但是小约翰知道如果现在他召开一个新闻发布会，记者们会来参加。小约翰承认他的误导"有点儿玩诱饵调面包手法"的嫌疑。这没有什么问题，更重要的是他们利用对他的政治兴趣来帮助《乔治》杂志，这就像从另一个发动机启动一部带电池的汽车一样。

在约定的时间中，我走到几排照相机和记者面前，向大家介绍小约翰，我想起了在联邦厅中举行的第一次新闻发布会；我从包厢中注视着那个人。而现在，我在这里显得有些不知所措，紧张不安地站在台上介绍小约翰。我尽量言辞简洁，并且尽可能快地离开。

这时，小约翰一只手拿着讲演稿走了出来，他说："今天上午我们将发布一个非常特别的声明。"他的外表和声音充满了自信，其他人都看不出来他其实是非常紧张的。

他继续说："首先，我要发布一个简短的政治声明，作为一个杂志编辑，我期望在所有的政治竞选中保持中立。不过，一个人对于一个候选人有太强烈的感觉，那就另当别论了。"

小约翰为了增加效果，停顿了一下。"众所周知，大家已经知道许多关于2000年纽约议员竞选的推测。每个人都想知道，某位多年来一直站在幕后的女人，一位站在某位成功男人背后真正聪明的女人将成为令纽约人感到自豪的议员。哦！我知道她能够胜任，并且今天我将很高兴地宣布自己支持那位女士。"

此时，拥挤的人群都高举着录音机向小约翰靠近，同时有的人准备好笔和本开始记录。小约翰确实准备支持希拉里·克林顿吗？她甚至还没有参加竞选呢？

"当然，我正在谈论阿尔·雅玛托的母亲安托·瓦妮特。"

当失望的抱怨声渐渐消失时，小约翰拿着麦克风，面带微笑地向大家介绍雅玛托。他与记者们开玩笑地谈到近期来一些媒体对自己的攻击："你们对我造成的伤害有何想法？你们已经折磨我好几年了。"

雅玛托迅速地把脸转向小约翰，并且建议他参加竞选2001年的纽约市长职位。当小约翰只是微笑时，他的共和党敬慕者又把头转向惊讶的媒体记者们。"我只是告诉你们，在两三年内……我的意思是希望成为一个领导这个城市的肯尼迪吗？多么美好！"

房间中的气氛似乎更加热烈了。记者们的手在空中挥舞着，他们的声音像中世纪正在战斗的宝剑一般，铿锵有力，互相融合。雅玛托知道有些事情他不应该讲吗？小约翰将考虑这件事情吗？

小约翰看起来既局促不安又有些困惑。他用失望的表情向雅玛托摇了摇头，说："不是今天。"

关于议员竞选的什么事情？希拉里将参选吗？

"我在一定程度上赌她将会参加竞选，我已经与里查下了大赌注，"小约翰说，并且向我所在的方向看了看。

哦！他可以预见自己竞选公职？

"我能够预见到自己躺在海滩的吊床上，因此，我也可以预见自己进入竞选办公室。"

我想，那是一个有意思的解释方法，似是而非。

记者招待会很快就结束了。第二天上午，我们利用雇佣雅玛托获得了适当的效果。但是确实是暗示小约翰可能竞选市长吗？每个当地报纸和电视台都进行了一些前景分析。我最喜欢的评论是来自福克斯电视台的欧莱利实情的那段对话。嘉宾指出小约翰"像那些你认识的刚刚成名的名人一样，有一个职业。"

对于这个问题主持人比尔·欧莱利回答说："是的，但他不想做那个职业了。他想实践他父亲的遗志，他能完成那个愿望的唯一正确的方法就是从政。"

欧莱利从来没有从小约翰那里得到那样的暗示，小约翰也从来没有公开说过这类事情。但是以我所见所闻，欧莱利确实是对的。

同时，小约翰经常得到从他父亲的时代到现在许多规则都已经改变的警示。3月3日晚上，也就是发布会的第二天晚上，ABC电视新闻网播放了芭芭拉·沃尔特与莫妮卡·莱温斯基的对话节目。小约翰邀请我们在城市运动俱乐部观看那个访谈节目。这个俱乐部是他拥有的众多体育俱乐部之一，这个俱乐部是一个老式的石头建筑，位于下曼哈顿区，正对着霍兰隧道，它完全不像大多数由钢铁和玻璃建筑成的现代笼式俱乐部，它看起来像个地牢。俱乐部里面的器械有些像从刑具房回收的。

在大约8点钟，我们聚集在像洞穴一样幽暗的餐厅中，电视悬挂在靠近酒吧一面墙的位置。小约翰已经买了晚餐，我们都可以亲自从用餐柜台处取用食物，而从酒吧可以得到的饮料。我相信在房间中还有另外一个会员，一个穿着一件皱巴巴的衣服，满脸皱纹的人，领带上没有系领带纽扣，已经拉下松开了。他独自坐在酒吧里，目光漫无目的地扫视着。

当沃尔特在屏幕上出现，接着是涂着粉红色唇膏的莱温斯基时，我们都沉默了。在几分钟内，小约翰看起来心情很沉重。当沃尔特询问莫妮卡关于她的那件染上精液的衣服时，我们能感觉到小约翰对此事的抵触情绪。

在酒吧中，我刚才提到的那位男子选择在现在走到小约翰的身边，用手拍了一下小约翰的肩膀。

他说："你是小约翰·肯尼迪吗，对吗？"同时，他坐在小约翰的身边，我可以闻到杜松酒和雪茄烟混在一起的难闻气味。

"正是。"小约翰冷淡地说。

"很高兴见到你，"那位男子说，他因为喝多了吐字不清楚地发音说：Nize ta meet cha。

那位男子向小约翰靠过去。"嘿，你知道你的父亲和我父亲曾经都出现在哈佛校友杂志上。"

"不，我不知道。"小约翰说。

"是吗，啊哈！他们甚至出现在同一页上。"

"真的吗。"小约翰说。

那位男子停顿了一会儿，等待进一步发展。当小约翰不再说话时，他皱了一下眉毛又说道："噢，很高兴见到你。Nize ta meet cha。"然后走回了酒吧，我们的那两位刚从大学毕业，很有魅力的女实习生们也坐在那里。

那位男子在她们一边坐下来，并凑近了女实习生们，想要邀请她们喝酒。"你们信任那家伙吗？"他说，并用拇指很无礼地向小约翰的方向指了指。"我已经告诉他，我的父亲和他的父亲互相认识，可他却毫不在乎。"

当莫妮卡的访谈节目结束之后，我们穿好外套，进入寒冷的夜幕之中。市区的街道非常阴暗荒凉，有点儿令人毛骨悚然。我们中的大多数人已经在租车服务公司的安排下乘车离开了。但是，小约翰不愿意乘坐出租车。他说，他不急，并且想走回北摩尔区。

当我等车回去时，我看到小约翰正顺着台阶走在一条横跨在交通干道上方的水泥步行桥上，准备进入布鲁克林的炮台隧道。桥的两侧都有线状的防护栏。路灯投射下冰冷的白色小光圈，照在浅褐色的水泥上。小约翰看起来好像走在监狱大院的带刺电网的后面。

我看到一个身材魁梧的男人正从另一个方向朝小约翰走过来，两人相遇，我感觉非常紧张。小约翰戴着一顶水手帽，并且帽子压得非常低，遮住了前额，那个男人从他身边走过。然后，大约走了三步远，那家伙迟疑地停住，并且转过身来。当我注视着他的时候，他看着小约翰，并且我可以肯定，他正在想什么：喂，那是小约翰·肯尼迪！然后又想到，算了吧，小约翰·肯尼迪会独自在这里步行吗？

小约翰毫不在意。他迎着风继续低着头，独自前行穿行在阴影和路灯照射的光圈中。

直到后来，我才知道，那时小约翰确实想跑回办公室。多年之后，我的那些疯狂的问题就像从来不终止似地回响在耳边。最后，他被激怒了。也许是因为《乔治》杂志的金融灾难使他烦躁不安。或者是因为再过一年多几天，他就40岁了，他甚至不能像小公子方特洛伊一样持久。他头上的白发又增多了一些。小约翰知道生命的潜能就像政治资本一样。如果你不使用它，那么你迟早会失去它。

那年春天，小约翰的几个活跃在纽约民主党中的朋友建议他参加竞选。他们可以为他提供金钱和政治基础。想象一下那些志愿者，小约翰将成为一个喜欢开空头支票的政治家。还有对于新闻出版界来说，小约翰比历史上任何议员候选人具备了更多的自由媒体。事实上，小约翰需要的任何东西，都会有人非常乐意提供的，他所做的只要同意参加竞选就可以。不过，也有一点儿不足之处，那就是参选意味着小约翰可能不得不成为民主党希拉里·克林顿和共和党福·鲁迪·朱利安尼的对手。他们两人都是令人生畏的竞争对手。他们都已经在选举政治的堑壕里辛苦地工作了几十年。他们都熟知立法程序的细节和公共政策的秘密和详情。并且他们都习惯了为政治生活去打拼。鲁迪和希拉里不仅仅可以像小约翰一样进行无情的个人攻击和政治批评，他们还可以滔滔不绝地讲出来，而小约翰从不那样做。

他能够赢得议员选举吗？

我认为，他能够轻松地获胜。

毕竟，大约有40%的纽约人无论如何不会投票给希拉里·克林顿。在朱利·安尼执政的任期内，有大约相同数量的人认为他同样令人讨厌。而没有人如此憎恶小约翰。

正相反，小约翰的正派可以赢得那些反对肯尼迪家族人的选票，还可以赢得那些尊敬家族而认识到小约翰体现了这个家族最迷人品质的人的选票。他能够赢得喜欢他迷人外貌的率直女人和男同胞的支持。他还能获得将他像儿子一样看待的普通市民的选票，他会获得——将他视为贵族的领导和生育高峰期时代的孩子们的选票，将他作为楷模的青年人的选票，会将他当成一个公民权利遗产的继承人的少数民族的选票。欣赏小约翰热爱城市的曼哈顿人会支持他的，与他共享户外运动的内地人也会支持他的，那些认为小约翰是一位思维缜密又生活有规律的人也会投他一票的，甚至他的那些追随者们也会投他一票的，那些厌倦了党派，厌倦了大失所望的内耗，厌倦了不被重视的人们都会投票给他的。

也许他们中的一些人是无原因的将选票投给一个政治候选人。也许他们不够独立和严肃，但是这是大多人投票的方式。他们喜欢这个男人吗？他们信任他吗？他们是否认为他是个好人？经过那些统计，小约翰是难以战胜的。有一个候选人更适合在电视上公开露面吗？

人们为什么投票反对他呢？小约翰缺乏常规的政治经验，也许他拥有远超过许多更高级官员候选人的政治理论知识。也许人们认为小约翰不够精明，但是他可以用行动迅速消除那些顾虑。投票反对他的原因是不可强求的。

我将投小约翰的票，因为虽然他继承了权力。但是他并没有强烈的权力欲望。另外，如果小约翰可以完全发挥他所具有的潜能，那么，终会有一天，他可以重建一个自从他父亲任总统之后，美国未曾出现过的辉煌总统任期。如果小约翰最终能够去除他对政治的疑虑——我认为他已经开始了——他能够重建我们对政治权力的信任，从而改善人们的生活。

最后，我还有另外一个私人的原因支持小约翰。4年前，我不认识他，我所了解的情况会使我产生怀疑。因为，那时我还是个职业记者，我不信任小约翰，而那时的小约翰也不会信任我。

但是自从那时起，我已经改变了许多对他的看法。在4年的时间内，小约翰令我吃惊、失望、感动、生气、迷惑和惊骇，也让我获得了成长。经过这些之后，我开始尊敬这个男人。《乔治》杂志使小约翰容易受到攻击，获得了机会，同样，他也犯了一些错误，并受到了出版界的谴责，小约翰也正在努力为国家的成功在实现某些使命——甚至像解决自己生存问题一样。正像小约翰希望我们读者需要在《乔治》上介绍的政治家一样。我已经开始全面认识了他，而不是喋喋不休地谈论他的缺点。我已经开始学着欣赏他在公共服务事业方面的作为。

因此，我相信小约翰能够赢得2000年议员选举。然后，也许经过8年，也许经过12年之后，他将竞选总统，不仅因为小约翰的才能，还是因为美国人民对他的崇敬，我坚信他一定可以取得竞选的胜利。

他还没有准备好。这么多的事情正在发生——他的表兄安东尼·拉济维乌的健康在继续恶化。《乔治》杂志的未来还难以预料，小约翰已经投入太多，以至于如果没有其他，我们的杂志将会以失败告终。正如他在 2 月份接受《容汇》杂志的采访时所说："这个公司耗费了几乎 6 年的时间,它已经带来了相当大的个人风险。有许多人喜欢看富有趣味性的杂志,而它不是那种类型的杂志。你们知道,我不关心人们如何评论我的资金困难。我只是关心在这个工作方面的人如何想。"

还有另一个因素就是卡罗琳。小约翰知道他的妻子没有完全适应他的新角色。她既不感觉到完全轻松,也没有完全的快乐。卡罗琳不能确定,除了作为小约翰的妻子外,她还希望自己做什么?因此,当记者斯蒂芬·比尔向小约翰提出一个不可避免的问题——他会竞选公职吗?小约翰回答得非常生动。

"显然《乔治》杂志可以让你正确地面对政治家,我喜欢那样。我是否作为一个旁观者而不是一个参与者,人们是否会为此失望呢?有时候答案是肯定的。那是我的家庭背景,那也是我的血液中所具有的东西。"小约翰坦诚地说。

"但是关于我是否希望进入政界呢?我的回答是暂时不考虑。我刚刚结婚。我的妻子需要过安静不被打扰的生活。"这不是说卡罗琳与公众和出版界混在一起越来越不自在了吗?在一个由《乔治》杂志社和演员保罗·纽曼共同发起的 5 月慈善募捐会上,卡罗琳与《每日新闻》报专栏作家米契·芬克闲谈时说:"由于'不想知道'而不再阅读关于自己的文章。这次闲谈与我如何生活无关。我存在普通人同样的问题和难题,但是我是个幸福的女人,也是个一无所知的好人。"

当不与记者交谈时,卡罗琳能够更轻松地表达自己。那次晚餐快要结束的时候,她走到我的桌子边,面带微笑地在我耳边低语:"我不能相信,整晚我不得不坐在恶棍吹牛老爹的身边。"

根据小报报道,贝兹的离职使卡罗琳很高兴。"小约翰的女执行主编的离开使嫉妒的卡罗琳非常兴奋。"报纸的"提供消息者"宣传卡罗琳曾说过:"不是她离开就是我离开!"

那是胡说八道,小约翰和贝兹从来没有过亲昵的行为,更不用说性关系了。卡罗琳了解情况——更何况她也喜欢贝兹。但是无论什么原因,那年春天卡罗琳更加频繁地来我们办公室。如果小约翰正在打电话,她经常在我的办公室中等待。她把双腿放在椅子上,优雅地坐着,长长的金发垂向地面,这使我不太敢走动。无论如何,保护卡罗琳的快乐一直是我优先考虑的事情。我们从来不谈论小约翰和我曾经发生过的不愉快争执。现在我们都已经渐渐地遗忘了,在堂·西柏事件中,我的行为明显是背叛。

当小约翰完成手头正在进行的工作后,他会走进我的办公室,站在他的妻子身旁,温柔地抚摸她的头发,或者更加稳定地按摩她的背。有时候卡罗琳假装没看见他,继续与我谈话,直到他失望地收回手并且大步地走出去。然后,卡罗琳笑着从椅子上站起来,稳步地走进她丈夫的办公室。有时她进去后把房门紧闭。

当听说我将举行婚礼时,他们两人都非常高兴。小约翰表现出格外的热情。正像那些婚姻幸福的人所表现出的表情那样,当听到其他人也将要举行婚礼时,通常才会表现出那种热情的表情。他们的婚姻如此美满,以至于希望所有的人都可以拥有。他幽默地在皮雷利年历的封面上写了"祝贺你结婚,"并且每页用赫伯·瑞茨拍摄的性感模特照片装饰着。这真是个有意思的礼物。

卡罗琳的反应与小约翰不同,他认真地听我讲关于婚礼的计划。当她知道我没有给妮萨买结婚戒指的时候,她询问我关于妮萨希望得到的钻石的大小和切割的样式等问题。我问她,她的戒指是在哪里买的,她告诉我是小约翰从他母亲的珠宝盒中挑选的。当我们都意识到这对我没有帮助时,出现了短暂的沉默。然后她直率地说:"你知道应该给谁打电话吗?谁可以帮助你获得一个完美的宝石吗?莫里斯。"

"你这样认为吗?"我说。莫里·坦伯斯曼是一个非常富有的珠宝商。并且是杰姆·欧纳斯生命的最后几年期间的伴侣。

她坚持说:"对的,我会给你他的电话号码。"然后,她真的给了我电话号码。

我从来没有跟坦伯斯曼打过电话,我也没有去见他,麻烦他帮忙为一个编辑的婚礼买一件珠宝,这不就像打电话给比尔·盖茨帮忙买一台计算机一样吗。我觉得很愚蠢。但是,我非常欣赏卡罗琳坦率真诚的帮助。

5. 坦诚得令人吃惊的演讲

作为恢复《乔治》杂志的趣味性的一部分,小约翰在 4 月 28 日召开的美国杂志编辑联合会上做了一个演讲。ASME 是杂志行业协会,也是一个贸易协会,它最重要的作用就是举办年度颁奖晚会。ASME 国家杂志奖充满了协会内部的利害关系。有时似乎它们的目的是为了报答那些即将离职的或已经逝世的编辑，或者已经做了几年评委的有名气的编辑。然而，获奖的杂志会向广告商和读者大肆宣扬，这个消息好像他们刚刚获得了诺贝尔奖。

《乔治》杂志没有获得过 ASME 奖，因此，小约翰准备满足编辑多年的要求，亲自参加宴会。如果评奖是个游戏，那么自从《乔治》杂志创刊之后，从没有出席过此会议的小约翰最终将乐于参与这个游戏。

那周的星期二，大约 200 人聚集在哈佛大学俱乐部共进午餐，那是一个陈旧房间，房间内放满了暗黑色的红木板，褪色的红地毯和斯多葛学派式样的令人不舒服的家具。挂在墙上的一排油画，肖像画等上面画的是过去圣公会的灵魂人物。

我们坐下来食用烤桂鱼和和普通山莓制作的色拉。在发完用普通山莓装饰的白蛋糕时，一个 ASME 女官员站起来介绍小约翰。那个女人说："他就像我们大家庭里的一员一样，当他成为一个编辑时，我们就期待着他能加入我们这个大家庭。"

小约翰开始简单扼要地重述。他为什么要创办《乔治》呢？"因为第一次在政府中有人看起来不再像我们的祖父了。他们更像我和我的朋友了。"

一个正规却令人乏味的演讲——我开始做白日梦了。但是，小约翰接着开始讲了一些不平常的事和一些他个人的事情，这是我着迷的地方。

小约翰说："商业是一个比较次要的原因，其次是更加私人的原因。在 4 年之后，我可以公开地谈论这个原因。在我的生活经历和基础上，我对生活有一个独特的看法。我渐渐地感觉公众人物都是英雄,他们的生活非常艰难,他们经常受到那些处身事外和抱着不正确目的的敌人所误解。我不理解为什么电影明星是畅销杂志的唯一主题人物,为什么娱乐圈的人物是时尚职业新闻记者,那么,我就能够开始让我对政治的名流渗入到杂志之中,也许可以影响政治的表现。"

在答疑期间,小约翰又要在职业和自由之间来回变换。一个提问者问道:"你花费多少时间来设计封面,还有你最喜欢这份工作的哪个方面?"

小约翰首先回答这个问题的第二部分。"我喜欢这个工作的挑战性。我感觉这是给我的一个新的工作,在工作过程中,我会面对成堆的奇特事情,并且我必须去劝说人们相信。使命感激励着从事杂志工作的人们。"

回答得非常好。对我们而言,《乔治》杂志就是全世界,至少是世界的上层社会。小约翰继续说:"现在我花费在封面上的时间可能比杂志创办初期的时候少了。最初时,我努力将那么多的思想注入到杂志内的一张图片上……并且有时我们比其他人更成功。人们只有在发展受挫后,才会意识到市场危机需要人们按照其他行业相似的规则行事。最初,我们可能抓住了更多的机会。而现在,作为一个正在发展的事业,我们必须负责起更多的责任。"

小约翰继续说:"此外,我也喜欢了解编辑圈已经发生过的所有历史——这就像把网球放到装满水的橡皮管子中一样,球可以使管子逐渐膨胀、扩张和变粗。我们只有很好地借鉴一些经验,才能避免走弯路。以上只是我个人的一点儿体会。而很多人之所以会停滞不前,也是因为没有领悟这点。如果所有物品都被冷冻了,那么悬挂的冰锥就会越来越大,并且最终也会坠落。我用自己的理解方式,来让《乔治》杂志的封面表达一些我对政治和名人以及某些思想的另外一种相反的感情。"

我目瞪口呆地坐着。在德鲁·巴里摩尔成为封面人物3年的后,小约翰最终已经解释了他的想法。这个听众知道小约翰花费了多长时间才能说这些事情吗?他经过多么努力地工作才能达到这种程度呢?

下一个问题是:"您已经从如此多的方面学习政治,考虑过竞选公职吗?"

小约翰幽默地回答:"还没有人问过我这个问题。"人群中传来一阵笑声。

他更加严肃地继续说:"是的,非常正确,但是,那是发生在《乔治》杂志创刊之前的时候。事实上,我一直有竞选公职的想法。我记得当我4岁时,到我叔叔的家里去吃烤蚌野餐。有陌生人走过起居室,他们为了这个活动付了一万美元。我了解那些,但是另外一些事情却激起了我的好奇心。"

"这些天,我所有的失落感,我认为每个人都曾经有过。就是当你阅读关于网络的知识而网络已经触手可及时,你会有的感觉,这与我有关吗?我正在制造冲击或影响吗?"

"我认为如果你从政,就会有相同的感觉。你们已经开始想知道,如果你是一个供众人玩乐和攻击的大气球,而你确实正在做事情呢?我认为政治家只有在死后才能获得最巨大的成就。因为只有在他们死后，人们才会说政治家们做过多么伟大的工作，他们的生命多么有价值，多么充满成就感。可当他们活着的时候，从来不会获得这些赞美。"

听众都认为他正在哄骗大家。

下一个人提问到："从事后来看，对于包括你的裸照在内的那些带评论的图片，你有何感想？"

"我不是裸体，但是那却获得了人们的广泛关注，确实出人意料——我认为我的堂兄们受到了不公正的待遇。所有读了那封信的人都知道我不是在谴责我的堂兄……"

"乔由于'男人的不良行为'成为一个杂志的封面，而与此同时，麦克尔也出了问题。马赛诸塞的检举人正在谈论自从清教徒移民以来第一次依法粗暴干涉审判。我想这里出了问题。"

"关于那张照片，我想表达的是关于我堂兄们被公众所指责的行为其实只是人类脆弱行为的一方面，这是在我们每个人身上都存在的弱点，也包括我自己。我的照片所暗含的意思与我的堂兄们的行为是一样的感官行为。这样处理很合理。我将不开始谈论我们的家庭事情。"

据我所知，小约翰的发言不差一个字地被刊登了出来。在满屋子挤满了记者的情况下，他能赤裸裸地坦白自己的想法，这种坦然是令人们吃惊的。而我并不为此吃惊。"他就像他家族的一员。"小约翰介绍说，小约翰马上让他的观众感觉到大家都是他家庭的一员。一旦你处于他的立场，他的生活圈，你就想去保护他。当然，不会伤害他。你也想那么去做。

第十三章
小约翰的亲和力

1. 一个色情作品发行人

小约翰以怀疑的心情关注着国会共和党议员准备弹劾克林顿总统的事实。华盛顿的官员们都发疯了吗？只因为总统在一件事情上撒谎就要弹劾他吗？克林顿所做的事情只是努力保守任何人都不希望公开的个人隐私。因此，这一事件最终以参议院于1999年2月投票反对弹劾总统而终结，小约翰决定发表声明以表达他对于出现准备弹劾总统这样的事件感到失望。他选择在春季举行的白宫政治人物与记者宴会这个时机发表声明。

自从1987年《巴尔的摩太阳报》记者迈克尔·凯利宴请奥利弗·诺斯的文件秘书福恩·赫尔开始，新闻机构宴请名人已经成为一个惯例。但是你不要介意新闻机构否认政治与名人之间存在任何关系。

过去小约翰是我们必不可少的明星，但是今年小约翰想增加投入以提升《乔治》杂志的知名度。我们为5月的宴会预定了四桌酒席，小约翰邀请了西恩·潘、女演员克莱尔·丹尼丝、古姿首席设计师汤姆·福特、克林顿的忠实拥护者哈罗德·伊科斯和《好色客》

杂志出版商拉里·弗林特等人参加。

经过慎重斟酌才决定邀请弗林特。1998年弗林特悬赏100万美元搜集政治家不贞行为的证据，希望以此来羞辱那些攻击克林顿的伪善政治家。设立这个悬赏之后，弗林特成为不受华盛顿方面欢迎的人。甚至那里的出版公司都在总统授意下暂时终止支持弗林特，这使他焦头烂额。这个色情作品发行人从来没有报复过任何人，但是那年年底他出版了关于弹劾总统之前的政治家丑闻纲要的《弗林特报告》。小约翰由于赞同弗林特敢作敢为，所以才邀请了他。

正像迈克尔·凯利将小约翰宴请弗林特称为"革命性的奇观"一样，有人在《华盛顿邮报》撰文指出弗林特曾经在《好色客》上刊登过大量偷拍小约翰母亲在地中海近乎裸体晒太阳的照片。事实上小约翰也是经过激烈的心理斗争之后才发出邀请的。但是他喜欢弗林特这个人。（在庆祝我们杂志成立2周年的晚会上，我与弗林特交谈过。我必须承认弗林特是一个有思想而且可爱的人，这完全出乎我的意料。他的思维显然比他的杂志更加有深度。）小约翰钦佩弗林特的豁达以及出于本能地为那些主流媒体嘲讽的对象辩护的热情。此外，像小约翰的第一个采访对象乔治·华莱士一样，弗林特也只能乘坐轮椅，他是由于受到暗杀而受伤的，小约翰是一个富有同情心的人。最后小约翰认为弗林特至少可以坦然地承认自己是一个色情作品发行人。为政府服务的出版公司可以说同样的话吗？

星期六宴会之前，我们在四季饭店为《乔治》的广告客户举办了餐前鸡尾酒会。不过，酒会开始半个多小时之后，小约翰和卡罗琳还没有出现。当小约翰突然独自前来时，气氛立即热烈起来。在应该穿正式礼服出席的宴会上，小约翰却只穿了领尖钉有纽扣的衬衫、卡其布裤子和靴子等休闲服装。我以自己的方式使他改变。"出租店出租晚礼服吗？"我说。小约翰以玩笑的口吻许诺他将教我如何打蝶形领结。当然他从来没有戴过用夹子夹住的领结。我忍不住反驳了他几句。

"知道了，知道了，"小约翰说。接着解释到他本应该及时到场却迟到了，来不及换衣服，在宴会开始之前，他会迅速地换上正式礼服。我问："出什么事了？"

小约翰回答说："我准备驾驶飞机来这里。卡罗琳迟到了，因此她匆忙地乘坐班机赶来。而我由于等她起飞晚了，并且马里兰机场发生了火灾，我不得不绕过烟雾。"

小约翰说明天他将驾驶飞机回纽约，我是否愿意乘坐他的飞机回去？

"那样确实挺好，"我回答说。

晚宴似乎没完没了。小约翰和卡罗琳忙着招待那些名人客人，而我却努力使做着化妆品公司广告客户的那桌气氛活跃起来。他们都是好人，但是政治却非他们所关心的事，与他们在一起更适于谈论时尚、电影、《欲望城市》等话题。我唯一可以休息的时间是去洗手间。碰巧西恩·潘和我同时去洗手间，摄影记者一直追到洗手间门口。我们站在两个便池前，我点头向他打招呼："还好他们没有跟进来。"

"他们没有进步，"他说。

过去几年中，小约翰一直不去参加名人云集的《名利场》答谢派对，没必要帮助竞争对手。但是西恩想去看看，因此我们大约 15 个人穿过威斯康辛大街到达原俄罗斯领事馆，那是一个位于大街尽头南面朝向的白宫城堡型建筑。在入口处，《名利场》雇佣的配备信号板和头戴麦克风穿着整齐的女服务人员只让小约翰、卡罗琳以及我们那些名人客人进入会场，但是小约翰坚持所有人一起进入，否则就全不进。服务人员没有再争论，就引导我们进入了会场。

我们迅速穿过喧闹的人群，停留在草坪上，尽量远离众人聚集的位置。《乔治》杂志社的人自觉地围成一个圈，以便保护小约翰和卡罗琳。我与克莱尔·丹尼丝闲谈她在耶鲁大学第一年的学习情况，并且询问正一边吸烟一边有节奏地前后摇摆的西恩·潘对华盛顿的印象。他们都是非常有趣和机敏的人，但是他们的文章都不太适合刊出。

"顺便提一下，你可以和小约翰谈一谈电影《致命游戏》，我想他非常喜欢那部电影。"我对西恩说。

接着，我朝小约翰和卡罗琳的方向看过去，很幸运我那么做了，因为那是一个值得我珍惜的记忆。卡罗琳坐在小约翰身前，用满含深情的目光注视着他的眼睛。她穿了一件黑色长礼服，礼服的顶端用丝带形成蛤壳式，分开系在颈部，使她看起来非常可爱。她的眼睛清澈明亮，她的微笑充满了爱意。她像平时一样没有戴任何珠宝。对于光彩夺目的卡罗琳来说，珠宝是多余的物品。

小约翰也是笑声不断，他的担心和焦虑已经烟消云散，他似乎又变得乐观和无忧无虑了。

第二天我需要留在华盛顿处理一些事务，而小约翰需要尽快离开，因此我没有乘坐小约翰驾驶的飞机回纽约。

2. 爱情触礁

我之所以能清楚地记得小约翰和卡罗琳在一起的种种细节，是因为那时我自己的情感出了问题，妮萨突然提出与我分手。他们的幸福与我的痛苦形成鲜明的对比。

在4月的一个星期六晚上，我和妮萨同一些朋友共进晚餐，就餐期间大家谈论了许多关于婚礼的事情。我们回到家后，妮萨温柔地挽着我的胳膊说："我得和你谈些事情。"她脸上的表情以前我从来没有见过。

"我产生了一些怀疑。"她说道。

"怀疑？"

"既与婚礼有关，也与我们之间的关系有关。"

我的心一沉，感觉双腿发软。我使自己坐到扶手椅中，妮萨坐在沙发上。我说："你继续说。"

她产生这种感觉已经有一段时间了。她希望只是由婚前的紧张情绪引起的不适，但是情况并非如此。她在述说我们之间的问题时，眼睛没有注视着我。

我问道："告诉我出了什么问题，需要我如何改正？"

妮萨缓缓地摇了摇头说："它只是……错误。在我们之间一些本应该保持的东西正在失去。"

她没有再进一步解释。自从我向她求婚之后，对她而言事情发生了变化。但是我由于繁忙的工作还有头脑让幸福冲昏了而没有注意到这些事情。我认为她不会说她根本不爱我。

接下来的一周里，妮萨到一个朋友的公寓去住。并且她要求这段时间内我们之间断绝一切联系。她说也许距离可以帮助她将事情想清楚。

也许可以吧。但是分手使一切变得一团糟。虽然我们约定不联系的那周已经过去了，妮萨也回来了，但是我的饮食和睡眠还是难以恢复正常。因此我只能强迫自己去工作以求减轻痛苦。我记得我们都曾经怀疑过离婚怎么能够使彼此那么萎靡不振呢。我发誓没有一个人会认为我萎靡不振。在办公室的工作虽不会使人崩溃，但我不知道是否是工作让我俩的关系破裂的原因之一。如果我不是这样地忙于工作，就会发现妮萨和我之间那些迫在眉睫的危机。如果不是我这样急于掌握在《乔治》杂志社的新工作，我就能够注意到她在日渐消瘦。我也能够注意到她的那些夜晚经常失眠。

但是一切都太晚了，我只能像一个没有其他任何嗜好的男人一样使自己陷入工作之中。当同事问起婚礼计划进展情况时，我只能强颜欢笑地说一切正常。我只能保持一直工作下去，因为我一旦停下来，就很难再次开始了。

3.《乔治》杂志的出路

那年春天,随着《邮报》记者济慈·凯利自说自评地发表了题为"乔治的关键时刻"的新闻快报，小约翰和大卫·派克有关《乔治》杂志未来的谈判继续进行。人们普遍认为应该会有另一家出版商会收购《乔治》杂志。不过,小约翰还是希望与阿歇特集团签订一份新合约。

因为几乎没有杂志可以在转换出版商而造成的混乱中生存下来。

我们的杂志极其缺乏广告客户的现状不利于小约翰进行谈判。4月谈判失败之后,小约翰被迫寻找第三家出版商斯蒂芬·迈克埃沃伊,但是这只能使我们可回旋的空间越来越小。我将乘坐飞机前往洛杉矶、旧金山和意大利,目的是向汽车制造商、电子商务和时尚公司等广告客户解释《乔治》杂志的情况。随着下一届总统竞选的日益临近,我坚信明年将成为《乔治》效益最好的一年。他们虽然非常重视这种情况,但是仍然半信半疑。

接下来的消息使情况变得更加复杂:大卫·派克即将离开阿歇特集团。他已成为接管美国媒体集团投资人机构的主要成员之一。美国媒体集团旗下拥有《国家问讯报》《明星》和《环球》杂志。

"那确实太好了。《国家问讯报》……"小约翰说到,并且向我会心一笑。

但是无论小约翰对派克有何看法,至少他了解那个男人。他虽然不特别欣赏派克,但是他非常钦佩他在商业方面的能力。小约翰没有见过派克的继任者杰克·克里格。杰克·克里格曾是大观出版公司的管理人员,现年45岁。他会努力使其前任未管理好的《乔治》杂志获得成功吗?还是认为这份亏钱杂志及其个性鲜明的联合创办人太麻烦呢?

一天小约翰对我说:"也许我们应该将《乔治》杂志改建成一个杂志网站。如果我们取消了纸质的杂志,我们就可以节省大量的纸张费用、印刷费用、发行费用和邮寄费用。"

"小约翰,我不知道这样是否好。《乔治》杂志会成为一个网站吗？我不会浏览的。"我回应道。

小约翰说："那样做可以解决我们现存的许多问题。"

"你真的想成为一个政治网站的编辑吗？"我问他。

"不，不想。"小约翰叹了口气。

4．逆境中的感动

5月下旬的一个星期六，妮萨搬出了我们的公寓。

我提议我们再坐下来好好谈一次，但是她拒绝了。她说："不会有任何改变的。"我回应说："过去5年我们不是做得很好吗？"妮萨已经找到了一套新公寓，那是一套只有一间卧室的小公寓，距离第81大道只有几个街区远，非常靠近中央公园。许多纽约人都需要花费几周甚至几个月去寻找一个居所。但是她只用了一天时间就找到了，因为她希望尽快离开我们共同生活过的公寓。

我不禁注视着那些充满美好记忆的物品，我生命的另一半已经被装进行李包和纸板箱中，将要像蚂蚁背上的面包屑一样被带走了，因此我回到了办公室。由于那天晚上我要参加一个老朋友的婚礼，我带了一件礼服。当然妮萨也应该出席，但是我告诉朋友公司安排她去另一个地方进行商务活动。现在承认我们分手的事实可能会使朋友的婚礼扫兴，所以我说了个谎。我说她正在中国，没有人会想到那是我捏造的。

大约3点钟，我正坐在办公桌前凝视着已经黑屏的计算机，小约翰从我办公室门前走过。我们都非常惊讶地注视着对方——我想小约翰怎么会在周末来办公室呢,他应该去其他地方度假了,而小约翰没有想到周末还有人待在办公室,这个时候我应该在其他地方呀。

"你在这干什么呢?"小约翰问。

我撒谎说:"在加班。你来这干什么?"

他需要找一本参考书准备明天在位于马里兰切斯特的华盛顿学院的毕业典礼上演讲。他想在演讲中加入一些乔治·华盛顿的名言。

在小约翰去自己办公室寻找书的期间,我把裤子和T恤换了。当他再次回到我的办公室时,我正在从两条领带中选择一条可以搭配黑上衣和蓝衬衫的。

"你认为哪条好些?"我问道,并且举起两条领带让他比评。一条领带是亮红色,而另一条是带橘色条纹且很花哨的蓝色。他看着两条领带。我又注视着这两条领带,突然意识到在匆忙中选择了两条令人感觉极不舒服的领带。

"我认为也许两条都有点……随便吧,"小约翰说,"跟我过来一下。"

我跟着小约翰进入他的办公室,他进入套间就消失在里面,接着听到翻找东西的声音,像一个小孩正在沙沙作响地翻看着玩具箱一样。接着,他的手里拿着一个白色领带盒站在我的面前。他说:"试试这个。"

盒子里面放着一条高级丝质领带,是由我未听说过的意大利设计师设计制作的。领带用崭新的塑料包裹着,颜色是绚丽的深蓝色,上面点缀着精致的知更鸟鸟蛋色的条纹。这条领带可以完美地搭配我的外套。我撕去领带外包装,摸索着将凉爽柔软的领带围在脖子上开始打结,由于没有镜子,很难将结打好。

"过来吧,"小约翰说着。他伸出手抓住领带,除去折痕,然后,用结实而有力的手开始熟练而温柔地为我打领带。他非常熟练地打好结,整洁漂亮的结正好位于衬衫领子的中间。

他后退几步,欣赏着自己的作品说:"不错,非常好。"

你有时不会注意到人们做的某件事,然而当你的生活处于逆境时,同样的事情就会使你深深地感动。

"谢谢,非常感谢!"我说。

我的声音一定听起来有些异样,因为小约翰看着我说:"里查,你还好吗?"

在这一刻,我想不顾一切地停止伪装,不再撒谎,告诉他:不,确实一点儿不好。不知何故我相信小约翰可以安慰我。谁能比他更好地了解失去的痛苦呢?

但是马上我知道自己不能说出实情。如果我说了,那么下次我早晨上班迟到了或者晚上加班离开晚了,小约翰就会自认为知道出现上述情况的原因,然后开始考虑提升我可能是一个错误的决定。那样我将会成为另一个不惜一切代价接近小约翰的《乔治》杂志雇员。

"我只是有些累,"我回答说。

日落时分我朋友的婚礼在哈德逊河东岸一个美丽的庄园中开始举行。那天晚上,我一直强迫自己保持微笑。一些人指着幸福的新婚夫妇对我说:"下一个就该你了。"也许将来某个时间可以讲出实情,但是现在还不行。

第二天早晨春光明媚，小约翰驾驶飞机前往华盛顿学院参加1999级毕业典礼。在典礼上他向毕业生讲述了自己自从毕业之后对生活的一些思考。他祝贺所有毕业生说："你们已经成功地实现了伟人乔治未能做到的事情，你们已经是大学毕业生了。不管相信与否，乔治没有成为一名律师而是在政界完成了伟大的事业。"

"但是不要只看到他那些成功的完美事例，他也是一个正常的人，也受到许多从政人员所承受的苦恼和折磨。他曾由于不够富有而被他追求的女人贝丝·方特洛伊公然拒绝。竞争对手传播有关他有私生子的谣言。他也要为那些令人为难的亲属而烦恼……而且还经常由于增长的开支而受到竞争对手的批评。"

"有关他的事情已经讲得太多了，今天是属于你们的。"小约翰说。

5. 女人的爱情经验

5月25日，小约翰和卡罗琳乘坐商务飞机前往旧金山，小约翰准备在旧金山广告业协会作报告。我们极想得到高科技行业的广告客户，只不过在硅谷发行政治性杂志绝不是一件容易的事情。计算机怪才都轻视政治界的卑鄙小人。我们应该感谢微软公司的反托拉斯案件，华盛顿州开始轻视华盛顿特区。

那天晚上，小约翰和卡罗琳与苹果公司首席执行官乔布斯及其夫人共进晚餐。在他们正在用餐的时候，我与我们杂志社的新市场部主任迈克尔·福斯一起抵达旧金山。福斯是一个亲切热情的人。

我们草率地将他安排到服务性职位。通常这应该是出版商进行的旅行，但是我们之中没有一个出版商。

一般情况下，大约有50人参加广告协会举行的会议。但是在5月26日的午餐时有大约700人来看望小约翰。他是一位有趣、亲切又有魅力的人。当有人询问小约翰有关2000年大选的问题时，小约翰说："现在最大的问题是希拉里能否竞选参议员，是否一个出生在伊利诺斯州的人来到纽约竞选是一件不能接受的事吗……这有些类似于一个出生于华盛顿特区的人来旧金山找你在纽约的杂志上登广告一样，是可以接受的。"

有人问，小约翰会竞选公职吗？

他承认自己已经开始考虑这件事了。"错误的事情需要改正，而杂志就是开端。"

小约翰、卡罗琳、迈克尔和我从旧金山向北去西雅图，然后前往微软公司。小约翰希望这位软件巨头可以在一系列与2000年总统候选人在线聊天方面与《乔治》杂志合作。在哈佛大学的肯尼迪管理学院举行的这次对话会由小约翰主持，微软公司负责提供技术支持，付给他们报酬。当然他们要在《乔治》杂志上登广告。

我们分乘两辆汽车前往机场，计划在大门前会合。但是迈克尔、我和我们杂志社西海岸销售代表迈克尔·克来恩到达机场时，没有找到小约翰和卡罗琳。当我们在木板弦梯旁的塑料椅子上坐下来时，一位身材很高的女人靠近我们，她戴着太阳镜，所以无法认出她来，但她的衣着高雅，可以判断出是个人物。

"我们早就到那了，你们刚才恰好从我们身边走过，"卡罗琳低声说，并且向候机区的最远角落点了点头。

尽管我们的座位在商务仓，但是我们还是在其他人都登机后才登机。因为不是所有的乘客都可以与小约翰和卡罗琳一起登机的。我很高兴发现我们乘坐的波音737客机，只有两排商务级座位，因为这样至少可以有一点儿私人空间。

也没有经过商量，小约翰和卡罗琳就分坐在同一排的两个靠窗位子上，而我坐在靠近小约翰一边的过道侧座位上，迈克尔·福斯坐在过道的另一边。开始时我觉得小约翰和卡罗琳分坐在过道两边有些奇怪。我推断他们一定都确实想靠近窗户。

对于小约翰这个推断完全正确。当飞机离开跑道向北倾斜飞行，在太平洋上空沿着有很多岩石的海岸线飞行时，小约翰的脸紧贴着窗户，静静地注视着外面，一直持续到陆地隐藏到云层下面。他从窗户处转过头来时，看起来就像刚刚祷告后抬起头来一样。

但是当小约翰转身与迈克尔·福斯交谈时，我意识到如此安排座位很不合适。如果小约翰和卡罗琳在过道上交谈时，将容易受到碰撞。否则边克尔和我则成为 道人为障碍，即使只有一点点障碍也足以阻断他们交流了，而其他乘客只能分别与小约翰或卡罗琳闲谈。

"昨晚的晚餐怎么样？"我问小约翰。

"非常好，乔布斯是一个充满热情而且有思想、有才能的人。"他回答说。小约翰相信这次拜访可以使苹果公司在《乔治》杂志上登广告。有一点儿美中不足，由于乔布斯是一个素食主义者，因而餐桌上没有什么可吃的东西。

"没有东西吃?"

小约翰说:"你知道——根菜类、豆类、谷物类。我们不能确切的分辨是什么。卡罗琳只能挨饿了。"

同时,卡罗琳正在与迈克尔谈论关系学。晚餐过后,乔布斯的妻子提出了一个关系学与园艺学相类似的观点。两者都需要园丁和花草,即培养人的人和需要培养的人。两个园丁之间的关系可以顺利发展,一个园丁和一株花草之间的关系才会顺利地发展,而两株花之间的关系却不能持续发展。

卡罗琳说,在她与小约翰之间的关系中她是园丁。她必须照顾自己的丈夫,因为小约翰需要她所能给予他的所有的爱和关注。

不知何故,卡罗琳又与迈克尔开始谈论女性美的话题。卡罗琳说:"真正美丽的女人都具有超凡脱俗的素质。" 迈克尔问道:"也就是说像乌玛·瑟曼那样的人吗?""完全正确。格温妮丝·帕特洛就只是漂亮,而她母亲布利茨·丹娜则是个美丽的女人。"卡罗琳回答说。

她又补充道:"这也是我对小约翰的感觉。有时我注视着他睡觉的样子,是那么美丽。我不敢相信他确实只是一个凡人。"

小约翰想与迈克尔谈工作,因此我换到卡罗琳那边。卡罗琳立即将话题转到婚礼上。

我不能对卡罗琳说谎。在我将一句话说完之前,她那双锐利的蓝眼睛已经看透了我的心思。我告诉她:"情况确实不好。"

我一五一十地将所有事情都告诉了她。讲完之后我有一种完全解脱的感觉。在我讲话期间,卡罗琳静静地听着,她的目光始终没有离开过我的脸。然后她毫不犹豫地说:"好,你应该尽力去挽留妮萨,而不应该任她离去。"

卡罗琳解释说,她了解女人的这种行为,她自己也曾有过这种行为。嗯!她曾经拒绝小约翰求婚几乎长达一年时间。她尽其所能地离开小约翰,但是小约翰始终不让她离开。不知多少次她流着泪告诉小约翰自己不能与他一起生活,只因她害怕。他却只有一个回答。她所认识的人中小约翰是唯一一个这么坚强、这么有耐心并且这么确定地知道自己想要得到什么的男人。只有在小约翰给予她之后,她才意识到自己需要什么。

卡罗琳说:"在妮萨心中存在着心魔,而且它非常强大。你必须放弃自尊、牺牲自我。她需要你成为一个坚强的人,并且需要你为她而战。我知道她离开的原因,只是因为以前没有人为她而战。"

当时我太痛苦了,不能体会到她的这些有价值的建议,但是后来我对那些建议感到很好奇。卡罗琳与妮萨并不太熟悉,当然难以如此信心十足地诊断妮萨的心理问题。她真的只是在探讨妮萨的问题吗?或者像小约翰在毕业典礼演讲中所做的一样,她只是在介绍自己的经历呢?也许这是平时不能谈论自己的事情而造成的不可避免的结果,因为你的私人生活已经成为一件商品,你必须尽力去保护它。不过,诸如恐惧和担忧等情绪的确需要表达出来,在不经意间将这些感觉混入到对其他人问题的判断中,这会使人们清楚地找到问题的症结所在。

卡罗琳滔滔不绝地说了将近一个小时,我几乎不能插进一句话。那些话语极富冲击力。我陷入对三个问题的思考之中。首先,真不知她从哪里来的如此充沛的精力？第二，也许她是正确的，也许是她对小约翰所做的事情对我有帮助。第三，她怎么能这么大声地说话呢？在我们前一排的座位上还有其他的乘客呀！而卡罗琳说话时根本就没有把声音压低。我想起了一篇1997年的简讯，它报道了在飞往玛莎葡萄园的班机上乘客无意中听到了卡罗琳和小约翰争吵。

卡罗琳似乎并不关心谁在听她说话。不久之后，我就不再为保护小约翰的事情焦虑了，而使自己享受着她的安慰。她使我获得了以前没有过的感觉——希望。

很幸运飞机着陆时机场上没有狗仔队。因此小约翰、卡罗琳、迈克尔·克来恩和我可以步行去取行李，而迈克尔·福斯则去租车处租车。在我们向行李存放处走去时，小约翰向我点了点头，对卡罗琳说："哦，亲爱的，你给里查提了许多有关婚礼的建议吗？"

卡罗琳以警示的目光看了他一眼，然后摇了摇头。

小约翰满脸疑惑地说："出什么事了呢？怎么永远都是我最后一个知道的。"

我对他说："以后会告诉你的。"

我们在人行道上等迈克尔·福斯开车来接我们。当我将婚礼取消的事情告诉小约翰时，他脸上充满了难过的表情。

他说："哦，也许妮萨也像卡罗琳一样，只是需要点儿时间。"

"卡罗琳已经告诉我了，"我说。

"是的,当时她极力要离开我。"小约翰说,笑着沉浸在回忆之中。就在这时，一个大约五六岁的黑人小孩拿着一张纸走到迈克尔·克来恩面前，怯生生地说："你是小约翰——小约翰吗？"

我努力忍着才没有笑出来。迈克尔·克来恩大约5英尺8英寸高，而且看起来一点儿也不像小约翰，他说："不，我不是。"

小男孩看起来非常沮丧，"哦，因为我妈妈让我向你要签名。"他指向人行道，大约100英尺远处，一个站在电话亭玻璃后面的女人正朝我们微笑，并且挥了挥手。

卡罗琳用手指着小约翰微笑着对小孩说："他是小约翰·肯尼迪，他会为你签名的。"

"好，过来吧，孩子。"小约翰说。

像妻子提醒自己丈夫扔掉垃圾一样，卡罗琳警告说："小约翰……"小约翰从孩子伸出的手中接过那张纸，在上面签上了名字，那个孩子迅速地跑回他母亲的身旁了。

大约20秒钟后，那个小男孩又出现了。在他手中又拿了一张纸，这次他知道该问谁了。他对小约翰说："可以再给我签一个名吗？"

小约翰看了一眼卡罗琳，好像说我早就告诉你会这样了吧。然后弯下腰看着小男孩的眼睛说："一个就够了，好吗？告诉你母亲一个已经够了。"

迈克尔·福斯将车停在路边，我们将行李放到行李箱中，然后我们五个人挤进那辆沃尔沃轿车，卡罗琳坚持让我坐在副驾驶的位子上，而她、小约翰和迈克尔则坐在了后面。

小约翰把最后一个包放到行李箱中时，一个漂亮的棕发年轻女孩认出了他，她尖叫着说："肯尼迪先生，肯尼迪先生。我可以与你合影吗？"

"不行，我不做那种事情，"小约翰平静地说。

女孩脸上露出失望的表情。小约翰进入汽车,我们从路边驶离。女孩一直站在人行道上,注视着我们离去,直到我们转弯之后,我才看不到她了。

当我们转入西雅图四季酒店的车道时,换成卡罗琳焦虑了。"不要在地面上停车,否则又会成为动物园了。"但是似乎太平洋西北海岸的狗仔队不像他们东海岸同事那样无孔不入,因为在我们卸行李时没有人骚扰小约翰和卡罗琳。

在服务台前,服务员通知小约翰酒店已经给他们夫妇准备了一间豪华套房。

"是吗?"小约翰皱起眉头,他说自己不需要任何特殊对待,有一个标准双人间就可以了。

服务员抬了抬眉毛,"一个标准双人间?"

小约翰说:"是的,那样很好。"

"很好,肯尼迪先生!"那人说着,并且交给小约翰一把钥匙。

半小时后,小约翰、迈克尔·福斯和我在酒店顶层的商务中心会面了。这个配备着几张桌子、计算机和传真机乱糟糟的房间本来是酒店管理办公室,平时禁止顾客进入。但是当小约翰对看门人说我们需要一个地方工作时,那个男人就立即让传达员为我们打开这个办公室的门。传达员将门打开,然后给我们送来一些苏打水和几杯冰块,虽然我们并没有要。

在我打开计算机期间,我们三人谈了一些住房情况。小约翰抱怨说:"他们给我和卡罗琳一间有两个单人床的房间。"

"那就是你所要求的房间呀。" 迈克尔说。

"是我要的吗？"

"小约翰，那就是标准双人间，一个房间内有两张单人床，"迈克尔解释说。

小约翰叹息说："哦，上帝呀，在报纸上可能会出现'婚姻触礁！小约翰——小约翰要求分床而眠！'的大字标题！"

在接下来的一小时内，我坐在计算机前，而小约翰和迈克尔重写销售赠刊。为了让这期赠刊读起来更加顺畅，我们需要进行逐行逐句地修改。因此，小约翰先朗读一行，然后我们都提出修改意见，最后我把修改稿打印。

我们能够在这个小房间中为我们的杂志工作，这使我们都非常愉快。没有人注视我们的工作，使我们感到很轻松自在。迈克尔和我已经忘记了小约翰是我们的老板，我们三个人只是尽情地享受着工作的乐趣，享受着来自自己喜欢做的工作的愉悦，还有三个男人之间的互相信任和友爱，不必为受人监督而感到烦恼。虽然我们各自拥有不同的工作技能，但是我们可以结合在一起，取长补短。

时间在滴答声中逝去，太阳已经落山了，我们却更加精力旺盛了，心情更加放松了，并且偶尔开些低俗的玩笑。我们都清楚地知道虽然我们这份新兴的杂志面临着危机，但是我们正在努力增加它继续发展的机会。我又一次有了1995年夏天的那种不顾一切的感觉，那时人们都认为《乔治》杂志发行不会超过一年，如果运气足够好也许可以坚持2年，但是我们已经存在4年了。我可能会失去未婚妻，但是在这份工作中可以得到庇护。公司的这些男人虽然不能像一剂良药那样清除我的痛苦，但是他们可以帮助我渡过难关。

工作结束之后,我们去附近的一家饭店与卡罗琳汇合。她正在那里与一个小约翰的老朋友丹·萨姆森一起等我们。丹是一个面目和善、喜欢大声说笑的大块头男人。他可以让你觉得你们是已经相识多年的老朋友。丹的父母、妻子和两个刚出生的小女儿也在场。

已经过了西雅图吃饭的时间,我们是那个昏暗的饭店中唯一的一批客人。小约翰坐在丹的父亲旁边。丹的父亲是一名医生,是大屠杀时期的幸存者。岁月将世故和智慧刻在他那平和的脸上。萨姆森医生和小约翰边吃饭边低声交谈,无论什么时候萨姆森医生说话,小约翰都仔细地倾听,而当小约翰说话时,萨姆森医生则面带微笑频频点头表示赞赏。这不是父与子之间的感情交流,而是教父与教子之间的交流,一个老人与年轻人之间的交流。年轻人渴望获得老人的知识,而老人也以自己的使命得到延续为乐。

我们吃饭的时候,卡罗琳站着将萨姆森的婴儿抱在胸前,温柔地摇晃着,并且低声地说着令人安心的话语。一种平静安宁的心情取代了她平时的紧张情绪。丹笑着对卡罗琳说这个孩子平时非常爱哭,她一定喜欢你才没有哭。卡罗琳像抱着自己的孩子一样抱着那个婴儿,小约翰每隔一会就看他们一眼,他脸上就会浮现出无限的爱意。

6. 为了推销的演讲

第二天早晨,卡罗琳独自留在酒店,而小约翰、两个迈克尔和我则驱车前往雷蒙德。迈克尔·福斯开车,小约翰坐在副驾驶位。

我们一上高速公路,小约翰就降下车窗玻璃,将头伸出车窗享受微风的吹拂。"小约翰当心头被撕裂，"迈克尔·福斯警告到。小约翰将头收回说："迈克尔，没有人告诉你开快车的乐趣吗？"然后他又把头伸出窗外。

在一个隐藏于杂乱的微软园区的小会议室中，小约翰向大约12位略有些令人讨厌而又非常聪明的微软各部门经理进行推销。这次演讲比在旧金山时更富有感染力。小约翰讲完之后，那些微软职员像毕业班中自信的学生一样向小约翰提问。他们的问题比我以前曾经听过的出版社对小约翰的提问更富有思想性。我可以说小约翰非常喜欢这种互动式的答疑方式，因为他也开始问他们一些问题。网络将如何改变政治？如何解决不能在线选举的问题？

结束之后，小约翰回酒店接上卡罗琳乘坐飞机回纽约，而两位迈克尔先生们和我则留下来与微软的一个工作小组协商具体合作细节。会谈进展非常顺利，微软公司的营销人员接受了我们的设想。当他们开始谈费用时，我们提出了自己预期钱数的两倍，他们则欣然接受了。

我筋疲力尽而又欢欣鼓舞地乘飞机回家。这使我感到似乎形势正在好转。小约翰即将达到他事业的巅峰，毕竟这正是我们的努力使它成为现实。

小约翰返回后不久，就于阿歇特集团的新CEO杰克·克里格进行了第一次会面。那次会面并没有获得理想结果。克里格不同意与《乔治》杂志签订一份新合同，他告诉小约翰在这件事上不存在个人喜好，只是工作。他知道自己的新工作是找出阿歇特集团中盈利杂志正在遭受发行量减少的原因，而他的时间有限，因此，需要把精力集中于赚钱的杂志上。

不久后，小约翰开始起草了一份出版社发行书。它的内容是："为了顺利发行，1999年6月——《乔治》杂志社和阿歇特菲利巴希杂志集团都同意解除他们的合作关系。阿歇特集团将于1999年年底出售他们拥有的乔治出版公司的50%股份。"

即使我们能够生存，也不会是在阿歇特集团内。

第十四章
小约翰遇难

1. 滑翔伞坠落

在1997年5月的第一个周末,小约翰驾驶的动力滑翔伞坠毁了。自从《乔治》杂志创刊后,小约翰被称为巴凯的梦想飞行器。这种运动可以缓解他的压力,还有一个好处,就是可以为驾驶真正的飞机做准备。你不需要一个执照就可以驾驶巴凯飞行器。驾驶它的全部要求就是训练几个小时。

超轻型飞机看起来像一个发明家在车库中创作的物品。基本上它就是一个后面有螺旋桨的三轮推车。飞行员将自己用安全带绑在用螺棒固定在底座上的椅子上,用一个钢框架保护着。为了起飞,他要在地面上加速跑,使拖在后面的一个巨大的降落伞充气膨胀,然而,使飞行器升空。如果发动机坏了,降落伞使它安全降落。至少都是这样设计的。

小约翰非常喜欢那个梦想飞行器。他从海恩尼斯港口的肯尼迪夏宫附近的海滩起飞,在水面上飞行。经常在落日余晖中映出黑色的形象。他曾经下降到非常接近地平线的位置,以至于邻居们都担心他会与建筑物相撞。后来他回到办公室时,他对这个故事一笑了之。他自己曾在一个不知道的地方快接近坠毁了。

卡罗琳喜欢与小约翰一起在飞行器上飞行,但是,她不喜欢像小约翰那样坐在装有发动机的椅子上。小约翰喜欢自由的空气,他可以从只有风和白云陪伴他距离地面几千尺的高空获得活力和热情。这项活动不好的地方就是太危险了,但是小约翰却非常喜欢。在小约翰的生活中,对他来说事事都很顺利,他需要创造属于自己的挑战。

小约翰的滑翔伞坠落的那天傍晚,太阳已经快要落山,那天是整个夏天最美的周末之一。小约翰迅速转向另外一边,但是他还是不够快。巴凯牌滑翔伞撞到了树上,并且在垂直地向地面落下,像一只被从天空中射落的鸟一般狼狈地落在了地上,成为了一堆碎片,但是他是幸运的,否则情况可能会更糟糕。

小约翰回到办公室时,拄着拐杖,用裹着石膏的腿跛行,他的情绪非常不好。他的踝关节疼痛并扩散到腿部。他服用的止痛药使他头昏恶心。小约翰为了保持将腿抬起,不得不斜卧在一张黑白色的长躺椅上,脚距离地面几英寸的高度。他的头大约在膝盖高的位置,这使交谈变得很困难。这次事故使他很难堪,并且很快就厌烦人们询问发生了什么。关于发生的情况他曾经讲了几个不同版本的故事。他告诉一些人在着陆时,他撞到了石墙,而告诉另外一些人,他在滑着滑翔板时受伤的。

在小约翰受伤的那段日子里,确实是糟糕的事情。因为那个夏天的工作将决定《乔治》杂志的命运。我们需要一个健康和完整的小约翰。在6月10日,我们在布鲁明代尔举行一个鸡尾酒会,宣传一本用《乔治》杂志社发行的书，书名叫《使美国变得更美好的250种方法》（小约翰的政纲准则中的大部分细则）。我和小约翰乘坐同一辆车到会议现场。地点在第三大道上，当我打开门让他进入时，我感觉自己好像正在将一头海豹投入鲨鱼池中似的，我努力阻挡摄影师，尽可能地把那些人拖住，好让小约翰从车中出来。当他提着拐杖站起来时，我只能抓住那扇对着百货商店已经敞开的门，向好的一方面想。

在里面，情况稍微好些。小约翰的脸看起来苍白而且因为痛苦而扭曲。他没有站起来按计划中安排的发表简短讲话。我有一张那次晚会上的照片，我们肩并肩地站着，小约翰斜视着他的拐杖。他看起来筋疲力尽，并且非常脆弱。

还有一个原因让这次事故更是雪上加霜。在生机勃勃的夏天，医院的医生却禁止小约翰进行体育活动——不允许他掷飞盘，不允许滑滑板，不允许骑自行车，也不允许游泳。小约翰是一个如果错过一项体育训练就会变得脾气不好的人。"我感觉这种情况对你来说真的不容易，但你必须忍受他，"一天，卡罗琳来办公室时，麦克尔·福斯开玩笑地说。

卡罗琳也开玩笑地回答："我感觉对不起你们，我只是在晚上和早晨才见到他，你们大家都必须全天忍受他。"

由于受伤而搁置了工作，小约翰比其他人更加沮丧。但是在小约翰需要安慰的时候，《人民》杂志却刊登了一张他拄着拐杖在大街上行走的照片。照片上，他正好穿着一件我们的那种在左臂饰有"乔治"字样的白色棒球型T恤，拄着拐杖继续前行。

他用手举着那期《人民》杂志，没有拄着拐杖，单脚跳进办公室。他抓住我的办公桌，保持着身体的平衡，指着照片，笑着对我说："现在这是侮辱。"

同时，即将爆发的危机感，使我们更加谨慎地努力工作，希望我们的杂志继续有好的新闻报道。如果小约翰将杂志出售给其他的发行商，我们需要尽自己的能力做好每一件事情。在周末，6月1日，《今日美国》上发表了一篇小约翰写的宣传图书《使美国变得更美好的250种方法》的社评。他呼吁网上投票合法化，从而推进选民参加投票，特别呼吁年青人中的选民参加。像有关约翰·麦肯恩和拉什·法因戈尔德的编辑信件一样，小约翰的社评是一篇真实的爱国文章，这非常有益于《乔治》杂志和小约翰的形象。

接着，我们杂志社的内部事实评论员里萨·达洛斯通知我《纽约时报》想在"时代时尚"特刊上刊登《乔治》杂志社全体职员的照片，以此作为时尚图片。他们的独立撰稿人是我们杂志的专栏作家，纽约的美好生活作家阿尔雅马托。《纽约时报》已经不确定《乔治》杂志是热点。虽然我们目前的状况比不上1995年那样好，但我们的杂志更能跟上时代。所以我们也没有向《灰色老夫人》（纽约时报多年前的昵称）进行解释。《纽约时报》的时尚专栏的做法确实肤浅。《哈波斯杂志》或《大西洋》杂志的编辑就从不做这样的事情。尽管我们知道在12月份之后，我们的杂志社不可能再成为一个独立出版公司了，我们也很高兴参与。因为我们的杂志也需要宣传。

在6月份上旬的一个星期一上午，我与4位同事到市区的鲍威利酒吧与雅马托和《时代》杂志的摄影师们会面，（小约翰没有参加）。

我们在封闭的饭店和院子了漫步，谈论名人摄影师蒂姆西·格林菲尔德·桑德斯。从特大的马提尼玻璃杯中用吸管喝着蔓越橙汁。两个时尚编辑为我挑选衣服。在饭店的桌椅中间，我把衣服换成价值700美元的时尚男士（Huge Boss）牌羊毛衫，价值500美元的康纳利（Canali）牌裤子和400美元的阿玛尼（Armani）牌皮鞋。然后我坐在化妆镜前的凳子上，那位化妆师是个鼻子上钉着鼻钉并且涂着黑色指甲的年轻女人，她在我的额头上涂上粉，并且用发胶充入空气。雅马托让我们挤到一个小房间里休息。这种感觉有些可笑，当格林菲尔德·桑德斯拍照时，我们正在大笑，并且行为有些像小丑。我们把手臂向对方伸出，装出正在做飞吻的姿势，并且高举起玻璃杯。"太好了！漂亮！完美！" 格林菲尔德·桑德斯喊道，快门咔嚓咔嚓地一直响着，胶卷呼呼响着快速旋转。

　　在这个有趣的事情过程中，我突然记起了4年前的那个晚上，当我和妮萨，小约翰还有卡罗琳来到这个大饭店时的情景，在摄影师冲过来之前，小约翰已经消失了。那天晚上的事情仿佛很久以前就发生过。那以后，我痛苦地感觉到我在一个不适当的位置，仿佛在法庭上，周围站满了熟知法律条文，穿着整齐，面貌英俊而严肃的法官，而我是那位目瞪口呆的恳求者。

　　生活已经改变了。现在我是一个全国性杂志的主编，可以出现在电视谈话类节目中，并且在出版社会议上进行讲话，当我告诉人们我的工作时，他们看起来非常敬佩。我穿着相当于自己在华盛顿月工资两倍贵的衣服，为一个全国性杂志的时尚版面摆姿势拍照。即使衣服是借来的而笑容是道具又何妨呢？我已经见到了我从来没有期望见到的事情，遇到了我从来没有想过会遇见的人，以我未曾想过的方式来生活。

当然，这种生活也让我付出了代价。不知道是什么原因，在所有令人兴奋的事情中，我已经丢失了对我来说比所有名人都意味更多的人。我所得到的事物比所有"失去的事物更有价值吗？"我没有尽力去细想这个问题，因为它没有实际意义。我已经作出了选择，坚持向前是我唯一的选择。如果假装微笑可以促进《乔治》杂志的发展，那么我就会那样做。有时我希望自己回到以前的生活，回到以前简单的工作中，我也希望从来没有遇到过小约翰·肯尼迪。

而其余的我则希望这样的时光永远不要结束。

小约翰出事的几周内，他不能进行飞行，因为在飞机内他不能保持把腿抬起的动作。这就是我们最后乘坐 Amtrak（美国客运火车系统）高速列车去华盛顿参加我们与宝马公司在 6 月 17 日举办的晚会的原因。德国宝马汽车公司是我们最忠诚的广告客户之一，在萨博和梅塞德斯等竞争对手放弃与杂志合作之后，他们仍然坚持与我们合作。但是我们不认为理所当然。因此，我们为宝马车创办了一项我们称为"政治家对评论家"的汽车赛。比赛在美国空军体育场的露天停车场上举行，美国空军体育场位于距离华盛顿 40 分钟的车程到马里兰乡村，是一个小型的体育场。国会议员为寻求宝马美国分公司的辅助而与该公司的高级决策人聊天。这样做的目的是，宝马公司的大亨们也可以与国会议员们拉近关系。而我们则为《乔治》杂志进行宣传，在国会上发展资源并得到更多的广告。在这些比赛中，每个人都是胜利者。

小约翰的脚踝使他受了很多苦,直到最后一分钟,小约翰还在考虑是否参加。最后他终于决定参加,于是我和小约翰乘火车前往。因为火车比林肯轿车更快而且更宽敞舒适。

　　我知道小约翰必须去参加,但是这个旅程确实使我担心。拖着一条伤腿的小约翰·肯尼迪走到纽约最拥挤和混乱的公共场所之一的宾州火车站内。当我不能说服小约翰留在办公室的时候,我焦虑担心的心情逐渐增加了。我们乘坐一辆汽车去宾州火车站。虽然我守候在小约翰的车门外,但是小约翰在我们准备乘坐的火车发车前15分钟才准备上车。甚至当他拿起拐杖走动的时候,都会使他非常的疲惫不堪,痛苦异常。我看着他拖着伤腿,忍受着巨大的痛苦,穿过门廊的时候,我能够理解他为什么那么犹豫是否参加的原因所在了。如果我们想赶火车,就必须快些走,我们却不能快走,那天我们非常的幸运,在百老汇大街上人不是太多,非常畅通地穿过了那里。我们在发车前6分钟就到达了地下车站。我拿着我们的包,小约翰戴着一副太阳镜和帽子。我们乘坐自动扶梯进入肮脏的火车站,那里的灯光昏暗,简直就像苏联的炸弹避难所……

　　一路上,没有任何事情发生。小约翰已经安全地站在宾州火车站的站台上了,而且幸运的是没有人认出他来。

　　当然这与他的乔装打扮分不开,他的帽子和太阳镜正好可以完全把他的脸掩盖住。但是我猜想真正的解释应该是另外一种,我一直赞同小约翰所持有的某种现象相反方面的观点,就是:纽约人无限地关注富人和名人,却很少关注虚弱和受伤的弱者。对于人们来说,一个拄着拐杖的人很少让人们联想到他会是某个名人。

我们到达后，马上就上了车，我们乘坐残疾人专用的扶梯下到轨道的列车内空荡荡的商务车厢中，坐在那里进行休息。我们在乘车过程中没有太多的交谈。我们都需要一点儿歇息时间。小约翰将他的伤腿放在他前面的座位上，注视着渐渐逝去的乡间风光，看着它们快速地在窗前闪过。

"我希望你能将车窗打开，"他说，"我真希望他们能够创造敞篷列车。"那天晚上，我们在搭建体育停车场上的巨大帐篷内，吃了些色拉、虾和意大利面食等食品。由于有国会议员在场，所以不能痛快地喝太多酒。

晚餐结束后，一位宝马公司职员驾驶着高尔夫球车出现了，把小约翰带到一个非常迷人的高尔夫球比赛场地，那辆车驰骋在位于停车场上的橘黄色车道上。小约翰依靠着拐杖，为照相摆好了姿势，他用失望的表情注视着雅玛托和其他围在车道周围的众人，看起来是那么可笑。

玛丽·波诺拽着小约翰，留下来听她说话。她站得离小约翰非常近，轻声地与他交谈。我们杂志社的一个记者刚刚写了一篇国会议员索尼·波诺遗孀的人物评论。玛丽·波诺已经被选举接替了她丈夫的职位。她虽然已经将长发剪成分不出男女的华盛顿短发，但是她依旧那么迷人。她高颧骨，一双大眼睛，炯炯有神，嘴唇非常性感。我的美编部有一张她当模特时的照片。在照片中，她戴着一个穗状黑色假发，身上穿着皮制的胸罩，腰上缠着碎皮革。如果她知道我们要刊登她的那张照片，她也一定会告诉小约翰的。

当比赛结束时，我和小约翰乘坐着由私人司机驾驶的宝马车回到了华盛顿旅馆。他坐在后面，这样才能使他的腿抬起，我从座位上转过身对他说："玛丽·波诺想做什么？"

"她想谈论关于她的报道"小约翰说。波诺说我们杂志社记者的问题太私人化。

从小约翰的声音中我可以感到他喜欢波诺，我也知道他相当同情这位政治遗孀。

"那您怎么回答的呢？"我问。

"我告诉她不必担心。"小约翰说。他已经告诉她关于《乔治》杂志所写的有关她的更糟糕的情况。他告诉波诺："你应该习惯这种事情了。"谈话结束时，他说新闻出版界也不是都很坏。

我开始大笑。

"有什么好笑的？"小约翰说。

"小约翰·肯尼迪为新闻出版界辩护。"我说。

2. 女编辑抗议性别歧视

几天后的一天中午，当我正在办公室工作的时候，小约翰走进我的办公室，然后随手把门关上。他的脸上显示出非常愤怒的表情。"你看到这个了吗？" 他说着，同时把一张报纸猛地推给我。"有人把这个给了出版商。"

我浏览了一眼那份报纸，感觉我的脸一下苍白了。这篇文章是一个内部电子邮件。它涉及《乔治》杂志社里的所有女职员，而没有男职员。这篇文章详细说明了女人性别差异的办公室事件。有许多这样的抱怨，涵盖的范围涉及从一个男编辑制造的一个女同性恋的玩笑到另一个男人让一个长着"令人恐怖的腿"的女编辑穿紧身裤。女人们转发这个电子邮件以至于他们所有人都能够分享她们以前的苦恼，也就是说，一个人经历过所有人都可以去体验。她们像乔治和玛萨·华盛顿一样自称"玛萨们"。关于这些文字，存在着许多令人愤怒的狡辩。

整篇文章都没有提及小约翰。但是当我读完时，他仍然是义愤填膺地吹了声口哨。"从来没有这么没趣过。"我说。

"你怎么看？"小约翰问。

我承认有件事情存在性别问题。其他内容只是把一些时尚杂志的文章进行了具体化，只为了创造性别政治的一个勇敢尝试。事实上，如果在《乔治》杂志社里有客观对待性别问题的人，那么一定是小约翰。

我说："当然，我不确信是否有人写了这篇文章，尽管《纽约邮报》刊登了它……"

我们都没有再说什么，因为事态严峻，很容易就能够想象到在报纸的头版头条刊登这样的大字标题："小约翰·肯尼迪面临性骚扰，并遭到指控的打击。"这些结果同时会使之为《乔治》杂志寻找一个新的出版公司突然变得困难了。更不用说，对小约翰本人造成的后果。众人不可避免地指责小约翰，因为这证明他与他的堂兄们拥有相同的品行不端行为，人们为此而批评他。同时，人们普遍认为这也为保护小约翰自己公司职员做准备。

"这是极其愚蠢的事情。"小约翰说。他尽其所能地使办公室充满轻松愉快的气氛。难道这就是对他的回报吗？他确信这些妇女在准备控诉前也一定会谈到他。这篇文章读起来就像一个检举人的公开陈述。

几分钟内，罗斯已经召集所有的女编辑到小约翰的办公室里开会。然后，小约翰让我告诉她们所发生的事情。几乎没有一句开场白，他希望事情将如何发展。

虽然小约翰很少发脾气，但我们能感受到整个办公室的氛围格外压抑。办公室中的大多数女职员都没有见过小约翰发脾气。然后，一些人开始大声地说话。她们说这不是一个流行的性骚扰事件。她们是想激活办公室中的沉默氛围，让那些男职员们也活跃起来。一些事情需要改变。

"好的，"小约翰说，"办公室中的所有职员都来开会吧！我希望你们畅所欲言。如果我准备提出某个问题，我不希望你们只是沉默。"

大约半小时后，我们聚集在41层的会议室内。随着门紧紧地关上，没有一个人小声交谈，小约翰直言不讳地解释了我们面对的一个急需要解决的问题，并且希望大家各抒己见。

我们开始讨论，大家对坦白的谈话似乎有些迟疑，但是却充满了率真的尊重。女职员们提出了她们的担心。男人们承认了自己的一些过失，并且进行了道歉。我们听起来就像通常只发生在青春偶像剧中围坐在一起解决问题的家人们一样。小约翰让我们坐下来公开谈论纠纷的方法，他迅速地平息了一个非常严重的状况。

在开会期间，小约翰没有发表自己的任何意见。我认为他不能确信自己能否控制住怒火。此时真是期望越高，压力就越大。

3．小约翰又准备飞行了

6月22日，我到佛罗伦萨参加男人秋季时装表演，以设法获得广告商。当我回来时，接着要面对许多巡游和采访。我要参加在华盛顿为《使美国变得更加美好的250种方法》一书进行的电视和电台的访谈节目。接连不断的活动，令人筋疲力尽。我只希望工作之余能够回到无人打搅的公寓中休息。

小约翰正在忙碌地寻找一个新的发行公司，或者是一个媒体巨头，或者是一个富有的个人来投资。他正在从鲁伯特·默多克新闻公司任高级职员的盖瑞·金斯堡那里收集信息，还从一些金融顾问那里获得消息。在7月初的时候，他开始起草一份关于如何解释《乔治》杂志即将从阿歇特集团分离的备忘录给那些顾问中的一些人。他写道："我需要提出一种分离的积极合作模式。"

我们刚刚收到8月份那期杂志的预计订单。更何况8月从来都不是杂志销售的旺季。人们在8月份很少出去购物，而是拥向海滩去度假。因此，广告商们都要拖到9月份之后才开始登广告。即使按照8月份的标准来衡量，我的这期杂志的订数也是非常少的。小约翰手中拿着杂志在办公室中来回地走着，开玩笑地说："好，看呀！没有广告！"

他的玩笑不能鼓舞士气，但是还是可以理解的。公平地说，那只是一个黑色的幽默。

7月14日星期三下午，当我听到小约翰的说话声时，我正在办公室内工作。我们办公室之间的墙很薄，但是也没有薄到能听到彼此谈话的程度。在令人震惊的时断时续的发怒声中，我能够判断小约翰正在大声喊叫。他的叫喊声结束后，一切又都恢复了平静，不一会儿，小约翰的恼怒声音又出现了。

开始的时候我听不清楚他在说什么，后来，在特别长的中断之后，我听到小约翰说："啊！该死，卡罗琳，我昨天晚上直到3点都没有睡，都是因为你呀！"

他们的争吵大约持续了5分钟，过了长时间，小约翰都没有打开自己办公室的门。

第二天，杰克·克里格在第50大道的帕尔姆牛排餐厅举行了一个午餐会。他想向现在为他工作的编辑们和发行人员进行自我介绍。克里格已经租下了整个餐厅，喧闹的空间内充满了木制桌椅和带着浓厚纽约腔的侍者。墙上的油画是堂纳德·特朗普、苏珊·卢西和鲁迪·朱利亚尼等当地名人的彩色画像。

在克里格的邀请下，我坐到了他的那一桌。我注视着这个男人，无论如何，接下去的几个月都由他付给我们薪水。他是个长得高大的人，有摔跤选手一样高大的身躯，长了一头浓密的灰发，他的头型剪得棱角分明。这位新的 CEO 是个好主人。他很能喝酒，他利用自己的身体优势主导谈话。牛排餐厅成为了他完美的舞台。

对于这个午餐会，只有一件事情是美中不足的：小约翰已经在其他的地方吃过午餐了。他让我向克里格转达他的歉意。小约翰的缺席难以掩饰他还有别的需要优先考虑的事情。无论如何，他没有错过整个午餐会。从我们所坐的桌子可以清晰地看到在帕尔姆的一面墙上挂着一幅新的铜版画——小约翰和卡罗琳的肖像画，那幅画非常逼真。

我与阿歇特集团新的老板之间的关系从一种复杂的方式开始了。这种情况已经足够出现在报纸上了，那天上午的《邮报》上刊登了另一个报道，声称克里格有可能放弃《乔治》杂志。虽然我们都没有时间讨论这件事情，但是我和克里格都清楚地知道事态的发展已经不仅仅是"可能"了。

那天下午回到办公室后，小约翰召集所有的编辑和职员到会议室开会。

他宣布说，他有一些事情需要谈。首先，他为最近自己的有些冷漠表示道歉。（这个道歉有些奇怪，因为他并没有不友好。）他说他正在为一些私人事情——"家庭问题"而分神。这些事情占用了他大量的时间。他说这些问题将很快得到解决。

第二，他向我们保证无论我们在报纸上读到什么，《乔治》杂志的状况都不会有变化。最近关于杂志的谈论都是胡说八道。无论是阿歇特集团还是其他地方，《乔治》杂志都将继续办下去。小约翰说："不用担心，在圣诞节时，我都将继续做我们的自己工作。"

下午，晚些时候，小约翰与商业职员会面。我没有参加。但是，几个在场的人告诉我小约翰做了同样的保证。小约翰说："只要我活着，这份杂志就会继续发行。"

那天发生了另外一件事情。一位医生除去了小约翰脚上的石膏。

那天晚上，小约翰与盖瑞·金斯堡去看扬基队的比赛。盖瑞邀请媒体大亨鲁伯特·默多克的两个儿子拉克伦和詹姆斯·默多克同去。《乔治》可能更适合加入新闻集团。鲁伯特·默多克已经拥有一份保守主义的政治期刊《旗帜周刊》。雇佣一个肯尼迪家族的人可以更加拓宽他们媒体集团的前景。

　　此外，默多克可能掌握了阿歇特集团没有看到的事情：在他的管理中，如果有小约翰·肯尼迪在的话，他的名人效应在公共关系方面就值几百万美金，这远远超过杂志使他损失的钱。《乔治》杂志已经开始亏损，相对而言，数量很小，几乎肯定每年小于五百万美元。在美国其他的杂志，如《纽约人》杂志等许多旗舰级的杂志社也亏损了相同数量的钱，然而，他们有比《乔治》杂志强得多的商业集团支持他们。无论如何小约翰是一个长期的投资。如果他从政……估计会很好，那也一定会挽救了可能会成为总统的这个人。他如果当总统也不会伤及默多克集团。

　　那天晚上，扬基队以6∶2输给了亚特兰大勇士队。比赛之后，小约翰和盖瑞同乘一辆车回家。后来盖瑞告诉我，他们驾驶的汽车穿过布朗克斯朝着中央公园东侧行进，他们谈论了小约翰与杰克·克里格的交易。小约翰承认在克里格说他将放弃《乔治》杂志之后，小约翰觉得既压抑又轻松，感到压抑的是因为他没有预料到克里格的选择，而感觉到轻松的是因为现在最坏的情况都已经发生了，并且他知道他会让《乔治》杂志继续存在、发展下去。

　　小约翰承认他与克里格在一起时感到局促不安。他很难与男性权威人物相处。盖瑞认为那是可以理解的，因为小约翰的父亲是一位国家的英雄。小约翰还承认最近他经常考虑到死亡。安东尼·拉济维乌的疾病使他烦恼。

　　盖瑞并不为此感到吃惊：卡罗琳已经告诉他，她不知道小约翰会对病情加重，即将面临死亡的安东尼如何伸出援助之手。盖瑞对小约翰说："我不知道你将如何做，当你母亲逝世时，你是那么的坚强。"

小约翰解释到他的母亲是上一代人。他有时间使自己振作起来，去面对她的离去。但是，迈克尔·肯尼迪的死亡已经使他改变。在迈克尔死后，每个新的死亡似乎越来越靠近，难以让他保持一定的平静。而现在安东尼也就快了……

小约翰指示司机在第五大道上朝南行驶。他会在位于第81大道和第5大道之间的斯坦霍普酒店住宿。他告诉盖瑞自己的钥匙丢了。

后来小约翰回到酒店后起草了一份《乔治》杂志的商业计划，这在前面已经写过了。这个事情来自一个急于反驳小约翰和卡罗琳分手传闻的不知名的"朋友"。其他人都复述了小约翰把钥匙丢了，而不想打扰他的妻子睡觉。

但是，这个传闻是错误的。事实上小约翰已经与卡罗琳发生了争吵。这次争吵不意味着像小报报道的那样，他们准备离婚。他们俩人的争吵已经使小约翰离开去其他地方睡觉了。如果你曾经看到过小约翰的脾气和卡罗琳的决断，你就会知道出现这种情况并不是不可想象的事情。如果你曾经看到过小约翰和卡罗琳争吵之后的和解，你也就会知道这些冲突是多么的短暂。

小约翰那天晚上告诉盖瑞的另一件事情是他又准备飞行了。

4. 星期六清晨的噩耗

第二天，也就是6月17日，星期五的上午，我在刚过9点钟时去上班，比平时稍微晚些。在这周我已经筋疲力尽了。令人高兴的是那天是星期五，可以不用像平时一样穿得那么正式，我一直认为编辑系领带有些过于正式了。我到了办公室一会儿后，小约翰来了。我记得当时是10点钟左右。

那天上午的电话不断。我们忙着使《白宫群英》电视中的著名影星罗伯·洛作为我们杂志的封面人物。这部电视剧是《乔治》杂志的完美创作素材，它是一部关于马丁·西恩饰演的肯尼迪式总统时期的流行文化的作品。罗伯·洛本人也是《乔治》杂志的理想素材，作为一名参与政治的演员，罗伯·洛在1988年共和党全国大会上录制了精彩的录像后，自己的事业就跌入了低谷。他现在凭借在电视剧中饰演的白宫副官而成功复出，而且是非常成功。

我计划邀请秋季上映名为《胆战心惊》的电影中的明星哈里森·福特和克里斯汀·斯科特·托马斯作为10月期刊的封面人物。哈里森·福特饰演一个华盛顿特区的警察，克里汀·斯科特·托马斯饰演一个女国会议员。在他们的配偶因为乘坐的飞机坠毁于迈阿密海港中，都死亡后，他们邂逅了，并且成为了爱人。

大约1点钟，我闲逛到小约翰的办公室问他是否希望一起去吃饭。他说："正好，我正好饿了。"他拿起拐杖，虽然他脚上的石膏已经去掉了，但他仍然需要挂着拐杖。我们朝门廊的电梯走去。小约翰每走一步似乎都在估计着脚踝有多么痛。

我们刚走不远，一个小皮球从走廊中滚动着。我们的图片编辑珍妮·米勒把她的小狗避开大楼警卫，带到了办公室里。小约翰的小狗"星期五"已经长大了，不能再放到手提袋中了，所以他很少把它带来办公室。而现在小约翰的职员却把自己的小狗带来了，以保持我们办公室中惯有的活力。

经过慎重小心的动作，小约翰蹲下招呼小狗过来，它就摇着尾巴向他跑过来。小约翰闭上眼睛并且把舌头伸出来，那只小狗迅速地舔小约翰的面颊。小约翰脸上洋溢着笑容。然后慢慢地站起身来。他说："你必须要获得亲吻。"我们又往前继续走。

"去新世界烤肉可以吗？"我问，新世界烤肉是一个位于挨着我们街区的餐厅。在那里有露天座位。小约翰无论什么时间在外面吃饭都要尽可能吸收阳光而不希望被周围的人群遮住眼睛。

"还是去 TRIONFO 饭店吧。"他说，并对着他的拐杖歉意地点了点头。在我们大厦底层的意大利餐馆的食物非常一般。但是 TRIONFO 饭店的食物还是比较好吃的。无论如何，那天的天气都不适合在外面吃饭。那天天气非常炎热而且有薄雾，是典型的那种纽约夏天天气，当你走在大街上的时候，那种热气会使你觉得非常难受。

我打开门，小约翰蹒跚地走进饭店，侍者们都微笑着欢迎他的光临。他们喜欢小约翰在自己的餐馆吃饭。无论他什么时候来，他们都会带他到一个专用的单间中，以保证他不受别人的打扰，那房间就在柜台旁边。房间大约长宽都是 12 尺见方，可以容纳四张桌子。玻璃窗上面挂着白色纱布窗帘，侍者们为了避免我们被打扰到，所以一直让这个房间中的其他座位都是空着的。

开始的时候,小约翰坐在面向入口的座位上,但是他很快意识到自己犯了个错误。由于他左边是窗户,没有支撑腿的地方。而且面向门,也有可能被认出来。因此,我们交换了位置,这样看起来好多了。

小约翰在稍微放松了些自己受伤的脚后,拉过一把椅子,把腿放在椅子上。他要了一份沙拉、白葡萄酒沙司鸡和薄荷油茶。我要了一份低热可乐和塞有鳜鱼的鸡胸肉,这使小约翰感到很惊讶。当这道菜被端上来后我们还误以为是一道正式晚餐菜,我们都笑了起来。

小约翰心情沉重,我们谈论了杂志的未来。他听起来自信而乐观。他也不知道《乔治》杂志将走向何方,不过可以肯定的是,无论《乔治》杂志将来会怎样,都比他开始寻找合作伙伴之前所遇到的困难容易得多。那天上午拉克伦·默多克打电话给盖瑞,并问了许多销售量方面的问题,小约翰参与多少《乔治》杂志的事情。

"你可以告诉我关于那个电视节目的事情吗?"我问。"如果我们开始开发那个节目,也许它可以使我们对其他媒体公司产生更大的吸引力。"

小约翰点点头。他说可能激发起他们更多的兴趣。真实事情从来不会像人们想象的那样令人兴奋。如果他们帮助自己创建电视节目,他们一定对电视节目具有更大的许诺。

小约翰说,更具有讽刺意味的是,迈克尔·贝尔曼一直希望制作一套电视节目。但是即使《乔治》杂志在阿歇特集团时,迈克尔也没有来看过它。杰克·克里格已经终止了与迈克尔的合作,今天是最后一天。

我告诉小约翰这对他是一个好兆头。在第一次开始创业 4 年后,小约翰正在获得一个重新开始的机会。他可以从他以前的错误中学到经验和教训。虽然失去迈克尔的支持和才智是小约翰的损失,但是现在他已经很坚强,已准备好自己独自面对一切了。

我们谈论到当杂志改变出版商时,是否需要更换职员。小约翰认为那是肯定的。他承认说:"你知道我曾经是因为觉得那些人令人愉快,于是就雇佣了他们。"这也是使我们的办公室中充满了欢乐的原因。不过,这对杂志并没有多大的帮助。小约翰说:"我以后不会再这样了。当我们离开时,不是每个人都与我们一起走的。"

后来我们改变了谈话的话题。小约翰取笑我正在与一位年轻美丽、聪明智慧的广告销售员约会。我们是 2 个月前在时尚设计协会颁奖宴会上认识的。原本小约翰准备去参加的,但是他后来感到无力参加。我就被邀请代替他的位置参加了,那个宴会并不好。那个晚上的大部分时间我都在与坐在我旁边的一个女孩子聊天。她叫凯特。她长着一头黑色的头发,穿着一件长的无袖黑色礼服。她曾经在卡尔文·克莱恩公司工作过。她具有模特们特有的美丽又清秀的外貌。

"嗨!里查,给大家说说,介绍一下吧?"小约翰说。

"为了获得一个广告可以做任何事情。"我开玩笑地回答。

这只是一个愚蠢错误的男人证明男子汉气概的需要而已。我不能告诉小约翰我的注意力并不在那件事情上,——他似乎很支持我去约会。我确实已经和那个女人一起出去了，只是因为她可爱而热情。我希望那些事情可以使我的心回到生活中来。当我身处其中时，我知道自己还没有准备好。

当小约翰正在用他的美国公司卡埋单时，我说："嘿，小约翰，你昨天在会议上谈到的个人问题已经处理好了吗？"

"是的，我已经解决好了。"小约翰说，在他的声音中没有紧张不安或否定的暗示。

我点了点头，并且不再提那件事情。如果小约翰再听到提问，他也一定会继续说下去。

我缓慢地走回大厅，乘电梯到 41 层。当我们沿着走廊前行时，我问小约翰这个周末有什么计划。

"我准备飞行去海恩马斯港口参加我表弟的婚礼。"他说。

我看了一眼他的脚——甚至从饭店回来这么短的距离都使他很劳累——然后，我用怀疑的目光看着他。

"不必担心。"他说，"我将与一个飞行教练一起飞往那里。"

"不要出事故，好吗？"我说，"如果你出了事故，那么有关我们所有的人在圣诞节时都有工作的话，那就不好了。"

这样的说话方式是男人之间的事情。以这种方式表达我的关心不会使我们感到窘迫。我们彼此很早以前就经常用这样的方式来谈话。

小约翰说："你不要担心，我会安全回来的。"

我们到达办公室门前。我说："噢，感谢你的午餐。"然后我们各自进入自己的办公室。

由于交谈激发的热情,我度过了一个很有收获的下午。几个月来,第一次使我确切地感到每件事情都向着正确的方向发展。小约翰正在恢复健康。我已经原谅了妮萨。《乔治》杂志将寻找到一个新的归宿。毕竟已经挽救了今年不利的局面。

我在下午5:30左右离开办公室。办公室非常安静。大多数同事已经离开去长岛,玛撒葡萄园和康涅狄格度周末去了。我不记得是什么原因,我没有与小约翰说再见。也许当我说时,他正在打电话吧,我不记得了。我只记得我没有说再见,因为那是不正常的。

大约在6:30,迈克尔·贝尔曼乘坐电梯来到大厅,最后一次离开阿歇特大厦。大约几天后,小约翰也离开了百老汇1633号。

他需要去接在摩根丹利投资银行工作的妻妹劳伦·毕赛特。他们驾车去新泽西泰伯勒机场,小约翰的飞机停放在那里,卡罗琳也在那里等他们。

那天晚上,曼哈顿的交通特别堵塞。头上的烟雾也越来越浓。

那天夜里,我租了一部电影独自观看。第二天早晨,电话铃声把我惊醒。

在星期六的早晨6点钟来电话,时间实在是太早了些。我正在做梦。不过,我不记得所做的梦的内容了。但是我强迫自己醒来,同时摸索着电话。我床的另一半是空着的,我很容易就摸到了电话的话筒。也许是妮萨的电话。也许她有了新的发现,并且可能改变了自己的决定。

"你好!"我的声音因为还没有完全清醒而沙哑。

"里查吗?"我是克莱尔。

我忽然意识到这是克莱尔·希普曼,她是《乔治》杂志的白宫专栏作家。她的声音听起来很沉重。

我在床上坐起来。

"克莱尔……发生了什么事情?"

"里查……小约翰的飞机失踪了。"她说。

第十五章
茫茫大海上的搜寻

1. 无尽神秘的大西洋

我挂了电话,下了床,木然地走进厨房,冲了杯咖啡,打开了电视。

评论员认为小约翰也许正在某个地方进行紧急着陆,所以没有通知任何人。不过这种情况几乎微乎其微。当小约翰在旅行时,会吸引人们大量的关注,所以人们认为他返回附近的一个小机场——罗德岛州的海滨别墅的想法几乎也不可能。

其他人也推测他们仍然活着,并且在水中紧握着救生工具。

大西洋的水是非常寒冷的。即使在7月份水温也低于华氏60度。在水中大约10分钟,就会不停地发抖。如果停留半小时,就会牙齿不停地抖动。到早晨9点钟,如果真的在水中,小约翰、卡罗琳和劳伦就可能在水中浸泡了将近12个小时。

我完全清醒了过来。

大约40分钟后。我坐在办公室里,打开电视,开始回复电话留言。记者们打来很多电话。我让实习生接听。她们也开始接连不断地处理各种事情。许多曾经为我们的杂志写过稿件的作家说:"非常抱歉,我的老板知道我为你们写东西……我不得不打电话。您能告诉我一些消息吗？无论什么消息都成。"

我理解他们的难处，但我只能回答他们无可奉告。首先我并不比其他人知道得多，其次小约翰的姐姐卡罗琳要求《乔治》杂志社里的任何人不要对新闻界说任何事情。我们所有的人都理解和尊重这个要求。他的姐姐也一定正忍受着巨大的痛苦。此外，肯尼迪家族的人知道如何处理这种状况。人们也正好处于调查事件的过程中。

安德鲁·沙利文打来电话。自从几年前当他发表了"《乔治》杂志为什么被奉承"时，我们发生过争吵后，就很少再联系了。当我听到他打来电话关切地询问时，我哭了。我尽力控制住自己，但是这种努力使我的声音听起来好像正在哽咽。安德鲁非常惊讶我所表露出来的情感。他仍然认为小约翰只是我的老板而已。

到中午的时候，几乎所有的职员都已经从周末度假的地方回来了。人们互相拥抱、握手、不停地哭泣。他们的动作都好像麻木了一般，都成群地围在办公桌周围，打开电脑看新闻，或者是在电视机前看新闻。他们不停地在 ABC 美国广播电台，CDS 哥伦比亚广播电台，NBC 电台和 MSNBC 美国全国电台的频道之间来回地调换频道。我们这种急切地转换电视频道的情景以前只是在看关于 O.J. 辛普森，戴安娜王妃和莫妮卡·莱温斯基的新闻时才如此。所有的频道都在放映相同的无尽神秘的大西洋画面。连续几个小时，我们都注视着屏幕上蔚蓝的大海画面，等待着，却一无所获。

2. 不忍接受的事实

我尽力不在职员们的面前哭泣。我是《乔治》杂志社里的最高级雇员。我35岁，也是杂志社里年龄最大的一位，保持坚强镇定是我一定要做到的，也是我的责任。

不过，这实在太痛苦了。有时我也无法控制住自己的情绪。我每隔半小时就悄悄地溜出办公室，穿过走廊走到一间《Road & Track》杂志的秘书曾经用过的一个路边小屋里。在小屋里，我可以释放情绪，痛哭一场，任由泪水肆意流淌。哭过之后，自己的情绪缓和过来了，就再回到办公室中。

不久后，我看到电视上另一幅平坦蔚蓝的大洋的画面，要么出现小约翰的肖像，要么播放他父亲讲话的录音。我们所有的人都会变成水。我们都是由水组成的。我又不得不离开办公室到那个空的小房间内大哭一场。

将近中午时，麦特·德拉吉发给我一封电子邮件。他写道："你一定要坚持住，报社是非常不人道和残忍的。"

15分钟后，我浏览他的网址，从网上传来刺耳的声音："肯尼迪总统去世30年后的一个周末，他的家人和朋友们都在非常担心小约翰。"

大约中午，阿歇特集团的雇员小约翰·凯泽来到我们办公室。凯泽是一位长着一头黑发，戴着眼镜的中年男子。他平时的话语很少。言语不多有些奇怪，因为凯泽与《乔治》杂志没有什么联系。他在报刊发行部工作，我们很少见到他。他大约会每月到我们的美编室为《乔治》杂志的封面做市场分析,评估我们的封面是否足够吸引人。

"您是找小约翰?"我问。

他沉默了一会儿,然后好像是在自言自语地说:"我知道自己在地铁里,但我不知道自己为什么来了这里。"

他看了我一眼,眼中充满了迷惑、伤感和恐惧。他将手略微举起来,然后又放下了。

"我真的不知道我为什么来这里。"他说。

在那以后,麦特·贝尔曼走进我的办公室,一言不发地坐了几分钟。有其他人在房间里感觉真好,麦特说:"里查,我想他已经死了。"然后他起身走了出去。

那天晚上,当罗斯在小约翰的阁楼里打电话时,我邀请所有的职员到我的公寓。没有人承认那一天已经过去了。如果星期天早上,他们仍然未被找到,就说明他们真的已经死了。

我做了一些薯片和沙拉。伊尼格·托马斯买了6瓶红酒和一些苏格兰威士忌。

没有人吃东西。每个人都在喝酒。每隔一会儿就有人到外面去吸烟。人们互相交谈,但是谈话内容我一句话也想不起来了。我只听到空调烦人的嗡嗡声,正在驱赶令人窒息的夏天的闷热,还有电视评论员的枯燥的声音,就好像政治家在有线卫星公共事务电台上一样的单调乏味。

大家在我那里停留了很晚,最后我的同事们渐渐地离开,回到他们各自温暖的家里去了。

3. 潜水员发现了尸体

我一夜无眠，星期日上午大约 9 点钟，芭芭拉·华特斯的打来了电话。

她自我介绍后，问我是否同意参加电视访谈节目。我不奇怪她能够得到我的电话号码。因为他是芭芭拉·华特斯。

我说："华特斯女士，我不能参加。"

她向我保证："这不是为了引起轰动。这件事是非常敏感的。"

我记得当芭芭拉·华特斯问莫妮卡·莱温斯基关于那件被污染的裙子时，小约翰对她的抱怨表情。

我说："我不能理解，我不知道我能说什么，而且我现在非常情绪化。在节目中，我无法控制住自己的情绪。"

上电视是我这辈子最不愿意做的事情，所以我婉言拒绝了她。华特斯许诺任何让我感觉不舒服的场景都可以删除，我是一名记者，知道游戏会如何进行，一旦你参加该访谈节目后，事态的发展就不受你控制了。当时的状态是什么样子，播放出来就是什么样子。

"对不起。"我说，"我确实不能参加。"

她没有再进一步邀请我，她能理解我，并且希望我们能再次谈谈。

我刚挂上电话，发现目前毫无头绪，整个头脑里仿佛一团乱麻。我已经告诉芭芭拉我不能参加她的节目了，我担心自己可能会无比伤心，这么做也会令她很失望的。

那天的晚些时候，新闻证实了早些时候劳伦·贝西的手提箱已经被冲上了岸的报道。劳伦的商业名片放在一个透明的塑料标签袋里。人们也发现了卡罗琳的橙黄色药瓶。这些小物品的意义预示着什么呢？这些物品是生命抛弃物遗骸的见证。

有一些物品被冲到了海岸，另外一些则被冲到了海里。

我知道自己不确信的事情已经发生了。我不仅正在失去小约翰，还有对他的真实记忆。我认识的他是广为世人所知、名声显赫的人物。他在我的脑海中变得几乎难以想象，接着又变成巨大的形象，像纽约的感恩节游行时的一个浮标似的，而小约翰却漂浮在数以百万计的悲伤观众的头脑中。

我努力去想象一些细小而具体的事情，使我的记忆保持在现实的基础之上的事情。我努力地记起了小约翰的笑声。但我做不到。仿佛我正一个人呆坐在海滩边，而小约翰在一个遥远距离海岸的残骸中。海浪正在把他冲向大海，而我却无法阻止这一切。

在星期一上午11点钟，杰克·克里格召集《乔治》杂志社的所有职员到41层的会议室开会。这是我的同事们第一次见到克里格，是他们却不信任他。他们心不在焉地看着报纸，在他们的心目中只有小约翰才是自己的老板。

克里格努力做出公事公办的样子。他已经在阿歇特集团工作了6周。他没有佯称知道我们正在讨论的事情。我认为他没有刨根问底是值得我们尊敬的。

"你们可能想要知道《乔治》杂志社将会发生什么变化。"他说。

我们当然想知道。报纸上一直在宣传《乔治》杂志社已经处于生死存亡的关键时期。"一个杂志社将会随着他的创办人的死去而停止吗?"《纽约时报》发出这样的疑问。

克里格说:"请不要担心,阿歇特集团会按合同规定发行今年剩下的两期杂志。因此,现在不会发生任何变化,不过之后将如何我们就知道了。我不得不与肯尼迪家族的成员进行面谈,而现在他们还有很多其他事情要做。"

对我来说那些话听起来是合理的。我只是少数。会议结束后,人们都非常愤怒。"克里格几乎没有提到小约翰,"他们说,"在这个时候,他怎么可以谈论工作呢?"

职员们的感觉是可以理解的,但是却为此愤愤不平。如果克里格努力表示一下同情,那么职员们将会感恩戴德。他们已经说过克里格几乎不认识小约翰,他又能如何做呢?

其他的事情仍然在继续。我的同事希望杰克·克里格能够告诉他们所有的事情都能回到正常的轨道。他们希望他能够发布一些权威人物应该了解的使人安心的秘密信息。但事实上却没有那些方面的信息,也没有任何秘密公之于众,而我们只能接受。

那天下午,克里格派了一组表情悲愤的顾问到 41 层。这个小组包括,6 位认真工作的专业人员。他们正像我们预料的一样,聚集在迈克尔·贝尔曼的旧办公室中。按他的说法:我不能与你们谈论你们的损失,而这些人却可以说。

他们不例外。我们已经在 4 年的时间中养成了一种从不与陌生人谈论小约翰的习惯。现在我们也不准备开始谈论他。在这样的时刻,我们本能地保持一言不发。

他们独自坐了大约1小时后,我走进办公室,他们立刻活跃起来。有顾客上门了!

我说:"抱歉,没有人准备与你们交谈,我想你们可以离开了。"

"也许我们应该再待一会,万一有奇迹出现。"一个男人说,他似乎是那些人的领导。

"不,我说,没有人准备与你们谈话。"

这些顾问看上去充满了迷惑和失望。当他们走出时,他们中的一个人把一张名片放到我的手中。他说:"如果某人改变了主意,可以与我联系。"

当他们离开时,我将名片丢进了垃圾桶。

星期二上午,我进入一种思想活跃的浅睡眠状态中。我想到了也许他们根本不知道什么东西撞击了他们的飞机。也许飞机逐渐下降,以至于没有怀疑飞机出了故障。然而轰隆一声。他们就坠入了大西洋中。瞬间就机毁人亡,没有痛苦,没有恐惧。

我像在攀登峭壁时,坚定地抓住 些微小的可以抓得住的东西一样,怀着渺茫的希望。我从床上一骨碌爬起来,冲泡了一杯咖啡,洗了个澡,刮了胡子,然后开始阅读报纸。

新闻声称通过雷达搜索得知,小约翰的飞机以大约100英尺/秒的速度坠落,也就是每分钟下降的速度超过了一英里。一小时后,大约垂直降落了70多英里。

没有令人安慰的事情发生和报道。

那天中午,潜水员发现了他们的尸体。

4.《乔治》在劫难逃

现在事情进展非常快了。在周末的某个时间,我了解到小约翰将《乔治》杂志的 50% 的股份给了他的姐姐,这个消息令人非常担心。虽然一些小报已经有"卡罗琳将为延续小约翰肯尼迪的传奇而战"的报道,但是我已经听那些认识卡罗琳的人说,她对办杂志没有任何兴趣。《乔治》杂志是小约翰的孩子,而不是卡罗琳的。她似乎不像自己的弟弟那样热爱办《乔治》杂志。

那就是使我担心的事情。小约翰的姐姐平静地宣布:"我认为小约翰已经不再想继续发行这个杂志了。"《乔治》杂志注定劫数难逃了。无论这个决定是多么的愚蠢,阿歇特集团也不能拒绝这个遗产继承人的决定。

但是,我确信小约翰希望《乔治》杂志保持活力。我记得当人们开始把杂志称为《乔治》杂志而不是称为"小约翰·肯尼迪的《乔治》杂志"时,小约翰是多么的自豪。我也可以想象,如果我们现在把杂志停刊,小约翰会如何地责备我们。我都能想象出他脸上的失望表情。他会说:"我的上帝,里查,你在这里工作的原因是什么?因为我吗?"

《纽约人》杂志主编大卫·雷姆尼克给我发了一封电子邮件,询问我是否可以为他们杂志写一篇关于小约翰的文章。

我还是个孩子的时候,独自一人在家随意翻看父母的杂志,就梦寐以求将来能为《纽约人》杂志撰稿。

最简单的答复就是告诉雷姆尼克，卡罗琳·肯尼迪希望我们能够保持沉默，但是那样做又感觉不合适。无论如何，我不可能在这个时候写关于小约翰的文章。我给雷姆尼克回了一封信说道："对不起，我想我现在不可能写出一篇条理清楚的文章来的。"

他也非常客气地回复给我信件，声称他理解我的难处，并且对我表示了他的同情。

《纽约》杂志正在举行一个口述小约翰生活经历的活动。我们的一个记者也想参加。我要求她不去参加。她气愤地说："那又会有什么坏处？我只是希望说一些关于小约翰的好事。自由发表言论是我的权利。发表言论也是记者所要做的事情。"

我想说，不对，记者们应该做的是写文章。

但是我回答："他的姐姐卡罗琳·肯尼迪不希望我们发表言论。现在卡罗琳拥有杂志社一半的股份。并且我们有理由相信卡罗琳·肯尼迪对这个杂志社没有多大的好感。因此，如果你发表言论，你就会伤害到《乔治》杂志。"

她说，但是其他人都在谈论，这是事实呀！一位曾经为《乔治》杂志撰稿且他所写的文章很适合拍摄电视的年轻历史学家道格拉斯·布林克利正在忙着向世界宣称，他和小约翰都是素食主义者——虽然小约翰不是素食主义者。小约翰·佩里·巴劳（小约翰少年时曾在他的农场上劳动过）宣称，他作为小约翰的长者曾经警告过他不要驾驶飞机。

还有报纸专栏作家马克·巴勒克，他那可憎的脸几乎占满了屏幕。

他似乎已经忘记了他曾经称呼小约翰为"无知"的"肤浅愚笨和差劲的替补球手"。

历史学家多丽斯·卡恩丝·古德温也同样无法逃避。我想知道小约翰曾经有多少次请她给杂志撰稿,而她有多少次拒绝了他?但是现在她却兴高采烈地在他的墓碑前抹黑。

一些认识小约翰的人都在不停地谈论他,因为那是他们的工作。美国全国广播公司的评论员保罗·贝加拉是像克莱尔·希普曼一样的人。小约翰大学时代的一个老朋友克里斯汀·阿曼普在《60 分钟》中进行了大声呼唤。她说:"我们作为小约翰的朋友,我们有责任以准确和诚实的观点讲述我们所认识的真实的小约翰。"

这是足够真实的。但是我们在《乔治》杂志社的人必须保持沉默。我不得不接受现在还不是我们谈论小约翰的时候,那也是我努力告诉那些想采访我的《纽约》杂志的记者们的话。

我的那位女同事,无论如何都要去发表言论,这引起了我们之间的争执。这种状况持续几周后,有报道说我因为这个原因开除了她,但是实际情况并非如此。我们争执虽然非常激烈,在年底之前她已经固执地拒绝归还下一故事。因此,我接手了她手头的工作。我虽然不喜欢她的做法,但是我能理解她。在那个困难时期,我们都不知道应该做什么。

一天上午,我正在浏览《纽约邮报》时。在第六版读到一条非常醒目的新闻:"某杂志的执行主编由于他的女友离开他,而使他陷入困境中,并且像一些知情人预测的那样,随着那家杂志的停刊,他将很快就丢了工作。"

几分钟后,妮萨打来电话。她的声音听起来有些心烦意乱。"对不起,"她不断地说,"非常对不起,他们这样对你。"

我置之一笑。我说:"没关系。这条消息已经在《邮报》上刊登了。不要把它当真。谣言传播的时间不会太长久的,别担心。"

我努力地表现出无动于衷。我不想让她知道这个报道像在我的脸上打了一巴掌一样使我刺痛。即使她道歉也于事无补。她说对不起,但对不起也无法改变事实。

5. 葬礼在星期五举行

罗斯玛丽·特伦佐和肯尼迪家族计划于6月23日星期五举行葬礼。只有获得邀请的人才有资格参加。要查询是否被邀请需要看一张很长页的电话记录本。"如果你没有得到邀请或者你的请柬丢失了,你可以到位于中央公园和莱克星顿之间的第88街上110号的罗伯特·F.肯尼迪办事处那里补办一个。参加小约翰葬礼的人的请柬在肯尼迪学校发放。"

我把我的请柬放在皮夹克的口袋里,防止不小心丢失了。

因为我们担心杂志之外的某些人可能从小约翰的办公室里偷东西,所以他的办公室这一整周都锁着。一天一个法学院的朋友来整理小约翰的资料。他带着硬纸箱子和胶带进入小约翰的办公室,在职员们的注视下,不方便动什么手脚的。但是对某些人来说,这样做可能会对自己非常有好处,因为许多关于小约翰的物品正在被人们收藏起来。

当他整理完毕后，办公室中只剩下了一张办公桌、一个书架、一张圆桌和一些椅子。还有就是一些风景画，西面的哈德逊河和南面朝向的自由女神的雕塑。4年时间建立起来的一切在大约一小时的时间中就全部消失了。只有一个小时，这里就光秃秃一片空白了。

某人闯入我们办公室的储藏室，偷走了我们保存的几本以辛迪·克劳馥为封面的第一期《乔治》杂志。有一些《乔治》杂志在一个拍卖网站上拍卖。以辛迪为封面的杂志和1997年9月那期以成年花花公子为封面的两期杂志的价格竟然被拍卖高达几百美元。

我回忆起1995年9月，那时盖瑞和我开玩笑说阿歇特集团给我们的报酬太低了。我们应该到时代广场以一份杂志封面两倍的价钱来叫卖辛迪·克劳馥的画像。

那时《乔治》杂志正在飞速分发到书报摊。从杂志发行的数量来看，那是我们最好的一年。

星期五的上午8：30，在圣托马斯·摩尔教堂举行葬礼之前，《乔治》杂志社里大约30位职员都聚在92大道和麦迪逊街大道上的撒拉贝斯饭店喝咖啡。那天是一个晴朗无云的好天气。警察用路障把街道封闭了。街道上显得凄凉安静。虽然葬礼要到11点才开始，但是人们已经在大门后面开始排队等候了。

我们大约10：15离开撒拉贝斯饭店。我让我的助手萨勒姆·谬勒在前面带路。萨勒姆是个来自卡罗莱那州的身材健美的人，他的头脑像身躯一样发达。他带着我们穿过位于中央公园大街的检查点。在那里有穿着制服的保安检查我们的请柬。他们看起来像特勤局的人。他们像在小约翰小时候保护他的那些人一样，现在也依旧在保护着他。据我所知，那些人确实是特勤局的人。

当走在教堂的台阶上时，我可以清楚地俯视被封锁的麦迪逊大街。首先有一个摄影的区域，然后是三，四，五按照区域划定的旁观者区。像我们在芝加哥举行的全国性大会，只是这次所有的人和事都是那么安静。

沉默是不自然的情况。这个城市从来没有过这样的沉默。让人感觉到出了问题，好像一部没有声音的电影，或是一朵没有颜色的花朵。

因此，我认为这就是没有小约翰的纽约给人的感觉。

在这个由石头，木材和玻璃组成的阴森的教堂里，《乔治》杂志的代表团坐在教堂的最后面。我们被一群名人包围着。两周前，阿里还到我的办公室来采访小约翰，还摆好姿势照了些有护栏的照片。小约翰是阿里的忠实拳迷。

麦克·尼克斯、黛安·索耶、阿诺德·史瓦辛格、玛丽亚·希弗、克里斯汀·阿曼普和莫里斯·坦伯斯曼等人都来参加葬礼。比尔·克林顿和他的夫人以及他们的女儿切尔西也赶到了现场。到处都是肯尼迪家的人，拉济维乌家的人还有劳福德家的人。

这些都是名人，他们的照片将会出现在明天早晨的报纸上，当我向周围看时，他们的人数远少于其他的人。那些人虽然不是名人，但是看起来都是成功人士；虽然不美丽，但都很英俊。虽然不出名，但似乎人们都认识他们。这是肯尼迪家族支撑起来的关系网，能够使人们走出卑微的境地。他们是以出现在这种场合的方式来保证他们属于这个关系网。

仪式开始了，我记起这些事情……

卡罗琳·肯尼迪和索洛斯伯格笔直地站立着，他们用低沉而平稳的声音阅读着电影《暴风雨》中的台词："现在，我们的欢乐结束了，正像我预言的那样，我们这些人都是精灵，并且都熔化在了空气中……"

在葬礼过程中，卡罗琳·肯尼迪被列在了第一位，在她母亲的葬礼上她也是这样给自己签名。

安东尼·拉济维乌缓步走上讲台，开始朗诵圣经第23章："上帝是我的指导者。我将不梦想思考。他让我躺在绿色的草原上……"拉济维乌太瘦了，他的衣服宽大地从肩膀上垂了下来。健康、强壮的小约翰离开了我们，而小约翰一直在担心的安东尼·拉济维乌却正在为他念颂词。

小约翰特别喜欢难民营饶舌乐队歌手怀克里夫·金演唱的《过关斩将》（MANY RIVERS TO CROSS……），"但是我似乎不能发现我的路"，他轻柔深沉的声音高升到教堂的天花板。

"许多大河流过，Many rivers to cross"

"啊！我仿佛找到了我的路，Well it seems that I found my way over"

福音唱诗班里响起了"Swing low, Sweet Chariot《美国民歌》"。

我走上祭坛，接过来葡萄酒和面包，低声地为小约翰祷告。

宗教的仪式结束后，泰德·肯尼迪开始讲话。小约翰曾经亲切地称呼他泰迪。这个经历过磨炼的德高望重的老人一直非常宠爱这个失去父亲的侄子，并受到了小约翰的尊敬。无论他过去做过什么，无论他的失败有多么的不幸，当泰德·肯尼迪在那天对他的侄儿说再见时，对我来说他成了一位英雄。

"小约翰是一位成长为男人的男孩，"泰德·肯尼迪用浓重的马萨诸塞州的口音说到，他的声音听起来像来自另一个时代容易破裂的磁带一样沉重。"他是一位一直吸引我们注意力，并为他辩驳的吹奏者……他具有令人惊奇的优雅，他可以接受自己是谁，但是他更加关心自己能成为什么样的人……"

"我曾经想……这个小约翰可以与他的爱妻一起白头到老，但是，像他的父亲一样，他具有各种各样的天赋，但非常可惜的是都没有长寿。"

这是个坦诚，美好和真实的颂词。我不能想象泰德·肯尼迪是如何尽力寻找力量来讲完的。从我所坐的位置可以看到他的眼睛中没有泪水，是这个房间中唯一没有流泪的人。也许他的眼泪早在几十年前就已经流干了。

6. 肯尼迪家族的勇气

我过去认为戴着太阳镜离开葬礼是不雅观的，但是我庆幸自己当时有一幅太阳镜。当我走下教堂的台阶进入令人难以忍受的寂静时，可以用它把我红肿的眼睛遮盖住。周围只有拍照的声音和低语的安慰话时而打破了沉寂的气氛。

招待会在位于距离东91大道三个街区，中央公园附近的圣心修道院举行。我独自步行。心无旁骛，只是注视着脚下的路在向前延伸。我听到直升机在头顶盘旋的声音，我感觉到太阳光的直射和人们投来的目光。

我看到一对老年夫妇在我的前面蹒跚地走着，他们是历史学家阿瑟·M.史莱辛格和他的妻子。40年前。他已经是小约翰父亲的顾问了。当约翰·F.肯尼迪总统去世的时候，他曾经写过一本叫作《一千天》的有关总统的书。现在他又参加总统儿子的葬礼。

修道院是一个精巧的建筑，也是纽约的精美建筑之一。你可能以前从那里经过而没有注意到它有多么严肃。我们从侧门进入到修道院内，沿着长螺旋形状大理石的台阶来到顶层。聚会在巨大的长方形的房间里举行，通过房间华丽的窗子可以俯视91大街。当一个很面熟的老年人转身面向我时，我正在排队等待进入房间，他伸出手来和我握手。

"您好，"他说，"我是鲍伯·麦克纳马拉。"

我也说了声您好，并且说我想小约翰会非常感谢他的到来。

他说："对不起，我认识您吗？"

"不，"我回答，"我与小约翰在一起工作。"

房间里靠着南面墙摆放着许多罩着桌布的圆桌。太阳通过窗户照射进来。对着西面墙的桌子上杂乱地堆放着大量的食物：鲜鱼片，冒着热气的大锅意大利面，大块的牛排，堆得高高的大碗的色拉，还有蛋糕，小甜饼和核仁巧克力饼，像一次真正的宴会。

高级编辑杰弗里·波多斯基穿过房间与阿诺德·史瓦辛格交谈。小约翰已经邀请阿诺德作为我们11月期刊的封面人物。由他主演的电影《魔鬼末日》将在11月份上映。关心政治的史瓦辛格是《乔治》杂志的绝好素材。以前没有邀请他作为我们封面的人物，原因只是因为小约翰不想发出邀请函。

我听到杰弗里说："我希望您仍然能做那期杂志的封面人物。"阿诺德回答："当然。"

说到某些人所作出的反应，也许我应该愤怒，但是相反，我却非常感激。为了帮助《乔治》杂志，杰弗里正在做他的工作。对我来说，这似乎比以前更加重要。

我听到唱歌的声音，并且我朝着发出歌声的那个房间走去，来到了一个没怎么装修的小接待室中，在那里来自教堂的唱诗班和轮廓鲜明不同肤色的人群正围成一圈。歌手在泰德·肯尼迪的两边手牵手。泰德·肯尼迪正在引导众人唱爱尔兰民歌。我从来没有听过这首歌，但是我感觉如果你是爱尔兰人，一定会对那首歌非常熟悉。

当那首歌结束后，唱诗班开始唱悠扬、哀婉的赞美歌。泰德看起来不会唱这首歌，他仍然与他们手牵手地随着节奏前后摇摆着，听着并等待他们唱完。现在已经聚集了许多人，大家都倾听并注视这个场景，我们确信自己永远不会忘记那一幕。

泰德宣布："我们不能以一首悲伤的歌曲作为结束曲。"他开始唱另一个节奏轻快热烈的爱尔兰民歌。他的声音非常大。他的声音不像歌唱家那样舒缓优美，但是他的声音非常富有感染力。这是个了解死亡的男人，因此，他可以意识到我们的一些人需要某些人提供帮助。

当我看到肯尼迪家族的元老鼓起勇气和力量，给其他人鼓舞精神的时刻，我的泪水再一次夺眶而出。我想这就是勇气。站在黑人和白人中间的泰德·肯尼迪为他的侄子，他哥哥的儿子唱歌。

几分钟后，我注意到独自站着的卡罗琳·肯尼迪；我走近她，并再一次自我介绍。我说："我们以前见过面，大约几年前。"

"是的，当然。"卡罗琳回答。她的声音很坚定，但是她的眼睛却是湿润的。

"我只是想说——是否有什么事情需要我们《乔治》杂志社的人为您做……"

"好的，"她说，"谢谢。"

她说话的方式已经确定了一些事情。我们不能为她做任何事情。

我轻轻地点了点头。"有事情尽管告诉我们，"我说，然后从她的身边走开了，几分钟后，我离开了招待会回家了。

第十六章
《乔治》停刊

1. 纪念专刊

我们决定 10 月份出版一期小约翰纪念专刊。这本专刊比较难以编辑。为了编写一篇关于小约翰最敬重的政治人物的带照片短文，我翻阅了所有小约翰写的文章进行摘录。有些文章似乎具有神秘的预见性，例如一篇介绍小约翰采访整个过程的文章。

小约翰写道："刚好到我们预先约定结束的时间，采访结束了，我们互道再见。然后他匆忙出门，俯身进入随从撑着的伞下以躲避已经开始下起的阵雨。我对仍然留在房间内的助手们笑了笑。我们都产生了一些奇怪的空落落的感觉，就像我们待在一个黑暗的房间中，而持灯的人刚刚离开后所产生的感觉。"

我放弃了使用'随意之心'作为封面的计划，理所当然地选择用神圣的美国国旗图片代替。这张图片取自明星布鲁斯·威利斯主演的一部电影，小约翰一直非常喜欢那部电影。一些人推测我们会使用小约翰的照片作为封面，但是我们从来没有过那样的设想，因为小约翰讨厌那种设想。他确实非常讨厌用他的照片作封面的设想。

他经常开玩笑说以他的照片作封面的那一期杂志将是《乔治》杂志的最后一期。

我非常希望把杂志一直出版下去。但是当进入秋天时，我意识到自己不能完成这个工作了。我们正逐渐失去小约翰所带来的影响力和吸引力，我们除了停刊之外别无选择。

过去两年中，一个由美国杰出人士组成的小组作为纽曼基金·乔治奖的评委，保罗·纽曼和小约翰提供的奖金已经开始用于奖励那些美国最大的慈善团体。评委会小组成员包括科林·鲍威尔、迈耶·安格劳和纽约大都会博物馆馆长菲利普·门特博罗等人。他们都是极具影响力的人物。我希望将这个奖项继续颁发，因此，我给评委写信询问他们是否可以再次参加评选。

大约一周后，菲利普·门特博罗办公室的工作人员给我打来电话。打电话的人是一个年轻女人，声音听起来似乎只有20岁，或者更小。

她说："实在抱歉，门特博罗先生不能参加你的评选了。"

我谨慎地说："很遗憾得到这个消息。你可以告诉我他为什么不能参加吗？"

"当然。他不知道这个评选的内容，"她回答说。

这件事发生在小约翰死后大约六周。然后《时代周刊》的一个编辑打电话给我说他们将不再刊登《包威利酒吧》时尚专栏。他说："现在我们感觉这个专栏不适于刊登。"

我回应说："希望你们能重新考虑考虑，我们正努力使人们知道《乔治》杂志仍然在出版。"

"对不起,我实在无能为力,"他说。

2.《乔治》易主

9月下旬,卡罗琳·肯尼迪将自己拥有的《乔治》杂志社的50%股份出售给阿歇特集团。阿歇特集团宣布会继续出版《乔治》杂志。杰克·克里格认为小约翰的去世给《乔治》杂志带来了空前的广告宣传机会,这将使杂志获得比小约翰活着时更好的发行量。第7、8和9期杂志的平均销售量为30万册。我推测杰克·克里格也不想在小约翰死后几周就关闭《乔治》杂志。

对我来说,当看到卡罗琳出售《乔治》杂志社股份的新闻时,我感到非常难过,我又不能指责她那样做。她有权决定自己的生活,而且小约翰也不希望他姐姐耗费太多时间管理他的遗产。他决不希望自己的悲剧成为其他人的永远负担。

创建杂志社的老编辑中只剩下我一个了,既然阿歇特集团已经宣布会继续出版《乔治》杂志,我就向杰克·克里格提出了辞职报告。在那些熟悉的走廊中行走,的确是一种折磨。此外,如果你关心某件事情,有时置身事外将是你最明智的选择。为了使《乔治》杂志生存下去,必须进行一些改变,从而保持它的生命力,还需要加入一些新内容。只有一个不受过去制约的编辑才能实现这些变化,而我不是那样的编辑。我属于过去,经过反复思考和权衡后,我才决定离开杂志社。

我别无选择，但是我有责任让《乔治》杂志维持下去。因此我答应克里格在他找到新主编之前我会继续工作，而且在新主编开始工作之前，我不会向全体职员宣布自己的决定，他们需要独立自主地做出自己的选择。

艾吉尼奥·菲特罗返回了葡萄牙的故乡，把小狗"星期五"也一起带走了。

杰克·克里格开始面试主编人选。我感觉这些人之中没有一个合适人选。他们都是出版圈内的人。小约翰在世时，他们虽然瞧不起《乔治》杂志，但是仍然为杂志提出了大量的建议。报纸上充斥着大量候选人的传闻，例如为《新闻周刊》撰稿的电视评论员乔纳森·阿尔特，以及乔治·斯蒂芬奥普罗斯。

因此我提名政治讽刺作家阿尔·弗兰克，他有名气，充满热情，认识每个政治人物，而且可以随时上电视节目。他虽然没有做过编辑，但是写过关于拉什·林堡夫的畅销书。与我不同，有些人适于做具体琐碎的编辑工作，而有些人与我一样不能做那一类工作。虽然这种观点有点奇怪，但是事实确实如此。你们可以不让《乔治》平安发展。杂志社认为雇佣弗兰克是一个好点子，也是一个疯狂的想法。另外，杂志社刊登有关弗兰克的报道，像编写肥皂剧一样描绘他的任期，然而这是正常而有益的事。至少他们还在关注着杂志。当他们不再关注杂志时，你就应该意识到自己正处于麻烦之中了。

此外，我希望走廊里会充满笑声。人们需要再次开始充满笑声的生活。

我与弗兰克在位于第 53 大道的意大利雷米餐馆中共进午餐。他对担任《乔治》的主编产生了浓厚兴趣。大约一周后,弗兰克与克里格进行了会面。他们交换了对这份工作的看法,但是在薪水问题上没有达成一致。

事实证明阿尔·弗兰克是杰克·克里格亲自面试的唯一候选人,但是他没有将结果通知杂志社的所有人,而其他绝大多数人不是真正有兴趣努力使小约翰遗留的事业发扬光大,只是想得到这个职位而已。

《今日秀》节目希望就纪念特刊的事情采访我。我和阿歇特集团都认为这是一件好事。既然我们发行一本杂志,就希望人们去购买。如果没有人阅读,那么这本特刊也就毫无意义。

因此,9 月 21 日清晨 5 点半我就起床了,然后赶到位于洛克菲勒中心的 NBC 节目录制工作室。我得了流感,头昏脑胀。在化妆期间里,我开始发烧了。化妆人员在我脸上涂了一层粉以确保我看起来精神些。在整个过程中,我只注意到一条短信:以枪击丈夫的情人而一夜成名的艾米·费舍尔已经到达,她有自己独立的化妆间。

几分钟之后,我已经坐在马特·劳的对面,努力不让隔窗观看的热情观众分散注意力。在过去几年中,我在电视节目中一直表现很好,但是那天早晨却表现非常糟糕。

虽然没有人当着我的面说,但是一些同事认为我不应该宣传纪念特刊。他们认为用杂志本身去证明将会更有说服力而且简洁。这些不满情绪逐渐形成了一个有阴谋的结论：我与杰克·克里格是同谋，我参加电视节目是为了竭力争取获得小约翰的工作，我想获得提升。

我能理解他们的这种偏执和多疑是由痛苦和伤心激发的。尽管这些指责深深地伤害了我，但是我仍然不能告诉同事们自己已经辞职了。

随着我们这些核心职员的消失，办公室内的所有事情正在失控。如果说小约翰死后几周我们的事业开始走下坡路，那么现在不稳定的情绪正在把我们引入歧途。在我们编辑以阿诺德·施瓦辛格为封面的11月期杂志时，大家开始变得不耐烦，并且开始发生争吵。没有人想着工作了。美编室的两位职员爆发了激烈的争吵。由于小约翰的存在而被长期控制着的嫉妒和竞争像冲出隔离区的瘟疫一样迅速蔓延着。

我们总算结束了那期杂志的全部工作，并且工作完成得相当完美。但是由此引发的问题也使所有的人都感到疲惫。我想知道大家还需要多少时间才开始克服这种情绪。

3．再见了，小约翰，真心地感谢你

11月29日上午，杰克·克里格请我到他位于45层的办公室。我坐在皮沙发上，看着落地窗外。

克里格说："我会向你介绍《乔治》的新主编。"

一位长着黑头发和浓密胡须的58岁小个子男人走进了办公室。

他叫弗兰克·拉里，曾经担任《金钱》杂志的编辑。《金钱》杂志的目的是帮助人们去赚钱。

我起身与拉里握了握手，又坐回座位上。

拉里对我说："我希望你知道在杰克邀请我来协商编辑《乔治》杂志的事情时，我翻阅了几期杂志，必须承认这份杂志远好于人们对它的评价。"

我想小约翰一定正在某处注视着这件事情，并且感到好笑。

"你能那么想，我们很高兴，"我说。我知道现在是自己离开的时候了。

几天后，我们在会议室召开了一个编辑会议。在讨论一些报道设想时，我努力表现出浓厚兴趣。

所有设想讨论结束之后，我对所有同事说："我有一件事情向各位宣布。"

我强忍住泪水把事情说完。这些人就像我的家人一样，但是我还是不能告诉他们自己离开的真正原因。他们需要独立地安排自己的未来，而不需要别人的指导。

一些同事也开始哭了，我宁愿相信他们是为我流泪，但实际上并不是为了我。我的离开对他们来说只是意味着更大的损失。

我同意再继续工作几周，进行工作交接。我本应该于2000年1月1日离职，但是到1999年12月22日所有的工作都已经交接完毕，我知道自己再来办公室也没有任何意义。再加上我的出现也会让大家感到非常尴尬。

于是我清理了办公室，文件柜和我的计算机。将我的一些重要物品整理打包。这些物品包括我签约后小约翰为我签名的日历，去年圣诞节他送给我的自来水笔，一些我们两人的照片，以及写有菲尔·西姆斯格言"你可能无法说服他们，但是如果你弃之不管，随着时间的流逝，他们就会成为无用的人。"的报纸小图片。我知道这些也许放在这里太长时间了。

当我把最后一些信件发出，回复了最后的一些电话的时候，几乎办公室中的其他职员们都已经下班了。夜幕已经降临了，我能看到来自楼下街道上圣诞节装饰的明亮的灯光。人群涌入时代广场去购物，观看戏剧和参加节日庆典。我决定再最后一次看一看这个曾经工作过的办公室。

我在美编室内停了下来，回忆起小约翰在那里查验堆积如山的录音校样，自信满满地浏览着那个月的期刊时的情景。

我凝视着窗外从西流向东的哈德逊河，位于北侧的乔治·华盛顿桥和南侧对着市贸中心的那座自由女神的雕塑。

我穿过走廊，仿佛小约翰正在大步走过，他悠闲地背着滑板，滑板在他背上随意地摆动着。他身上的钥匙在皮带上来回晃动。小狗"星期五"小跑着跟在他的后面。

我就在小约翰的办公室前，回忆起他的音容笑貌。他的父亲的画像正在一面墙上注视着他，他的妻子的画像从另一面墙上含情脉脉地对他微笑。虽然房间中没有摆放他母亲的照片，我想他一定把她装在了心里。

再见了小约翰，真心地感谢你。你是一位令我感谢和尊重的人。我想也许有一天我会尝试写一本关于你的真实的书。

后来我走过挂了一幅巨大橘黄色《乔治》杂志标牌的白色走廊。乘坐电梯到达41层，穿过大厅，从旋转门走出，回到了平凡的世界中。

后记
与一个最富感染力的人一起工作

一年后，也就是 2001 年 1 月，阿歇特集团关闭了《乔治》杂志社。公司也曾尽力将杂志社维持下去，但是与小约翰在一起工作的编辑都已经离开了。而新的编辑又没有灵感。广告收入直线下跌。小约翰死后，签约的订购者也不再订阅杂志了。因此，不能谴责公司作出的关闭杂志社的决定。

阿歇特出版了最后一期杂志，作为另一期小约翰纪念特刊。他们将小约翰的照片作为那期杂志的封面人物。尽管这种做法使我很不高兴，但是我也不能责怪他们这样做。他们已经为《乔治》杂志损失了大量的钱，有理由收回一些钱来弥补损失。

我试着向好的一面想，当然不是关于《乔治》杂志社的转让，而是有关杂志社的发展过程。有许多值得在杂志社工作过的人感到骄傲的事情。尽管有些事情充满了怀疑和不信任，但是我们在这个国家创办了具有最广泛读者的政治性杂志。我们已经证明在这个充满冷嘲热讽和玩世不恭的思想时代中仍然存在着希望乐观地对待政治和关心政治的美国读者。我们甚至可能已经规劝一些具有玩世不恭思想的人改变了他们的思想。虽然我们失去了我们的领袖，但是我们将一些理想主义的种子已经传播给了年轻人，增长了他们的见识，拓宽了人们的视野，终会有一天，这些青年人将会成为他们自己的领袖。

毕竟《乔治》杂志的失败不是由于缺乏远见造成的，而是由于混乱。这个杂志是由小约翰创建的，随着他的逝去，杂志也随之走向了灭亡。虽然不是全部原因，至少表面看来如此。但是《乔治》杂志也给了我们一种观念或者说是一种坚定的信念，正像小约翰经常说的那样，"政治太重要了，不能任由政治家支配。"随着《乔治》杂志的停刊，这种信念也变得更加强烈。

悲痛的心情随着时间的逝去也渐渐地减弱了，然而有些痛苦永远也无法消退。但是当它们中的一些消逝时，将会在人们的心灵中为美好的思想开启一扇自由的门。在小约翰死后的一段时间里，我对小约翰·肯尼迪也进行了一些思考。

他爱他的妻子，并且他有一个伟大的父亲。

他不是个完美的人，但是他努力成为一个更优秀的人。

即使他不是一个名人，你也会因为认识这样的人而感到自豪。

他证明了一个人可以拥有财富、名声和美貌，但是他仍然是一个普通的人。正像美国是一个民主国家而不是一个财富、权利和名人寡头垄断聚集的政治集团。小约翰受到人们的关注不只是因为他是前总统的儿子，而是因为他尝试着过美好的公众生活。虽然他选择远离社会独居也是可以理解的。尽管他对拥有的财富、权利和名声产生过怀疑，但是他对美国的理想，政府和人保持着无尽的乐观心态。小约翰·肯尼迪以一种平静温和的方式提醒美国人，在我们的国家中什么是最重要的东西。

　　然而它不是一种思想，而是一幅大部分时间萦绕在我脑际中的画面，是小约翰在哈德逊河划皮艇时的场景。那是一个夜晚，他被那些自己非常喜欢的事情所包围：曼哈顿闪烁的灯光，沿着河进行间歇地拖船，温暖的夏日微风吹拂，桨在水中发出轻柔地哗哗声音，以及轻拍的波浪。他划向南面的自由女神雕塑，然后向东进入大西洋。在水上面，他是自由的。

作者按语

　　写作任何一本书都是一个旅程，这本书也不例外。

　　当我离开《乔治》杂志时，我感到筋疲力尽，也很颓废。我也想过去另一家杂志社工作，但总提不起精神来，感觉没有意义，也没有兴趣。在过去的四年期间，我已经致力于自己全身心投入的一个出版物中，我与一个最富感染力的人一起工作。我估计自己再也难以找到与已经离开过的《乔治》杂志社相提并论的工作了。也许我只是劳累了，但是不知道是什么原因，对我来说，寻找同样的职位的工作感觉很不适应。

　　因此，我做了一些与我的性格完全不相符的事情，我到澳大利亚去学习潜水。我潜到水底，在一些新奇的鱼、羞怯的海龟和敏感的大堤礁鲨鱼的包围下试着呼吸。我也仔细地思索着我下一步该如何做。但是我又不由自主地想起《乔治》杂志的小约翰，而取代了我想象未来的想法。我记得小约翰死后一个洛杉矶的小女孩给我写的信。那个小女孩叫泰萨。她写道："我只有14岁，不能用任何词语表达我对小约翰的思念，我很羡慕那些有幸与他本人相识的人，而不是像我们只能从电视图像上认识他。"

　　这个小女孩是对的。小约翰不仅仅是电视上的图像。他是一个男人，而且这个男人经常被人误解，经常被看轻（认为他的家世显赫，他无作为）——这些都是他活着的时候人们对他的谈资。还要补充一句，对我而言，有些事情还是充满了怪异，也总是令我吃惊不已。

我在澳大利亚旅行期间，决定写这本书。这只是我的个人决定，也可能理由有些自私，但是我想要通过这样的方式来记住小约翰，也尽可能把我认识的那个小约翰以清晰和明朗的方式呈现在大家的面前，并把那部分美好的体验完好地保存下来。我也试图展示给大家小约翰的不同方面，因为大家都是从报纸上来了解小约翰，报纸和电视上的小约翰只是一个"公众形象"。我认为能与小约翰在《乔治》杂志共事，也算是美国历史上的一个小程序，但却是重要的一部分。一位备受尊敬的总统的儿子如何关心针对政客们的恶意言论出版——并影响着那些愿意涉足政治的才华横溢人们的敌对行为，从而改变了政客们的关系，而这些都是弥足珍贵的。

因为我的决定纯属个人行为，所以必然会被人们误解。当我正在写这本书的时候，我的几位前同事也曾在报纸上发表谴责的文章。他们猛烈地抨击我，认为我目的不纯，贪婪，为了出风头等等。在我还在写这本书的时候，有几位记者甚至还打印了这些刊登在报纸上的指控。一天，我正走自己公寓外散步，一个小报的摄像组人员就跟了过来，我没办法，只能全速冲刺地跑回了公寓里。哦！不是很具有讽刺感吗？

一方面，他们在攻击我的人格，但却无意中帮了我。我能理解他们对小约翰之死的伤心感受，他们让我记住对自己所做的行为负责。无论这些人是否是故意的，总之，正是这些人更让我坚定了写作此书的信念。我认为小约翰应该得到这些更真实的再现和谈论。

更为重要的是,《乔治》杂志中绝大多数的职员都支持我写这本书,我的确非常感激他们。我特别想感谢那些同我分享他们的回忆和经验的同事们。毕竟,《乔治》杂志是一个有效率的团队。在那里工作过的人们,都为那份杂志贡献了自己的力量,每个人都与小约翰打过交道。我只是从我的经验进行书写,可能在描写别人与小约翰经验中存在某些偏差。在这本书里,人们针对小约翰和《乔治》杂志的提出异议的地方,我都负全责。

很多人帮我写了这本书中他们的那个部分,我可能无法一一致谢,如果我没有详细地提及,就会再次失去那些人对我的信任。所以我要在这里特别感谢阿特·亚历克萨基斯、伯纳德·巴林以及约翰·泰勒。乔·阿姆斯特朗、斯蒂文·吉伦和拉姆齐·华克坚定不移地支持我。尼尔·加布勒和我探讨了书中的某些观点,并提供给我一些写作的指导意见。凯瑞·朗瑞曼帮我记住了那些小报记者的小缺陷。我也极大地获益于伟凯律师事务所的法律顾问安德鲁·奥克金洛斯、格林·库兹和罗伯特·斯科普夫。劳伦·费尔德是我最忠实的读者,马塔·苏特伦帮我核实每件事的真实性并校对文稿,如果这本书中出现任何的文字错误,也是我的错误。凯特·马卡罗索陪我度过那些最难有灵感的时刻。在我写不下去的时候,克里斯蒂娜·罗雅图让我有了写作的灵感。汤森·戴维斯和劳伦·麦克李斯特是我最有智慧的忠诚好友们——没有比他们更好的朋友了。我还要感谢家人的支持,还要感谢他们的支持和耐心。

当我在写作这本书的过程中,出版界就和记者们一样,诡异多变。所以我要感谢那些非常有才的专业人士，我也想感谢亨利浩特出版社的每位职员，特别要感谢克里斯丁·巴勒、伊丽莎白·施里夫、乔治·霍琪曼、杰弗里·巴赫和约翰·斯特林。他们的专业知识在很大程度上让这本书更加精彩纷呈，我要感谢他们的激情，我受到了他们的更多鼓舞。

我也要感谢威廉·玛丽代理公司的杰弗里、翠丝、艾瑞克、安迪和其他每位员工。除了以上人员，我还要感谢我的经纪人乔尼·伊万斯。在写作这本书的期间，乔尼不仅是我的版权经纪人，还是我的编辑，也是一位好朋友。在我"误入歧途"的时候，她会及时把我拉回到写作的正道上。如果没有她，我真的无法完成此书。

最后，我要感谢小约翰·肯尼迪，我会永远都想念他。

AMERICAN SON

Copyright © 2002 By Richard Blow.
First published as AMERICAN SON by Henry Holt Company.
Richard Blow has asserted his right to be identified as the author of the work.
Simplified Chinese translation published by NEW STAR PRESS 2018.
All rights reserved
著作权合同登记图字：01-2018-4096

图书在版编目（CIP）数据

最后的肯尼迪 ／（美）瑞查德·布拉德利著；周长遐译. -- 北京：新星出版社，2018.8
ISBN 978-7-5133-3153-1

Ⅰ.①最… Ⅱ.①瑞… ②周… Ⅲ.①小约翰·肯尼迪-生平事迹 Ⅳ.①K837.127=5
中国版本图书馆 CIP 数据核字（2018）第 147459 号

最后的肯尼迪

（美）瑞查德·布拉德利 著；周长遐 译

责任编辑：	简以宁
特约编辑：	纵华政
责任校对：	刘　义
责任印制：	李珊珊
装帧设计：	天恒仁文化

出版发行：	新星出版社
出 版 人：	马汝军
社　　址：	北京市西城区车公庄大街丙3号楼　100044
网　　址：	www.newstarpress.com
电　　话：	010-88310888
传　　真：	010-65270449
法律顾问：	北京市岳成律师事务所

读者服务：010-88310811　service@newstarpress.com
邮购地址：北京市西城区车公庄大街丙3号楼　100044

印　　刷：	北京汇瑞嘉合文化发展有限公司
开　　本：	710mm×970mm　1/16
印　　张：	21.5
字　　数：	224千字
版　　次：	2018年8月第一版　2018年8月第一次印刷
书　　号：	ISBN 978-7-5133-3153-1
定　　价：	59.00元

版权专有，侵权必究。如有质量问题，请与印刷厂联系调换。